北京市新闻出版专业群建设经

Media Public Relations and
Crisis Management
—Theory and Practice

媒体公关和危机管理
理论与实务

丁光梅 / 著

经济管理出版社
ECONOMY & MANAGEMENT PUBLISHING HOUSE

图书在版编目（CIP）数据

媒体公关和危机管理理论与实务/丁光梅著 . —北京：经济管理出版社，2015.6

ISBN 978-7-5096-3748-7

Ⅰ.①媒… Ⅱ.①丁… Ⅲ.①传播媒介—公共关系—研究 Ⅳ.①G206.2

中国版本图书馆 CIP 数据核字（2015）第 088815 号

组稿编辑：申桂萍
责任编辑：申桂萍 高 娅
责任印制：黄章平
责任校对：王 淼

出版发行：经济管理出版社
　　　　　（北京市海淀区北蜂窝 8 号中雅大厦 A 座 11 层　100038）
网　　址：www.E-mp.com.cn
电　　话：(010) 51915602
印　　刷：北京银祥印刷厂
经　　销：新华书店
开　　本：720mm×1000mm/16
印　　张：15
字　　数：262 千字
版　　次：2015 年 6 月第 1 版　2015 年 6 月第 1 次印刷
书　　号：ISBN 978-7-5096-3748-7
定　　价：49.00 元

前 言

美国里斯伙伴咨询公司主席艾里斯说："公关第一，广告第二。"公关是组织建立品牌、促进营销的重要战略和武器。

要公关就要通过媒体向公众传递信息，而要成功借助媒体使组织树立形象，实现与公众的良好沟通，就必须想方设法引起媒体的关注与认可，这是媒体公共关系所要达到的目标，也是本书所说的媒体公关的实质所在。

公关和媒体既相互需要，又有利益博弈。一方面，媒体的报道需要来自各行业、各类型的组织信息，组织公关离不开媒体的信息传播；另一方面，二者对组织信息的传播动机、发掘角度存在差异。媒体追求新闻价值最大化，组织追求品牌价值乃至利润最大化。在媒体公关中，如果能够平衡好各方利益关系，就能实现媒体和组织的互利双赢。否则，不仅会影响组织的形象和媒体的公信力，也会影响媒体和组织持续、健康、稳定的发展关系。

要事半功倍地获得媒体信任，提高公关效果，组织公关既要讲究公关的策略，又要通晓包括新媒体在内的媒体运作规律，掌握与媒体长期合作并保持和谐关系的技巧。而在组织面对危机事件时，更要学会站在媒体的角度策划新闻发布、公关广告等活动，力求通过媒体全面、客观、公正的报道为组织澄清事实、化解危机、重塑品牌。

本书既重视概念梳理、理论归纳和追溯，也重视实践经验的总结和探讨。本书共分九部分，前八章讨论公共关系、媒体公关的内涵、特点、功能、作用，公关新闻的由来、策划，新闻稿的写作与发布技巧，公关广告的分类与操作，新媒体公关策略；第九部分为附录，收录中外公共关系的相关准则和规范。

本书可作为新闻传播及管理专业本科生、研究生的教学用书，也可为新闻从业人员、企业管理人员提供一定的理论和实践参考。

目 录

第一章 公共关系基本理论

第一节 "公共关系"一词的出现及解释

"公共关系"一词，最早出现于美国。1882 年，律师多尔曼·伊顿在耶鲁大学法学院做了一次题为《公共关系与法律职业的责任》的演讲，首次使用"公共关系"一词。1897 年，美国铁路协会主办的《铁路文献年鉴》第一次正式使用"公共关系"的概念。这不仅使"公共关系"一词具有了科学的含义，并在社会上流行开来。公共关系是英语"Public Relations"的中译，英文缩写为"PR"，中文简称"公关"。

公共关系是近代商品经济和社会大生产的产物，随着人类社会的迅速发展和公共关系的强实用性，公共关系事业发展很快。1955 年，在英国伦敦成立国际公关协会（IPRA），这标志着公共关系已在世界范围内得到普遍认可和传播，之后区域性的公共关系协会相继成立。如 1959 年，欧洲公共关系联盟（CEPR）在比利时成立；1966 年，中美洲公共关系协会联会在阿根廷圣胡安成立；1967 年，泛太平洋公共关系联盟在夏威夷檀香山成立；1980 年，北美公共关系委员会成立。这表明，公共关系已在世界范围内成为了一项真正的专门化职业，一门独立的新兴学科。

在公共关系发展的过程中，对公共关系含义的讨论非常活跃，其成果已构成公共关系理论研究的核心内容之一。在众多的公共关系含义阐释中，具有代表性的、权威的说法有以下几种。

美国著名公共关系学者莱克斯·哈罗（Rex L. Harlow）博士给出的解释：公共关系是一种特殊的管理职能。它帮助一个组织建立并维持与公众之间双向的交流、理解、认可与合作；它参与处理各种问题与事件；它帮助管理部门及时了解公众舆论，并对之做出反应；它确定并强调企业为公众利益服务的责任；它作为社会变化趋势的监视系统，帮助企业保持与社会变动同步；它运用健全、有效的传播技能和研究方法作为基本工具。

英国著名公共关系学者弗兰克·杰夫金斯（Frank Jefkins）提出：公共关系是一个组织为达到与它的公众之间相互理解的特定目标而进行的各种有计划的向内、向外的沟通联络方式的总和。

美国的约翰·马斯顿（John Marston）提出：公共关系就是运用有说服力的传播去影响重要的公众。

法国学者路易·萨勒隆认为：公共关系是企业为了在自己的员工内部，在与之交往的各阶层中，而通常是在公众中建立一种信任气氛所采取的手段总和，其目的在于得到他们的支持并促进业务的发展。

美国普林斯顿大学的资深公共关系教授希尔兹（H. L. Chils）认为：公共关系是我们所从事的各种活动、所发生的各种关系的通称，这些活动与关系都是公众性的，并且都有社会意义。

美国马里兰大学的公共关系学教授詹姆斯·格鲁尼格（James E. Gruning）认为：公共关系是一个组织与它的相关公众之间的传播管理。

英国公共关系学会将公共关系定义为：公共关系的实施是一种积极的、有计划的以及持久的努力，以建立和维护一个机构和其公众之间的相互了解。

1978年8月，世界公共关系协会在墨西哥城对公共关系含义达成的共识是：公共关系是一门艺术和社会科学。它分析趋势、预测后果，向机构领导人提供意见，履行一连串有计划的行动，以服务于本机构和公众的共同利益。

1981年大英百科全书出版社出版的《不列颠百科全书》中对公共关系的定义是：旨在传播有关个人、企业、政府机构或其他组织的信息，并正面影响公众对组织态度的种种政策或行动。

除此以外，关于公共关系还有许许多多不同的解释。如美国公共关系协会在征询2000多名公共关系专家意见的基础上选出的公共关系定义有：公共关系是企业管理机构在自我检讨和改进后，将其态度公诸社会，借以获得内部公众、外部公众好感和了解的经常不断的工作；公共关系是一种技术，这种技术是为了激发大众对于任何个人或组织的了解并产生信任。公共关系是一个人或组织为取得大众的信任与好感，借以迎合大众的兴趣而调整其政策与服务方针的一种经常性的不间断的工作。公共关系还对这种已调整的政策与方针加以说明,以获得大众的了解与欢迎。

这些公共关系定义各具特点,它们分别从不同角度揭示了公共关系的本质属性,对于推动公共关系的理论研究和实务活动产生过一定的积极影响。

20世纪80年代公共关系进入我国后,出现了生机勃勃、旺盛发展的好势头,受到人们的普遍关注和重视。在公共关系理论研究方面,各种不同版本的公共关系教材、公关案例汇编、公关通俗读物相继出版;《公关世界》、《公共关系》、《国际公关》、《大公关》等专业杂志不断面世。其中,关于公共关系定义的研究也在争鸣和探讨中逐渐丰富起来。比较有代表性并产生较大影响的是以下几种。著名公共关系专家余明阳认为:公共关系是社会组织为了塑造组织形象,通过传播沟通手段来影响公众的科学和艺术;居延安认为:公共关系是一个社会组织在运行中,为使自己和公众相互了解、相互合作而进行的传播活动和采取的行为规范。廖为建认为:公共关系即组织在经营管理中运用信息传播沟通媒介,促进组织与相关公众之间的双向了解、理解、信任与合作,为组织机构树立良好的公众形象。

国内出版的第一部公共关系理论著作《塑造形象的艺术——公共关系学概论》中对公共关系的解释是:所谓公共关系,就是一个企业或组织为了增进内部及社会公众的信任与支持,为自身事业发展创造最佳的社会环境,在分析和处理自身面临的各种内、外部关系时,采取的一系列政策与行动。

这些解释是在借鉴国外公关理论的基础上,结合中国的公关实情概括、提炼出来的,不仅丰富了公共关系的研究成果,更为社会组织的公关实践提供了理论依据。但随着公共关系事业的发展,有必要对公共关系做出进一步的解释。本书吸取各家之长,重新解释的公共关系概念是:社会组织为了生存发展,运用传播沟通手段来传播信息、塑造形象、优化组织内外部环境,赢得公众的理解、支持、信任、合作,建立和维持与公众之间互利互惠关系的思想、政策和管理职能。

第二节 公共关系的构成要素

公共关系是客观存在的,它由一些"元件"构成,这就是公共关系必要的和主要的成分,称为公共关系的构成要素。它们是主体、客体和传播沟通,这三者浑然一体、密不可分。

一、公关主体

公关主体是公共关系的构建者、承担者。按公共关系的定义，公关主体是相对独立地存在于社会之中的各种社会组织。它包括政治组织，如政党组织、行政组织、军事组织等；经济组织，如工业生产组织、农业生产组织、交通运输组织、各种社会服务组织等；文化组织，如文艺组织、教育组织、科研组织、馆藏组织、学术团体等；宗教组织，如佛教、基督教、伊斯兰教、天主教、道教等组织；其他组织，如工会、妇联、民间团体、农村村委会、城市居委会等组织。

在公共关系活动中，公共关系主体总是处于核心的、主导的地位，策划各种旨在影响和改变组织环境的公共关系活动，使组织处于良性的运转之中。

（一）公关职能部门

笼统地讲，公关主体是公共关系的行为主体，但组织要发挥公共关系的经营管理职能，一般就要设置专职的公共关系机构，来对组织的公关资源和公关行为进行统一的决策、规划、控制、实施和检测。这样的专职机构在国外被命名为公共事务部或公共信息部、公关广告部、社区关系部等。据调查，至1985年，美国85%的企业都自设公共关系部或外聘公共关系顾问。公关部的规模依企业规模大小和实际需要而定。美国公关学者调查发现，年产值超过10亿美元的大型企业，公关部平均人数为44人，一般的大中型企业平均为10人，其他文教、医疗、基金会等组织为6~7人。

虽然现代意义上的公共关系全方位地落户我国仅有30多年的历史，但目前，不仅有条件、有眼光的企业成立了公关部门，一些政府职能机构为更好地开展工作、理顺关系，也设立了相应的公关部门。如2003年4月，武汉率先试水，成立了内地公安机关的首个公共关系处。2010年7月，北京市公安局"公共关系领导小组办公室"正式揭牌，这是全国第一个省级公安机关的公共关系部门。2010年8月5日，深圳市公安局宣传处正式更名为警察公共关系处，标志着深圳警队从传统公安宣传工作模式到现代警察公共关系建设的全面转变。不仅如此，2006年，深圳市政府办公厅公共关系处悄然成立并开始运作。据介绍，在市政府设立"公共关系处"在内地城市中尚属首次。

组织的公关部门能综合发挥参谋部、交际部、宣传部的作用，为组织的社会决策提供参考，为组织的发展壮大拓展关系、争取支持。但由于组织内部设立的公关部门公关运作经验、运作能力等的局限，另一种形式的公共关系组织机构应运而生，那就是存在于组织外部的专门承接公共关系委托业务的服务性机构。这种机构一般命名为公共关系咨询公司或公共关系传播公司、公共关系公司（公关公司）、广告公司等。

就多数公关公司而言，它是由各具专长的公共关系专业人士组成，是运用专门知识和经验、技能，从事公共关系活动和咨询服务的机构。

中国自 1985 年成立第一家环球公关公司以来，公关公司的数量越来越多，公关事业的发展日益蓬勃。据中国国际公关协会行业调查，2010 年，全行业具有一定经营规模和固定客户的专业公司数目达 1000 家左右，专业公关公司从业人数超过 50000 人。但目前的公关公司 80% 以上集中在北京、上海、广州。

（二）公共关系人员的基本素质

素质是一般事物本来的性质。作为人的素质，是指人的心理活动发展的生理条件。一个人的素质条件既和先天因素有关，又受后天因素的影响。因此，素质的培养和提高应在考虑先天因素的基础上有针对性地进行。公关素质是公共关系从业人员应具备的基本素质，是适应公共关系职业特点、能够满足公共关系职业需要的知识能力、观念意识等，具体包括心理素质、公关意识、能力结构等。

1. 心理素质

心理素质是公共关系人员基本素质的基础，从公关职业要求来说，从事公共关系工作，应该自信、热情、开放、包容。

首先，人有了自信才能产生自信力，并进而激发出极大的勇气和毅力，甚至创造出奇迹。公关工作不仅需要创造，还存在着不确定性甚至风险性。公关人员有了自信，在工作中才能以独特的个性魅力感染公众，赢得公众的信任，使公众愿意与之交流、合作。有了自信，当组织发生危机事件时，就会从容不迫、沉着应对，以稳健的姿态促进危机的化解甚至在危机中发现生机或契机。

其次，公关工作的对象多种多样，所涉及的事项繁杂多变，只有以极大的热情投入工作，才能与各种各样的人和谐相处、深入交往，才能结交更多的朋友、拓展更多的工作渠道，才能及时发现事物的变化，形成和调整适当的工作思路。

最后，公关工作是一种开放性的工作，只有以开放、包容的心理不断接受不同类型、不同风格的人，接受各种新概念、新知识、新事物，才能异中求同，与各种类型的人建立良好的关系，才能推陈出新、一鸣惊人，甚至力克群雄、出奇制胜。

2. 公关意识

公关意识是公共关系意识的简称，它是一种对公共关系的思想、观念、原则、操作规范、运作机理的自觉运用意识，是公共关系实践活动在人们思维中的能动反映。公关意识一旦形成，就可以成为引导公关行为的一种力量，具备了公关意识就能够自觉地从组织的角度和立场出发，积极主动地为组织创造良好的公共关系状态。公共关系人员的公关意识包括形象意识、公众意识、沟通意识、服务意识、责任意识等。

形象意识是指重视组织形象，爱护、维护组织形象的思想和认识。具备了形象意识，就能认识到组织形象对组织生存和发展的价值，懂得组织形象是组织的无形资产和无价之宝，认识到组织的知名度、美誉度、和谐度对于提高组织内聚力、外张力有重要影响，从而也就会把组织的形象、声誉看作是至高无上的资本，并时时刻刻像保护自己的眼睛一样保护组织形象，敏锐体察组织形象的问题。

公众意识是尊重公众、重视公众意愿和舆论，并把公众意愿作为组织决策和行为的依据，坚持公众利益优先的思想和认识。

一般组织具备公众意识的表现就是在各项工作和活动中，能投公众所好，处处、时时为公众着想，公众需要什么，就提供什么，组织所贡献的，正是公众最迫切希望得到的。对企业而言，公众意识的确立有助于企业树立现代开明的经营管理观念，创造良好的内外合作环境，具备开放的意识、长远的态度和战略的眼光，并在企业与社会利益的平衡中寻求到更利于企业发展的模式。对其他的社会组织而言，公众意识同样是组织科学处理内外关系、树立形象、赢得人气、获得多方支持与合作、营造良好发展氛围的关键。公众意识被社会组织广泛接受和履行，还必将有助于在社会上形成良好的文明竞争态势，促进市场经济向有序化、规范化方面发展；同时也会对社会风气和社会道德水准的提高起到不可忽视的积极作用。

公共关系就是一定的社会组织与其相关的社会公众之间的相互关系。要在组织与公众之间建立良好的、和谐的关系，组织必须重视和公众对象的沟通。唯有沟通，才能增进组织和公众之间的相互了解，消除误解，避免矛盾，求得团结和发展。沟通意识是指重视和组织内部、外部的各种公众进行广泛而密切的联系与交流，以建立彼此了解、彼此信任、互惠互利、互相依存的关系的思想和认识。

宝马公司在 2010 年第 11 期的《看天下》杂志上发布了一则宝马汽车平面广告，使用了将神舟飞船送上太空的长征系列运载火箭 CZ-2F 的形象，被长征系列运载火箭的主要研制单位——中国运载火箭技术研究院告上法院。法院一审判决宝马公司立即停止侵权，赔偿中国运载火箭技术研究院经济损失和合理支出共计 9 万元。[①] 这不仅给宝马公司的形象带来负面影响，也给宝马公司的经济造成损失。如果宝马公司有一定的法律意识、沟通意识，事先主动与研究院联系沟通，洽谈合作事宜，不仅可以避免这些纠纷、矛盾和经济、形象损失，还能够利用运载火箭知名度吸引相关公众的注意力，借此提升其产品的社会知名度和市场竞争力。

服务意识就是利用条件、创造条件为公众服务，努力满足公众各方面需求的思想和认识。服务意识是一种无声的交流、沟通和劝说，因此，良好的服务意识是组织赢得公众的赞同、信任和社会好评的关键。服务意识强的企业，总是把优良的服务融入企业精神，作为企业信念。美国著名的快餐公司麦克唐纳提出：质量超群，服务优良，清洁卫生，货真价实。美国商用机械公司 IBM 提出：IBM 意味着最佳服务。日本日电公司提出：重视信用，负起责任，排除虚伪，建立忠实，努力研究与创新，超越时代新潮流，以至善的品质，向社会提供服务和贡献。

责任意识是重视所承担的社会责任，关注社会问题，为受困群众排忧解难，积极参与公益事业的思想和认识。任何组织都不可能脱离社会独立地生存和发展，只有对社会负有强烈的责任感，才能确保组织自身的延续并使组织的利益得以充分实现。

3. 能力结构

能力是直接影响活动的效率、使活动得以完成的个性心理特征。

美国公关学者斯科特·卡特里普、艾伦·森特和格伦·布罗姆在其合著的《有效公共关系》一书中将公共关系工作概括为：写作、编辑、与新闻媒介的联络、特殊事件的组织与筹备、演讲、制作、调研、策划与咨询、培训、管理

---

① 中国新闻网. 宝马公司擅自使用长征运载火箭形象一审被判赔偿［EB/OL］. http：//www. chinanews. com/fz/2011/12—23/3555388. shtml.

等。这就是说，要真正胜任公共关系工作，就必须具备多项相应的能力。这包括：

灵活应变能力。公关从业人员在工作中经常会遇到意想不到的场景、事件或情况，对此，如果能以高瞻远瞩的眼光，预测事物的发展趋势，并具备一定的应变能力，就能从容应对、妥善处理。如果没有灵活应变能力，往往就会出现思想上、行动上的不知所措，甚至偏离组织的经营方针、发展目标。

传播和表达能力。传播和表达能力是一种熟练地掌握、运用语言、文字符号系统和人际传播、大众传播的各种媒介，有效地向公众传播信息，积极地影响和改变公众态度的能力①。公关从业人员要写新闻稿、简报、请柬、信函、贺辞、调查报告、通知、计划、总结、公关活动策划书等，还要在与公众的交往、交流中口头表达思想、发布信息，所以公关从业人员需要具备较强的传播和表达能力。只有具备较强的表达能力，才能保证传播的有效性，传达组织良好的人才形象；只有具备较强的传播能力，才能使各种创意策划等变成现实，产生预期的效果。

公关交际能力。交际能力是人际交往中所表现出来的亲和力和吸引力，具备这种能力的人能够在各种复杂的场合，亲切、自然地与各种不同性格、职业和了解程度的公众交往，并给对方留下较深刻的良好印象。② 美国著名教育家戴尔·卡耐基说：一个人事业的成功，15%靠他的专业技术，85%靠人际关系和处事技巧。当今时代，是科学技术迅速发展、各种信息广为传播的时代，各种各样的交往、协作不断增多。公共关系从业人员，经常需要同不同职业、不同性格、不同爱好的人广泛接触，甚至于还要同不同文化背景、不同语言的人接触，这种接触就是交际活动。在交际活动中，交际能力越强，越容易得到交际对象的接受和认可，越容易获取翔实的、丰富的信息，提高公关工作的有效性。否则，既无法同交际对象进行有效沟通，也难以协调同交际对象的关系，更难以胜任公关工作。

获取各方面相关信息的能力。任何组织都不可能脱离社会而独立存在，它需要与外界进行物质的、技术的、信息的、人才的、能量的交流。尤其在现代社会条件下，社会的联系日益频繁、密切，脱离社会独立存在的组织简直难以想象。所以，组织要求生存、谋发展，必须广泛地联系社会、获取信息。对公关从业人员来说，无论是公关策划、实施还是效果评估，都离不开有关的信

①② 张克非. 公共关系学 [M]. 北京：高等教育出版社，2002.

息。所以，公关从业人员必须具备获取各方面信息的能力。包括获取时事、经济、文化、社会生活等信息的能力；获取行业最新动态或和行业相关的消息、情报的能力；获取公众需求信息的能力；获取本组织相关信息如人力资源信息、财务信息、管理信息等的能力。

创意策划能力。古人云："谋则变，不谋则不得变；预则成，不预则废。"只有在充分调研的基础上，确定工作目标，策划相应的事项和内容，才能确保各项工作、活动的科学性、可行性。

创新能力。创新是组织发展的关键，唯有创新，才能做到人无我有，人有我优，才能形成个性，在受众心目中形成独特的形象。否则，就会流于常规、平庸，这样，组织开展的各种活动也就很难被公众识记，更谈不上吸引公众，激起公众的共鸣了。

二、公关客体

任何关系都由主、客体双方构成。公共关系的客体是公共关系活动作用的对象，即公众。公众是由组织运行过程中涉及的个人、群体、组织所共同构成的。

从其产生条件、外部结构、存在状态等来看，公众具有广泛性、群体性、同质性、特定性、多样性、变化性、可导性等特征。

广泛性有两层含义：一是任何组织在其运行过程中，都离不开公众，公众是组织环境系统中的一个重要内容，并在各个不同方面对组织产生影响和作用；二是几乎每个人都是属于某个组织的公众。

群体性是指组织开展公共关系，不是仅仅与一个人或两个人发生联系，而是与包括个人、群体和社会组织三类群体的交往。对其中任何一种公众的疏忽都可能导致整个公众环境的恶化。组织要协调、平衡和各类公众间的关系，就必须要用全面、系统的观点来分析自己的公众，不能顾此失彼。

同质性意为公众是具有某种内在共同性的群体，即公众的形成是因为他们存在许多共同之处，如共同的目的、共同的需求、共同的愿望、共同的利益、共同的问题、共同的意向、共同的背景等。

特定性是指是否能成为组织的公众不是随意的、无限定的，而是特定的、具体的、有条件的。

多样性即公众的存在形式不是单一的，而是多种多样的。如有个体公众、群体公众、组织公众等。个体公众中有年幼的、年老的、年轻的；群体公众中有女性公众、男性公众；组织公众中有广告商、政府部门等。

变化性是指因公众自身的需求发生变化、公众的态度发生变化、组织自身的变化等而使公众不断发生变化。公众的变化性特征既为组织通过公关工作影响公众、赢得公众提供了可能和广阔的空间，也使组织公共关系工作成为长期的、连续的工作。它决定了组织必须要及时了解并创造性地适应公众的变化，引导公众朝有利于公众、有利于组织、有利于社会公共利益的方向发展。

可导性的意思是公众的变化是可以被引导的，组织通过相应的活动可以引导公众的态度、动机和行为。如通过倡导新的观念、提供更方便的服务等引导公众将对组织不利的态度和行为变为有利的态度和行为。

由于公众和组织的从属关系存在差异，公众可以区分为内部公众和外部公众。内部公众是组织内部的全体成员，和组织构成最直接、最密切的利害关系。它是公共关系要协调的最重要的公众之一，是公共关系内求团结的主要对象，是组织能否实现活动目标的主要依靠力量。内部公众对组织的印象和评价有特殊的意义和作用。

外部公众是构成组织外部环境的众多公众对象。这类公众虽没有内部公众和组织的关系密切，但也直接影响组织的利益。它包括政府公众、顾客公众、媒体公众、社区公众、国际公众、名流公众、其他与组织有直接或间接业务往来的社会组织及个人，如与生产技术部门有联系的供应商、与销售部门有联系的经销商等。

鉴于此，组织的公共关系传播应内外有别。传播什么样的信息、以什么方式、传播到什么程度、在什么时间传播等都有区别。如组织内部的情况就不能毫无节制地向外传播，外部传播的方式也不能照搬到内部传播中。

三、传播沟通

传播沟通是联系公共关系主体和客体的中介手段，是公共关系主体和客体相互作用的途径。公共关系通过主客体间的传播沟通来协调双方的关系，达到互利双赢、共同发展。当然，作为一种社会现象，传播沟通是社会系统不可缺少的重要组成部分，个人与个人、个人与群体、群体和群体都是通过传播沟通形成关系的。

在传播沟通的过程中，作为扩大并延伸信息传送的工具——媒介是必不可少的。离开了媒介，信息就无法存在，更谈不上信息的交流和传播。传播信息的媒介有很多，常见的有语言媒介，即口头媒介，它是一切传播活动的基础；

印刷媒介，如报纸、杂志、宣传印刷品等；电子媒介，如广播、电视、电影、录音、录像、互联网等；实物媒介，如在展览、展销会上展出的实物产品；人体媒介，如在组织举办的研讨会、茶话会、新闻发布会上有关人员的动作、姿态、表情、行为、态度、服饰等。

不同的传播媒介，其功能、特点、作用、费用等也各不相同，组织在进行公共关系传播沟通时应恰当、慎重地选择传播媒介，以求得最好的传播效果。如印刷媒介不受时空限制，便于保存和重复接受；信息容量相对较大（相对于广播电视而言），便于表现深度、广度大的信息；制作技术简单，成本低廉，容易普及。但有出版周期，临时突发事件无法及时传播；文字传播不如声音、图像传播生动。电子媒介传播速度快，覆盖面广，但收听、收视、上网等有条件限制。实物媒介可信度较高，其他方面不及印刷媒介和电子媒介。人体媒介人情味浓，容易给受众留下亲切印象，容易建立亲密的人际关系，收到以情动人的效果。但传播范围不及印刷媒介、电子媒介广泛，效果不及实物媒介牢靠。

公共关系的主体、客体、传播沟通三大要素之间存在着多种多样的组合。公共关系的最高境界是公共关系主体、客体、传播沟通的优化组合。要保持三者的协调，必须要重视三大要素的方方面面，不可偏重一方而忽视其他。

第三节 公共关系的功能和基本原则

一、公共关系的功能

公共关系的功能是组织公共关系对组织自身及其社会环境所产生的积极、独特的作用与影响。公共关系功能的发挥经历了一个历史过程。最早的公共关系只是组织的一种简单的宣传手段，今天公共关系的功能已发展成为一个多元化、多层次的功能体系。探讨公共关系的功能对于深入理解公共关系的实质，了解公共关系在组织乃至整个社会中的地位、作用，从而科学地开展公共关系工作有着重要的意义。

（一）公共关系有利于组织的良性运转

1. 帮助组织采集信息、监测环境

采集信息、监测环境是公共关系的首要职能。现代社会是信息社会，任何组织的生存和发展都离不开信息，信息是公共关系活动的基础，不采集信息，公共关系工作就成了"无米之炊"。监测环境是指观察和预测影响组织目标实现的公众情况和各种社会环境的情况。公共关系通过各种调查研究的方法采集信息、监测环境、反馈舆论、预测趋势、评估效果，有助于对复杂多变的公众环境保持高度的敏感性，进而采取必要的措施维持组织和整个社会环境之间的动态平衡。

组织的环境由影响其生存、发展的政治、经济、文化、技术及各类公众组成。组织要适应环境的变化，就要密切关注环境信息的变化，搜集环境信息。组织要搜集、关注的环境信息除了政策指导信息、社会政治信息、经济金融信息、市场动态信息、文化科技信息、自然环境信息、社区环境信息、新闻舆论热点、时尚潮流变化等以外，更要注意搜集和关注：公众的基本信息，公众对产品的需求信息、评价信息，公众对组织形象的评价信息等。

2. 协助组织做出决策并进行管理

公共关系在组织经营管理中发挥着咨询、建议和参谋的作用，协助组织决策者考虑复杂的社会因素，平衡复杂的社会关系，从社会公众和组织环境的角度评价决策的社会影响和社会效果，使决策目标反映公众的利益，使决策方案具有一定的适应性，使决策效果有利于组织形象的树立。公共关系的协助决策与管理功能主要表现在：

一是为组织决策提供信息服务。公共关系部门可以利用它与外部各界的广泛联系为组织提供第一手的外源信息；可以利用它与组织内部的沟通渠道为组织提供及时的内源信息，促进组织决策的科学化、民主化。

二是为组织确立决策目标提供咨询建议。在组织的发展中，由于专业分工和部门功能的相对独立使决策也日益专业化，组织的整体目标往往被分解为各个职能部门的专门决策目标。各职能部门的决策焦点多集中于本部门的专业目标，往往疏于从全局出发考虑局部决策的社会效果。这就需要公共关系部门站在公众和社会的立场上统筹兼顾，综合评价各职能部门的决策目标，敦促有关部门依据公众需求和社会价值及时修正决策目标，使组织的目标既符合自身发展的需求，又反映公众的需求。由此，公共关系必然成为组织决策系统的组成

部分。

三是协助组织拟订和选择决策方案。决策方案是实现决策目标的各种措施、方法的总和。公共关系决策的作用还表现在运用公关手段为决策者评价、选择和实施有关的决策方案，特别是在协调组织的社会效益和经济效益的统一上，敦促决策者重视决策行为的社会影响和社会效果，调动公关手段广泛征询公众的意见，促进决策的科学化、民主化。

四是为组织各项管理决策的实施创造良好的内外人气氛围，帮助各项决策得以顺利实施。

五是有助于组织的市场营销活动。公共关系工作的重要内容之一就是帮助组织与其消费者建立良好的关系；在市场营销中同样可以运用公共关系的传播技巧。因此，可以说公共关系也是组织市场营销活动的有益补充。

3. 是组织与公众进行沟通和协调的一种手段

组织的发展依赖于良好的内、外关系环境。公共关系凭借双向沟通的理念和丰富的、方便的沟通手段，对外可以帮助组织广结人缘、发展合作、化解矛盾，为组织的生存和发展减少障碍，增加各种有利的机会，创造和谐的公众环境；对内可以通过建立和完善各种传播沟通渠道和协调机制，促进组织内部信息上情下达、下情上达、横向联络、分享信息，促进内部公众思想上的认同和行为上的一致，帮助组织形成良好的人际关系状态，避免或减少内部的摩擦与冲突，增强组织的凝聚力和向心力。

4. 宣传组织的政策、行为，引导公众的舆论

国外公关理论认为：公共关系 90% 靠自己，10% 靠宣传。也就是说，组织良好形象的塑造首先是建立在自身做得好的基础上，同时还要大力宣传组织所做的成绩，从而影响公众、引导公众。公共关系的宣传引导功能表现在：通过向公众解释组织的有关政策、行为、制度等，以满足公众的知情权、知晓权，消除公众的误解和疑虑。通过向公众推介有关产品、服务等不断强化公众对组织的印象，完善已有的公众舆论趋势，提高组织的知名度和美誉；根据公众反馈的信息调整组织的行为，调节组织信息的输出量并就此和公众进行必要的沟通传播，以引导公众舆论向有利于组织形象的方向发展。

5. 塑造组织的良好形象

塑造良好的形象是现代公共关系的根本目标和神圣职责。良好形象是社会组织立足于社会的根基，既是一笔无形财富，也是组织长期奋斗的最高目标。塑造组织形象的意义在于，它是公众对组织最直观的认知结果，是组织在市场中借以彰显内在品质的最直接的手段，也是突出本组织与其他组织间差异的最直观的标志。公共关系是塑造组织形象的一种有效方式。成功的公共关系活动对组织形象的塑造有独到的优势——可靠，因为通过公关活动的传播沟通比广告有更高的可信性。

一般而言，在组织创办之初，公共关系部门就要为提升组织形象做公关调查等公关基础工作。在组织发展过程中，公共关系部门要致力于组织形象的培育、维护等工作，提高公众对组织的认知度。在组织遭遇危机事件时，更要启动危机公关，正视问题、直面真相、勇于担当，积极主动地和公众进行沟通。

（二）优化社会环境、促进政治文明

组织科学的公共关系理念、成功的公共关系运作必将优化社会环境、促进政治文明。

1. 优化社会互动环境

社会互动是社会学的术语，指社会的横向关系，包括社会上个人与个人、群体与群体、群体和个人之间的交往和相互作用。公共关系主要通过传播沟通社会信息、引导社会行为、净化社会风气来优化社会互动环境。

传播、沟通社会信息是社会互动的一个基本内容，也是协调社会关系的重要前提。公共关系的真谛在于沟通，它为社会提供了传播沟通的渠道，也为社会沟通营造了良好的氛围。

社会互动不仅是双方信息的沟通，也是双方行为的交往。组成社会整体的各部分虽然有各自的利益需求，但它们也需要团结合作、协调行动。组织公共关系向社会尽显的高度责任意识、真诚合作意识、强烈环保意识等有助于协调社会行为，使其朝着真、善、美的方向发展。

在社会互动过程中，互动双方一方面受社会风气影响，另一方面影响着社会风气。公共关系把真实、服务、信誉、真诚、合作、互惠"双赢"等理念引入社会互动中，有助于逐步改善社会互动环境，净化社会风气。

2. 改善社会心理环境

激烈的市场竞争、紧张的工作节奏给人们的心理带来了前所未有的压力。西方的一位心理学家早就说过，进入20世纪后，对人类最大的威胁不是洪水，不是战争，而是心理疾病。公共关系在一定程度上有助于人们克服病态的社会心理，培养健全的社会心理。它倡导的积极的、优良的文化和精神能培养人们稳定的性格、顽强的意志，较强的应变能力、自控能力；能使人们意识到自己对社会与组织的责任，使自己的行为与社会要求、组织目标相符。它所强调的组织和公众之间交往的真诚、平等、互利互惠等，能带给人们一种良好的关系氛围，这样的关系氛围有助于人们摆脱孤独和隔阂、恐惧和忧虑，适应现代开放社会，从而改善社会的心理环境。

3. 繁荣社会经济环境

经济环境是社会环境的主要方面。营利性组织的各种公关活动有助于它们准确捕捉市场信息、决策经营目标、协调内外关系、赢得公众、占有市场、获取最好的经济效益，从而促使整个社会经济繁荣增长。

不仅如此，公共关系作为市场经济的产物，其经营观念已被许多有识之士吸纳和接受，这使许多社会组织在关注自身发展的同时，更关注整个社会的经济环境，并尽力承担各种社会义务，致力于改善经济条件。

4. 促进民主政治

公共关系是民主政治的产物，公共关系的不断发展又反过来促进民主政治的发展。

公共关系强调的尊重和重视公众的愿望和需求、"为公众提供各种优质服务"等，有助于管理人员和公务员形成公仆意识，使他们自觉深入民众、关心民众，倾听民众的呼声，解决他们的实际问题。而社会成员看到自己的意见得到重视，权利得到尊重，又会使他们增强主人翁意识，更加积极、主动地参与社会事务管理和决策。这样就会在社会上形成一种积极健康的政治环境，这将大大有利于民主政治的健全和发展。

二、公共关系的基本原则

公共关系之所以能够历久不衰，一方面是社会、个人和单位对公共关系有需求；另一方面是公共关系自身充满魅力。成功的公共关系离不开创造性的策划和技巧，也离不开必需的坚守和底线。

公共关系的基本原则概括来说，一是要坚持实事求是。无论是塑造形象还是协调关系，公共关系工作都必须坚持实事求是地反映情况，真实地传播信息。否则，不仅组织形象受损，也会使组织以后的公关工作产生障碍。如果不真实的信息通过新闻媒体发布，新闻媒体的形象必将受到连带影响，组织与媒介关系也会因此受到损害。所以，要使公关工作顺利开展，就必须坚持实事求是。

二是讲究互利互惠。公共关系的目标不是"我赢你输"，也不是"我输你赢"，而是社会组织和公众的互惠"双赢"。因为社会组织的生存和发展需要得到公众的支持，而要得到公众的支持就要让公众得到利益。所以公共关系既明确认定组织自身公共关系活动的利己特点，强调利益目标，同时也为公众对象提供利益服务。

三是必须尊重公众。公众是组织生存和发展的基础，所以组织应了解公众、尊重公众、善待公众，把公众的需求当作组织决策的依据；同时还要积极引导公众，使公众的认识和行为不断向健康、文明、有利于组织的方向发展。

四是尽力服务公众。现代公共关系教育的先驱、美国著名公共关系学者爱德华·伯内斯早在 1923 年就指出"公共关系应首先服务于公众利益"。组织要树立良好形象，就要时时处处为公众利益着想，利用条件、创造条件为公众服务，尽力满足公众方方面面的需求。

五是注意让公众参与。组织开展公关活动时，要注意让公众参与。这样既能拉近和公众的距离，使组织的产品深入人心，又能充分了解公众的需求。

第四节　几种主要的公共关系活动类型及其示例

一、征询型公共关系

征询型公共关系是通过对市场、社会情况及公众意向等信息的收集、整理与研究，为组织的决策层和管理部门提供决策依据和应对相关问题的方法、建议等。同时，也在信息的收集和调查中联系公众，传播组织的形象信息，扩大组织的影响，使组织和公众之间增进了解和适应度，进而和目标公众建立深入持久的品牌维系关系，稳健提升组织的品牌美誉度。

征询型公共关系主要用民意测验、舆论调查、市场综合分析等手段来进行，征询的过程包括全面、科学地收集信息、征求意见的过程和对所搜集信息进行分析、研究的过程。

在征询型公共关系活动中，了解舆情民意是公共关系工作的起点和基础，所以必须采取适当的调查方法。如开设热线电话、举办征求所需信息的比赛、开展征文、征求产品设计意向、有奖测验等。征询型公共关系具有长期性、复杂性和艰巨性特点，只有坚持长期广泛收集、综合处理才能见效。

如 2013 年 5 月 27 日，海尔集团启动了以"一句话的力量"为主题的"全球 SLOGAN（品牌宣传口号）征集"大型网络互动活动，号召全球网民积极贡献创意，参与制订海尔品牌 SLOGAN。活动历时 1 个月，在中国、美国、日本、德国、法国、英国、澳大利亚等 27 个国家以 9 种语言同步进行。活动期间网友可以发布"一句话"送给自己及未来的海尔，并通过一键化分享，发送给亲朋好友。

除了网络互动的方式，海尔还通过"一句话的力量"主题微电影与网友一起探讨"一句话"的重要性。此次活动覆盖欧中东非、美洲、亚太区、中国区四大区域。活动中评选出的"海尔 SLOGAN 区域宣传大使"（每区评选出1 名，共 4 名），将全程免费前往青岛参加海尔全球论坛，各区域"大使"交流心得，并享受青岛夏季特色美景。同时，4 位"大使"还会将青岛之行的见闻及 SLOGAN 创意故事上传至活动平台，由网友投票评选出一名"海尔 SLO-GAN 全球宣传大使"，最终胜出者也将获得海尔成套家电一套（冰箱、洗衣机、空调）。[①]

此次活动，既有助于海尔汇聚全球网友智慧，寻找属于海尔的"那句话"，也有助于海尔实现和用户的零距离互动，最大限度地了解用户。

再如《读者》杂志在由《读者文摘》更名为《读者》后，在 1995 就策划了征集刊徽的活动。虽然《读者》刊徽最终不是从普通读者提供的方案中选出，但这次活动拉近了和读者间的距离，增进了和读者间的相互了解，使杂志在读者心目中树立了一定的品牌形象。《读者》杂志社还经常通过问卷调查来掌握读者的基本资料、了解读者对杂志的需求和看法，每两年都要购买一次央视市场研究股份有限公司进行的"CNRS"调查数据，并委托其制作《读者》的读者状况和广告价值分析"的调查报告，根据调查数据和分析报告及时调整杂志的办刊思路和营销策略。[②] 中央电视台 2010 年曾举办《假如我是春晚导演》有奖征文活动，征集公众对于春晚的意见、建议、设想、思路等，这不仅了解到了公众对春晚的看法和想法，还树立了央视重视公众意见、服务公众的形象。

二、服务型公共关系

服务型公共关系是一种以提供各种优良服务为主要手段的公共关系活动模

---

① 凤凰网．海尔全球品牌 SLOGAN 征集活动启动［EB/OL］．http：//biz.ifeng.com/finance/detail_2013_05/24/835315_0.shtml.

② 陈莉，葛艳玲．读者杂志公关意识探析［J］．青年记者，2007（11）：54-55.

式，其目的是以自己的优质服务赢得社会公众的好感。也就是说，这类公关活动树立形象、扩大影响的手段主要不是借助于媒介的宣传报道，而是依靠本身的实际行动。其特点是人情味足、反馈灵敏、调整迅速。

如无锡小天鹅股份有限公司强调的服务理念是："全心全意，是一种态度，更是每一刻切实的行动。小天鹅，中国电器的领先品牌之一，坚持自主创新之路，以领先的科技、优质的产品与贴心的服务，为您与家人的美好生活，全心全意，不懈努力。"根据这一理念，小天鹅制定了具体的服务标准：预约时间并按时上门；着服务工装、服务监督卡、鞋套进入用户家进行维修，形象整洁得体；微笑服务，使用标准服务用语，耐心解答用户疑问，美化小天鹅品牌；配件及工具携带齐全，准确判断故障并维修，确保一次性解决率较高；使用随身携带的专业工具，按照小天鹅公司维修技术规范进行规范维修；进行收费项目时，向用户出示收费标准并征询用户意见；维修作业时用随身携带的垫布、擦机布等工具做好防尘，维修结束后打扫卫生及清理水渍；维修完成后对洗衣机进行现场试机，观察洗衣机是否能正常进水、洗涤、排水和脱水，当脱水转速稳定时，听听是否有异常噪声，观察洗衣机震动是否正常，确认或调整正常；请用户确认维修完成；告知用户全国统一服务热线，并礼貌告别。

美国零售大王沃尔玛的服务宗旨也强调了其独特的服务思想、服务原则、服务方法。如"顾客才是真正的老板"。沃尔玛的创始人山姆·沃尔玛对此的诠释是："所有同事都是在为购买我们商品的顾客工作。事实上，顾客能够解雇我们公司的每一个人。他们只需到其他地方去花钱，就可以做到这一点。衡量我们成功与否的重要的标准就是看我们让顾客——'我们的老板'满意的程度。让我们都来支持盛情服务的方式，每天都让我们的顾客百分之百地满意而归。"沃尔玛具体的服务思想、服务方法有：

"保证满意"，"简单地讲，保证满意意味着竭尽所能让您满意。修理、换货，或退款时，对您说声'谢谢'并笑脸相迎。您是沃尔玛的生计所在，沃尔玛人的工作就是通过满足您的需求并且超出您的期望，使您感觉到您是我们生意中最重要的部分。"山姆·沃尔玛的说法是"超出顾客的期望。这样，他们才会不断光顾。向顾客提供他们需要的东西——并且再多一点服务"。

"日落原则"，这说明"所有沃尔玛员工应该在接到顾客、供应商或其他员工的电话的当天日落之前对这些电话做出答复。这正是沃尔玛对顾客做出友好服务之承诺的一个例子。迅速回应您表明我们关心您。我们不一定要在日落之前解决每一个问题或者完成每一项任务，但我们应与您保持联络，这体现了我们公司的一项基本原则——即我们关心顾客"。

"盛情服务"，意思是"满足您的需求且超出您的期望的方法之一就是采取盛情服务。例如，当您询问我们的员工某种商品在哪里时：告诉您商品陈列在哪个部分，可满足您的需求。将您带到该商品处，则超出了您的期望。我们鼓励员工做到：当您步入我们的商场时，要使您感觉到您是受欢迎的"。

"盛情服务"中包括"三米微笑原则"："我们聘用那些愿意向顾客微笑、并看着顾客的眼睛，向离自己三米之内的每一个人打招呼的员工，这就是我们所说的'三米微笑原则'。我们还将尽可能叫出你们的名字。'迎宾员'这一方案是我们盛情服务的一个例子，并已经成为一种趋势。'迎宾员'具有独特的职责，就是当您走进沃尔玛商场时，向您表示欢迎。迎宾员的职责包括为您推出购物车，微笑，并且让您知道我们很高兴您光临沃尔玛。"这些无不赢得了公众的好感和加分，提高了品牌的影响力和美誉度。

三、矫正型公共关系

矫正型公共关系也叫补救型公共关系，它是指组织因主客观原因造成形象受损、公共关系严重失调时，立即派人到有关地区、部门，找有关公众调查事件的前因后果，及时采取补救措施，妥善处理问题，安抚有关人员，争取谅解与合作，以恢复组织被损害的良好形象和信誉，提升组织知名度、美誉度的公共关系活动。

如 2012 年，三一重工集团收购美国风电项目，由于美国外国投资审查委员会以及总统奥巴马的干预，被迫搁浅。这不仅给三一重工集团造成高达2000 万美元的直接损失，也给三一重工集团的形象造成负面影响。随后，三一重工集团在美国的关联公司罗尔斯公司向美国法院提起诉讼，称奥巴马发布禁令的做法不合法。美国外国投资审查委员会（CFIUS）也被同时列为被告，罗尔斯公司认为其行为越权，而且缺乏证据及合理的解释。

2014 年 7 月 14 日，美国哥伦比亚特区联邦巡回上诉法院裁定，中国三一重工集团在美国的关联公司罗尔斯公司在起诉奥巴马总统和美国外国投资审查委员会一案中胜诉。虽然判决并不能改变这桩交易受阻的最终结果，但是此案获胜意味着美国今后以威胁国家安全为由阻碍外国公司收购美国商业项目可能将面临挑战。而且，从公关的角度而言，三一重工集团的做法给企业形象带来两大好处：

一是三一重工集团知名度快速提高，增强了品牌晕轮效应。虽然三一重工集团在中国名气不小，梁稳根家族也多次在中国各大财富排行榜上抛头露面。不过，在品牌影响力上还欠些火候。三一重工集团属于机械行业，远离百姓的衣食住行，尤其对财经关注度较少的公众，并不怎么了解三一重工集团。人们可能不了解三一重工集团，但绝对知道政治明星奥巴马。借助奥巴马的"晕轮效应"，三一重工集团成功实现了品牌传播，品牌知名度大大增加，其品牌影响力也从之前的财经圈子延伸到社会以及时政圈子。

二是三一重工集团成为民族企业的榜样，增加了品牌美誉度。中国有大量的民族企业在美国投资，他们也曾遇到与三一重工集团同样的问题，被美国打着"国家安全"的幌子拒之门外，其中还不乏华为、中兴这样实力雄厚的中国大企业，但他们大多数忍气吞声，并未采取太多积极的维权行为。三一重工集团在美国利益受损后，出人意料地提起诉讼，且诉讼对象是美国总统，这给了中国企业积极的信号——海外投资受挫，并不只打道回府这一条路，中国企业完全可以拿起法律武器维护自己的合法权益。三一重工集团的勇敢诉讼行为，鼓舞了国内企业的士气，成为中国企业的榜样。

在这一过程中，三一重工集团巧妙地利用了当下的民族情绪。不少人用"被载入中美经贸关系的史册"、"外国公司起诉'美国外国投资审查委员会'（CFIU）的先河"、"史无前例地起诉美国总统"等字眼形容"三一案"，其中透出民族的自豪情绪与对三一重工集团诉讼行为的认同感。而且，三一重工集团业还懂得时不时为自己的"英雄行为"再添把火。三一重工集团向文波总裁在微博中写道："有人问我起诉奥巴马总统会赢吗？我说过程比结果重要；有人问我要花多少钱？我说尊严比金钱重要；有人问我不担心三一在美国的发展吗？我说三一做事向来取义不取利！"看重过程、民族尊严、取义不取利，这样的舆论造势足以把三一重工集团置于民族企业的高度，公众对其印象分提高了很多。①

四、宣传型公共关系

宣传型公共关系主要是指组织以各种新闻、传播媒介为工具，围绕某个特定主题向公众有意识地传送某种信息，有目的地向有关公众介绍自身、宣传自

---

① 艾学蛟. 三一集团打了一场漂亮的危机公关仗［EB/OL］.［2012-11-13］http：//www. chinapr. com. cn/templates/T_ Second/index. aspx？nodeid=76&page=ContentPage&contentid=1214.

身，从而创造于己有利的社会舆论环境。① 这种公关活动既包括具有直接宣传作用的新闻性公共关系活动、公关广告活动、人际沟通性公关活动，也包括具有间接宣传作用的公关活动，如参加访谈节目、参加电视求职、招聘类节目等。

如美国安利公司的"安利纽崔莱健康跑"活动。随着生活水平的逐渐提高，大众健身成为人们关心的话题，而这与营养保健食品有着更为直接的联系。在此背景下，美国安利公司自2002年开始筹办大众体育活动"安利纽崔莱健康跑"，希望以此来树立健康的品牌形象。至2014年，这项活动已连续进行了13个年头，活动范围从上海、北京、广州扩大到70多个城市，并获得上海大世界吉尼斯颁发的"规模最大的全民健身跑步活动"证书。纽崔莱一直倡导健康来自于四个方面，即均衡的营养、合理的运动、充足的休息和乐观的心态。"安利纽崔莱健康跑"不仅给相关公众带来了快乐的路跑体验，而且已经发展成为其企业文化的一部分，成为一种企业的价值观、向心力，无形之中诠释了企业的形象和品牌。

第五节　CIS 战略

面对激烈的市场竞争，许多企业都在努力寻找克敌制胜的"利剑"。导入CIS战略，更新企业形象，实行差异化的竞争策略，创造整体效益，已成为企业尝试实行的新型管理方法和手段。

一、CIS 简介

（一）CIS 与 CI

CI的英文全称是"Corporate Identity"，"Corporate"是"团体、法人组织"的意思；"Identity"是"身份、个性、特性"的意思，"Corporate Identity"译作企业识别。它源于20世纪五六十年代美国各大企业，主要用于外部宣传，是一种以行销为导向，以最终消费者为诉求对象，而对公司形象加以包装的策略。其突出重点是视觉形象的美感与冲击力，即更注重外在形象的表现。20世纪

---

① 居延安. 公共关系学［M］. 北京：高等教育出版社，2002.

70 年代，CI 传入日本后，经过改造和发展，被注入了新的民族理念和企业精神。其理论得以丰富，形成了包括理念识别、活动识别和视觉识别的系统完备、内涵丰富的企业文化，以期通过运作向公众传递企业信息，塑造企业形象，赢得公众的认同和信赖，从而达到扩大产品销售、推动企业发展的目的，这就是所谓的"CIS 战略"。

CIS 是英文"Corporate Identity System"的缩写，"System"是"系统"的意思。CIS 通常被译作企业识别系统。这一系统是公众识别与评价企业的重要依据，是企业在经营与竞争中获得公众认同的重要手段。

由此可见，CI 与 CIS 大体上属于同一概念，只不过 CIS 是 CI 的发展和完善，它突破了仅重视企业表象的局限，将企业理念、行为、视觉形象及一切可感受的形象实行统一化、标准化与规范化的科学管理体系，由此使 CIS 获得了新的意义。但人们在口头表达中往往更习惯用 CI。

（二）CI 的缘起和发展

CI 产生的缘起一是时代和市场因素，二是现代设计因素。从时代和市场因素看，20 世纪以前，由于生产力不够发达，市场上商品短缺，供不应求，卖方处在压倒优势的地位。进入 20 世纪，由于产业革命的波及效应，大机器工业的发展，社会生产力迅速提高。市场上商品日益丰富，甚至于有的商品还出现了供应超过需求的现象。20 世纪 50 年代以后，随着商品的进一步丰富，在市场上买方有了更大的挑选商品的余地和更多的购买商品的机会，卖方因此由优势地位转为次要地位，并不得不为促进商品的销售而采取必要的推销手段，以吸引消费者。从设计方面看，现代科技的发展不仅带来了思想文化、文学艺术的巨大变革，也促进了现代设计的发展。美国的飞机、汽车、电灯，英国的"伦敦地铁"、"水晶宫"，法国的"埃菲尔铁塔"等的发明和使用，德国"包豪斯"的兴起，都是 CI 缘起的因素。

标志着 CI 初具雏形的两个典型案例是：1914 年著名建筑家培特·贝伦斯为德国 AEG 电器公司设计商标，并应用于公司的建筑和员工服装上，这形成了视觉上的独特统一性；20 世纪初意大利的 OLIVETTI 公司注重商品与售货空间的新颖设计以及公司标志的设计。1950 年美国《图案》专业设计杂志首次使用"Corporate Identity"术语，这标志着 CI 的正式兴起。①

———————————

① 孙启新. CIS 企业识别系统新解［J］. 美术大观，2010（2）：114.

20 世纪 60 年代是美国各大公司广泛导入实施 CI 战略的时期。明尼苏达开采与制造公司、克莱斯勒汽车公司、东方航空公司、可口可乐公司等先后进行了 CI 的成功探索。20 世纪 70 年代纽约证券交易所上市的公司中，有 70% 的公司导入了 CI 战略。可以说，美国设计界在推动 CI 战略世界范围内的普及和发展方面发挥了巨大的作用。

20 世纪 70 年代 CI 战略传入日本。1971 年，日本第一劝业银行率先导入 CI 战略，他们设计的心形图案的新银行标识，因为准确传达了亲切和清新感，一直被企业界和设计界奉为经典。此后，马自达汽车公司、积水化学工业公司、伊势丹百货、华歌尔公司等相继导入 CI 战略。这一阶段是日本导入 CI 战略的初始阶段，其特点是学习和模仿美式的 CI 战略。20 世纪 80 年代以后，CI 战略在日本的企业界迅速得到普及，许多企业都把 CI 战略作为提升企业形象、增强企业竞争力的重要手段。值得一提的是，日本企业在导入 CI 战略的过程中，逐渐走出单纯模仿、照搬的窠臼，结合日本的国情，形成了以人为中心，以企业文化为基石的日本式 CI 战略，成为东方 CI 战略的典型代表。

（三）CIS 在中国

20 世纪 80 年代中期，CIS 传入我国。最早接触 CIS 理论的是美术院校。1984 年，浙江美术学院率先从日本引进了一套 CIS 资料，作为教材运用到教学中。此后，不少美术类大专院校都在相关课程（如平面设计、立体设计课）中增加了 CIS 的教学内容，主要介绍 CIS 的设计概念和技法。随着改革开放的不断深入，越来越多的国外企业和产品进入中国，其突出的 CIS 视觉识别带给消费者强烈的冲击力促使 CIS 理论和企业经营管理相结合，为企业的形象塑造服务。

在企业中较早导入 CIS 战略的有广东太阳神集团、郑州亚细亚商场等。

1988 年，广东太阳神集团尝试导入并实施 CIS 战略。在名称上，设计了一个具有国际化、现代化特征又不失民族精神和传统风情、能够诱发消费者和公众美好的心理联想的"太阳神"；在经营宗旨上提出：关怀人的一生，爱护人的一生，弘扬敬畏生命价值的浩然正气，推广激发生命活力的保健方式，提高生命健康水平，振兴中华民族精神。其场歌是《太阳升起的时候》，标识总体是人字造型。人的"圆圆"的头部象征太阳，传达企业升腾的意境和关怀帮助人的精神。头部以下的部分由英语简称字体"Apollo"和汉语"太阳神"组成，主体造型"三角形"是"Apollo"的首字母 A，又酷似"人"的躯干，体现企业以人为本、不断创新进取的精神。与经营理念相适应，太阳神还制定了企业管理的规则和细则，如市场营销、人事管理、财务管理、入职标准等。太阳神的 CIS 探索，被业界称赞为"中国特色的 CIS 经典"，创我国企业导入 CIS 之先河，代表着中国企业进入企业形象革命新时期。

亚细亚商场于 1989 年 5 月 9 日正式营业。它一开始就导入了较全面的 CIS 战略。从名称、标识、服装、场歌到商场的经营信条、内部的管理手段等进行了系统化的设计。名称上，"亚细亚"意即"太阳升起的地方"，以此作为商场的名称，意思是：在"亚细亚"，人们会最早得到犹如阳光一样的"亚细亚"人的关怀。亚细亚的标识是：一轮光芒四射的红太阳，在太阳的正中，有醒目的"ASIA"字样。它象征着亚细亚商场立足中原，辐射全国。更表达了"亚细亚"将像太阳一样将自己的服务传遍整个大地。场服为西服套装，在袖臂和帽子正前方带有场徽标志。这既能让"亚细亚"商场标志多次反复出现在消费者的视野中，还能传达亚细亚特有的企业文化。亚细亚的场歌叫《心河》，表现亚细亚商场把人类对生活的期待看作是一种历史的责任。在经营的理念上，亚细亚强调：把真诚奉献给亚细亚将受到尊重，自私和虚伪将遭到唾弃；"无论做什么，我们都将竭尽全力。"亚细亚人更是以"在似金如玉的青春年华拼搏一场，对人民有所贡献"、"企业的需要就是我们的志愿"、"我为企业的振兴无私奉献，企业为消费者提供最佳的服务"等作为行动取向和价值取向。不仅如此，亚细亚还以自己特有的活动、服务方式联系和服务社会公众和广大的消费者。这些既增强了企业的凝聚力，更是突出了亚细亚独特的企业形象，赢得了社会的广泛理解和支持。

进入 20 世纪 90 年代，CIS 战略得到进一步推广和发展。海尔集团、春兰集团、娃哈哈集团、北京蓝岛大厦等企业相继导入 CIS 战略。CIS 战略、形象战略以及相应的公共关系活动成为企业界以及社会各方面广为关注的话题。而较早导入 CIS 战略的企业示范效应又使越来越多的企业投资导入 CIS 战略。种种发展表明，中国的企业在经历了价格竞争、公关大战、服务角逐、环境争夺等竞争后，开始出现高层次的理性化竞争，即企业形象（CIS）竞争。目前，CIS 战略在我国的企业中已得到了广泛的运用。据统计，在上交所和深交所两地上市的股份制公司中多数都导入了 CIS 战略。事实证明，CIS 战略对于我国企业及经济的发展起到了历史性的重要作用，所以它被企业家誉为"赢的策略之一"、"长期拓展市场的利器"、"集结企业内部力量和扩大商标知名度的最佳方法之一"。

但由于中国的 CIS 起步较晚，相对于"欧美型的 CIS"、"日本型的 CIS"而言，"中国型的 CIS"还有待于进一步探索。

二、CIS 的构成要素

一个完整的 CIS 包括三个要素，即理念识别、活动识别和视觉识别。这三个要素是 CIS 的子系统，三者互相联系、互相影响，共同形成一个有机的整体。其中，理念识别是 CIS 的核心，它贯穿于整个 CIS 的结构和过程中。活动识别和视觉识别以理念识别为基础，同时又体现理念识别。

1. 理念识别

理念识别（Mind Identity，MI），它是 CIS 的基本精神所在，是整个识别系统的最高决策层，也是整个系统运作的原动力和实施基础。它包括企业的经营理念、经营姿态、行为规范等。

经营理念主要包括企业的经营宗旨、经营哲学、价值观念、企业精神等，它涉及的问题是企业以何种思想完成以上的"企业使命"，体现其存在意义。

经营姿态指企业对公众的态度和方式，常常通过企业精神标语或口号和企业歌曲表现出来，所涉及的问题是企业如何去做，即怎样实现其价值追求。

行为规范是指为使企业行为与经营理念保持高度的一致性、连贯性而确定的企业全体员工的行为基准。它涉及企业的生产、服务、经营、管理、社会交往、人际关系、信息传播等各方面工作的各个环节，大到企业整体的经营战略和基本方针，小至员工生产服务的细小环节。

2. 活动识别

活动识别，也叫行为识别（Behavior Identity，BI），即动态的识别形式。它以经营理念作为动力之源，系统规划企业内部的组织管理、教育以及对社会的一切活动。活动识别是有效贯彻企业理念的基础和保障。它所规划的活动因具有自己的鲜明特色而区别于其他企业。活动识别包括对内活动识别和对外活动识别。

对内活动识别就是通过建立完善的管理制度，制定科学、完备的管理目标，通过开展活动和教育培训等来增强企业内部的凝聚力和向心力，提高工作人员的积极性和对组织理念的认同感。主要有员工教育，偏重于服务态度、应对技巧、电话礼貌及工作精神等教育；工作环境的营造，如采用敞开式大办公室的工作环境，以营造互相竞争、高效有序的工作气氛；考核制度、酬金制度、晋升制度的制定，以通过有效的管理来提高员工的积极性。

对外活动识别是内部行为识别的延伸和扩展，它以外部公众为活动对象，通过广告宣传、展览、产品推广、促销活动、公益文化活动等方式来表达企业的工作理念，从而使更多的公众了解、认知企业，对企业产生好感和信赖，达到树立企业良好形象的目的。

3. 视觉识别

视觉识别（Visual Identity，VI），即静态的识别符号，或者说是具体化的视觉传达形式。它以组织化、系统化的视觉方案传达企业经营的信息。视觉识别与公众的联系最密切、贴近，影响面很广，在树立企业形象上比理念识别和活动识别更直接、有效。实验心理学家赤瑞特拉所做的"关于人类获取信息主要通过哪些途径"的心理实验证明：人类感官所接触到的外界信息中，83%来自视觉，11%来自听觉，3.5%来自嗅觉，1.5%来自触觉，1%来自味觉。所以，利用视觉识别的直观性和形象性来传达企业的理念和宗旨，是树立企业形象、提高企业知名度的最具刺激力的方法，它可以大大增强企业在公众心目中的印象。

视觉识别由基本设计要素和应用设计要素组成。基本设计要素指企业中广泛使用的、固定的设计要素，如企业名称、品牌标识、标准字体、标准色、象征图案、宣传标语及口号等。应用设计要素是指各基本要素在建筑物外观、办公事务用品、服装、交通工具、招牌旗帜等载体上展开的应用设计。

三、CIS 战略的基本特征和作用

作为一种新型的经营管理技法，CIS 具有突出的特征和作用。

（一）CIS 战略的基本特征

1. 战略性和战术性

CIS 战略是一项整理和提升企业形象的整体战略，其内容涉及企业经营宗旨、经营方针、产品开发、人员培训、广告运作、公共关系、营销对策、视觉要素的设计与革新、企业文化建设等，涵盖了企业经营活动的各个方面；其导入实施的周期长，需要运用的手段和方法综合性强，耗费的资金多，所以，它是企业的一项重大战略举措。而在导入和实施这一战略的过程中，又需要运用有关产品、市场、广告、公关等方面的微观策略，所以，它又具有战术性特征。

2. 自律性与他律性①

自律性是指企业实施 CIS 发展战略时要受到来自企业自身的主观条件及内部和外部等因素的制约；他律性是指企业形象虽然反映的是社会公众对企业的主观认识，但这种认识是企业各方面的形象和实绩在人们头脑中长期积累的结果。社会公众对企业的评价是根据企业的实际表现为依据进行的，评价的标准是客观的，并且受到社会、政治、经济、民族、地域、文化、风俗等因素影响。CIS 具有自律性与他律性的高度统一。

3. 个性化与全球性②

当今世界是一个个性化的世界，不仅个人的生活，而且组织的运行都在不断地塑造个性特征。只有独创的、有个性的东西，才有存在的价值，才有生命力。这就体现了 CIS 企业形象的个性化或者说民族性。全球性是指 CIS 企业形象的国际化、全球化。构建在民族精神基础上的个性化使其在世界交流中得以演变、延续、更新，更具世界性特征。CIS 是世界性与民族性的辩证统一。

4. 系统性和差别性

CIS 战略是一个完整的系统，它由理念识别、行为识别、视觉识别三个子系统构成。这三个子系统既独立发挥作用，又相辅相成、互为促进，并最终融合为一个有机的整体。企业在导入和实施 CIS 战略的过程中，应坚持系统管理的原则，处理好三个子系统之间的关系，力争实现整体效益最大化。

导入 CIS 战略有助于企业在市场中选择自身的视角，突出其有别于其他企业的特色，所以 CIS 战略更深层次的含义应该是企业的差别化。日本 CIS 设计界的一句名言就是：如何造成敌我差异是 CIS 的关键。CIS 的差别性特征既体现在企业的视觉识别要素方面，更体现在企业的理念识别和行为识别方面。正是不同的企业理念和风格迥异的企业文化铸就了企业的独特个性，成为公众识别企业更持久、更准确的依据。

5. 一贯性与社会性

一贯性是指 CIS 的导入和实施不是阶段性的，而是长期性的。从提出计划、实态调查到策划定位、实施推展，就需要几年的时间。而在企业成功地打造其个性化的形象后，还要持续不断地更新形象、维护形象，所以，CIS 的导入和实施是一个长期的过程。社会性是指企业形象只有获得社会公众的认可和肯定，才能发挥其效力。因为任何企业都是社会的一分子，其存在和发展离不

①② 孙启新．CIS 企业识别系统新解［J］．美术大观，2010（2）：114.

开社会的理解、支持与合作，企业的发展又会促进社会的发展，企业的根本利益和社会的整体利益是一致的。

（二）CIS 的作用

当代一位成功的企业家曾说：任何产品都可能被仿造，任何技术都可能被学习，唯有经营理念、企业行为、企业形象是怎么也学不来的。CIS 战略在改善企业的内在本质、创造良好的经营环境和社会环境等方面具有其他任何一种经营战略不可比拟的作用。

1. 提高企业的知名度，增强企业竞争能力

CIS 运用统一的视觉识别设计来传达企业特有的经营理念和活动，能够突出和提升同一化企业形象，使企业形成自己内在独特的个性，最终提高企业的知名度，增强企业的整体竞争力。

2. 有利于企业创造品牌

企业的理念识别使企业的品牌内涵、特点和气质更加清新，它向人们宣布，企业不仅仅是生产机器或经营单位，更是充满思想、文化、智慧的生命体；行为识别使企业的品牌内涵、特点和气质得以落实；视觉识别将企业的品牌内涵、特点和气质用最有效的手段和途径传达给公众，强化公众的印象。所以，CIS 有利于企业创造品牌。

3. 提高产品在市场上的知名度，增强产品竞争力

CIS 通过产品形象的设计有利于改善产品质量管理工作，使产品最大限度地满足消费者的需要，从而提升产品在市场上的知名度，增强产品竞争力。

4. 有利于提高企业的凝聚力和向心力

导入 CIS 能够促使企业明确自己的经营理念、价值观念、事业领域、企业使命、行为准则、经营对策等，对内可以统领员工的思想观念和行为，增强企业的凝聚力和向心力，对外有助于企业在社会实践和经营活动中明示其主体性。

5. CIS 有助于企业保持良好的公众关系状态

CIS 通过促进企业的基础工作，突出企业形象，有利于增强银行贷款和投资的信心，团结关系企业，如用户、供应商、协作单位等，从而建立和保持良好的公众关系状态。

除此，CIS 还有利于企业多元化、集团化、国际化经营，并有助于使企业各个经营项目之间共同利用某些资源，产生协同效果，增强企业适应不同市场环境变化的能力，使企业营运更加稳健、安全；有利于企业经营资源的运用；有利于企业广招人才，增强企业发展的实力；有利于统一企业信息传播策略，消除企业情报的互异性，向公众传递恒一、密集、连贯的企业信息，强化企业信息传播的效果和收益。

第六节　组织重要的目标公众及相应的公关举措

目标公众，即是专项公共关系活动所针对的特定公众。开展专项公关活动不能无的放矢，必须根据组织的需要，针对特定的公众，才能达到预期的目的。这里特定的公众即是目标公众。[①] 虽然不同组织的目标公众对象不完全相同，但任何组织都有自己特定的公众对象则是无疑的。组织应重视并努力搞好和公众的关系，由此才能营造良好的人气氛围，构建和谐的公众关系。对一般组织而言，其目标公众主要有员工关系对象、政府关系对象、消费者关系对象、社区公众关系对象、媒介关系对象等。因媒介关系对象在后面各章均有涉及，所以本章主要就前几类目标公众进行分析。

一、员工关系对象分析

员工是一个组织直接面对的公共关系最密切的公众，是组织赖以存活的"细胞"。组织的方针、政策、传播计划和措施等需要员工的理解和认可，并靠员工身体力行去实施。组织中员工的表现，直接关系到组织的形象和声誉，员工的素质和技术、知识的投入程度直接影响着企业的长远发展，所以员工关系是组织公共关系的潜在财富，是组织公共关系的重中之重。

（一）建立良好员工关系的意义

1. 稳定员工队伍

在现代社会，企业利润的一大部分来源于员工的聪明才智。但与此同时，组织内部员工的流动性却越来越大。弗雷泽·P. 西泰尔在他的《公共关系实务》一书中曾说过：全球工商业大规模精简和裁员使员工再也难以保持原来

---

① 刘苍劲，丁光梅等. 新编公共关系学教程［M］. 汕头：汕头大学出版社，2001.

对组织的忠诚度；员工为了自己的个人前程、兴趣爱好也不想在一个企业工作一辈子。那么怎样稳定内部的员工队伍就成了许多企业必须面对的问题。提供有竞争力的工资福利待遇固然是稳定员工队伍的重要因素，但对员工多方面的尊重、关心、重视，良好的上下级关系，和谐的人际合作和互动环境对增强员工对组织的归属感、稳定员工队伍更是不可缺少的因素。

2. 开发人力资源

在市场经济条件下，企业之间的竞争归根结底是人才的竞争，企业的竞争成败取决于人力资源的开发程度。随着我国改革开放的深入，特别是加入 WTO 以后，各种企业组织所面临的世界市场更为广阔，与此同时面对的竞争和挑战也更为激烈。要在复杂的、风险莫测的市场环境中立足，组织必须要重视人力资源的开发。组织有针对性的选拔、培训、配备和使用内部成员，可以充分挖掘员工的内在潜力，激发其工作热情，实现工作岗位、职务与人员的高度匹配，做到贤者在位，能者在职，人尽其才，事得其人，从而使人力资源得到充分开发，使组织的智力资本得到很好的利用。

3. 提高工作效率

加强组织内部各部门之间的沟通和协作，减少相互之间的冲突和摩擦，是现代管理中提高效率的重要一环。组织各部门之间以及上下级之间如果不能信息互通、分工协作、资源共享，不仅会造成资源浪费，还会在上下左右之间产生不必要的误会和隔阂，影响工作效率和企业效益。如果组织内部建立良好的信息沟通渠道，各部门树立全局意识、合作意识，相互之间加强沟通联系，紧密配合，就能减少资源重复利用的情况，减少组织内部各部门的利益冲突和工作被动性局面，提高组织的管理水平和工作效率。

4. 提供"外求发展"的基础

组织要获得外部公众的支持和理解，最重要的是为社会提供优质的产品和服务，而这离不开全体员工的共同努力。所以内求团结，建立和维持和谐的员工关系是外求发展的基础，没有员工的协作和高质量的工作，就不可能有外部的发展。而在组织与外部的联系中，员工又总是处在最前沿，他们直接与外部公众接触，许多具体细致的公共关系工作都是由他们开始的。他们的言行举止都会受到外部公众的关注，影响到外部公众对组织的认识和评价。如果没有良好的员工关系，员工之间遇到问题就相互推诿、扯皮；与外部公众联系、接触时，各部门的说法相互矛盾，这样的组织就不可能成为合格的公关主体，更谈不上长远发展。

（二）员工关系具有不同于其他公众关系的特点

1. 可控性

由于员工同组织的行政隶属关系，组织一方面可以利用这种关系控制和调节员工公众的往来活动，可以有效利用正式的管理手段和沟通渠道，对广大员工进行宣传教育，把他们的言行引导到企业共同的公共关系预定目标上来；另一方面，员工对组织也有一种上下级、个人与集体之间的服从关系，在员工看来，服从管理，积极参与组织的各项活动对自身是有利无害的，所以，员工也会或多或少地有一种自我约束、自我控制的能力。

2. 密切性

和其他类型的公众相比，员工公众和组织之间的信息沟通频率显然要多一些；同时，员工公众的利益和组织的整体形象息息相关，二者之间的沟通效果直接影响组织预定目标的实现。所以，在各类公共关系网络中，组织和员工公众的关系是最密切的。如果一个组织和员工公众的关系还不及和其他公众的关系密切，那这个组织离瓦解的日子可能就不远了。

3. 稳定性

因为员工公众和组织存在行政隶属关系，员工公众是与组织关系最密切、最直接的一部分公众，所以在一定时间内，组织的员工公众关系是相对稳定的。

（三）建立、稳定员工关系的举措

1. 增进员工公众对组织的认知

组织形象的好坏、同员工公众的关系如何既取决于它自身的行为，也和员工对它的认知程度密切相关。员工对组织的认知，是指员工对组织行为的直觉、印象、记忆、想象、判断和理解等。员工对组织的认知是员工心理活动的基础。所以，要建立员工公众关系就要注意增进员工公众对组织的认知，使他们了解本组织的历史、现状、机构、长远规划、各种规章制度、在市场中的竞争地位、发展动态、新的举措、未来的趋势等。

2. 强化以人为本的内部管理

孔子在《孝经》中提出："天地之性人为贵。"孟子在《公孙丑下》中指出："天时不如地利，地利不如人和。"这说明，在事业的成功因素中，人的因素是第一重要的。对于企业来说，它取得成功的根本不是制度、不是物，而是人。所以，组织要做好外部公关工作，达到内求团结的目的，首先要强化内部管理，树立以人为本的思想，将传统的"以工作为组织的中心"转变为"以人为组织的中心"。

（1）了解员工的工作（劳动）特点，尊重、信任员工。

管理人员要以体谅的心情去了解员工、关心员工，尊重员工的人格和合法权利，虚心听取员工的要求和呼声。同时，要在尊重的基础上，充分信任员工，做到用人不疑、疑人不用、知人善任，并尽力为他们创造一个宽松的工作和发展环境，使他们以对工作高度负责的态度为组织的发展尽心尽力。

（2）采取科学的激励方式。

激励就是激发、鼓励，也就是通过激发人的内在动力，调动人的积极性，引导、控制人的行为，使其个人目标与组织目标相一致，使由诸多职工个人行为构成的组织行为系统产生最大的功效。美国哈佛大学的管理学教授詹姆斯认为：如果没有激励，一个人的能力仅能发挥出 20%～30%；如果施以正确的激励，一个人的能力将发挥出 80%～90%。如果激励得当，一个人可以被当成四个同样的人使用。[①] 常见的激励员工的方式方法有：

第一，改革人事分配制度。合理的人事分配制度是激发和鼓舞员工工作热情和积极性的首要条件。组织可根据自身的实际情况编制科学的考核标准、方法，制定合理的分配制度。

第二，实行民主管理。要激发员工的内在动力，调动员工工作的主动性和创造精神，就必须保障员工的主人翁地位，使他们有机会在组织内参政议政。如通过员工代表大会对组织的经营计划、财务开支等重大事项做出决议；员工代表向领导提出建议和意见；监督领导干部正确执行政策的情况等。

第三，领导行为激励。在组织内部，领导者行为对广大员工具有很强的鼓舞和示范效应，员工一般都会向领导者的行为看齐。领导者的模范行为是一种无声的号召，会使员工自觉不自觉地去效法和学习。因此领导者要在领导作风、领导水平和方法等方面为员工树立榜样、做出表率。

第四，奖励激励。对工作中做出成绩、有特殊贡献的员工进行表扬、奖励，充分肯定其合理动机和正确行为，能使积极行为和先进事迹发扬光大。但在奖励的同时，也要对那些与组织目标背道而驰或妨碍组织目标实现的行为进行惩戒。奖惩并举对鼓舞和激励职工的斗志、预防错误的发生、制止越轨行为

① 钱晓文. 当代传媒经营管理［M］. 广州：中山大学出版社，2008.

的蔓延有重要作用。当然对员工的奖励要注意物质奖励和精神奖励相结合。研究表明：通过物质鼓励只能发挥职工工作能力的 60%，而剩下 40% 的潜在能力要靠精神鼓励的办法才能激发出来。精神激励具有物质激励无法替代的功能。

第五，情感激励。情感激励既不是以物质为刺激，也不是以精神理想为刺激，而是以人与人之间的情感联系为手段的激励模式。情感需求是内部职工最基本的心理需求，组织要注意对职工进行感情投资，关心、照顾其 8 小时内外的学习、工作和生活，以增强员工公众和组织的感情联系，密切彼此间的关系，并努力协调员工之间的关系，使员工处在信任、亲密的环境中。情感激励不受时空条件局限，和有形的物质联系比较起来，情感激励的效应往往更持久。

（3）重视员工培训。

培训是企业生存和发展、增强市场竞争力的重要途径，也是员工政治、业务进步心理的转化形式。日本松下电器创始人松下幸之助强调："一个天才的企业家总是不失时机地把对职员的培养和训练摆在重要的议事日程。"美国经济学家舒尔茨曾估算：物力投资增加 4.5 倍，利润增加 3.5 倍，而人力投资增加 4.5 倍，利润则增加 17.5 倍。美国企业每年在培训上的花费约 300 亿美元，约占员工平均收入的 5%。[①] 由此可见员工培训在企业经营管理中的重要性。从公关角度而言，根据组织发展、员工进步的需要，通过对员工进行有计划、有组织的培训，提高员工的政治思想素质、知识结构、传播技能、职业道德水准等，不仅能够为组织注入生机与活力，更能够代表组织对员工前途的重视和关心，促进员工个人能力的发挥和自我实现感的满足，从而更加强化组织的向心力和凝聚力。

3. 培育独特的企业文化

企业文化有广义和狭义之分。广义的企业文化指企业在长期的发展过程中所创造的物质财富、精神财富的总和，包括企业物质文化、行为文化、制度文化、精神文化。狭义的企业文化主要是指企业的精神文化，包括企业的价值观念、企业精神、企业道德等内容。企业文化能够引导员工的行为与心理，使员工形成和企业目标一致的价值观念；规范和约束员工的思想和行为，使员工的行为符合组织利益和社会要求；使员工增强主人翁意识和对组织的归属感；激

---

① 钱晓文．当代传媒经营管理［M］．广州：中山大学出版社，2008.

励员工产生更高层次的精神追求。

4. 加强职业道德教育

职业道德是一种内在的力量源泉，它促使人们保持对职业的热爱和奉献。一个人职业道德水平的高低，会很大程度地影响到他的职业绩效。同时，职业道德也是调节组织内部公众关系的重要手段。矛盾无处不在，无时不有，一个组织内部也会有各种各样的问题和矛盾，如工作效率问题、服务态度问题、产品质量问题等，对此，可以通过职业道德规范对职工行为、组织行为进行有效约束。

5. 通过多种渠道与员工实现信息交流和沟通

内部公共关系工作依赖有效的内部信息交流与沟通。组织可以通过与员工和基层管理者的直接接触，利用职工会议，公共关系文件，职工及其家属的参观访问，内部刊物如职工通信、职工报刊，广播、影视及幻灯片，公告牌，职工手册或便览，新闻发布、内部网站、电子邮件等形式解释组织的经营宗旨、决策规划、方针政策以及面临的困境，通报组织重要活动与最新发展情况，传达组织的重要信息，并了解职工工作、学习以及生活方面的情况，从而使职工了解组织的现状和未来的目标，明确个人的定位；促成领导和职工、职工和职工之间的相互理解、体谅、信任与合作，营造充满活力、富有朝气的良好氛围。

除此以外，还可以通过邀请职工参加文艺演出、体育比赛、舞会、旅游、参观等活动以及对职工进行拜访、慰问、节日祝福、生日祝贺等来联络和职工的感情，使职工产生温暖感、家庭感。通过建立和完善职工建议制度，一方面集中广大职工的智慧，改善组织的生产和经营管理；另一方面，让职工有成就感，使职工觉得自己在组织中是被重视的。从而可以进一步调动职工的参与热情，激发其创造精神。

二、政府关系对象分析

政府是一个国家从中央到地方行使国家立法、司法、行政的所有权力机关。其特点是：代表人民的意志，以人民的利益为最高利益；直接、具体地参与社会政治、经济、文化等事务的管理，干预、协调国家范围内的社会生活秩序；制定政策，颁布法令并合法地使用暴力；对权力、资源、信息等有一定程度的垄断。无论什么类型的组织都要面对且必须服从政府的管理、规制和指导，都要和政府职能机构和管理部门打交道，如工商、人事、财政、税收、治安、消防、市政、审计、交管、法院、环保、质检、卫检等。

政府关系是指社会组织和政府之间的沟通关系，其对象包括政府的各级官员、行政助理和各职能部门的工作人员。在组织的公共关系对象中，政府公众对象是最具社会权威性的对象。及时与政府沟通信息，加强和政府人员的联系，扩大组织对政府的影响是处理和政府公众关系的必需手段。

（一）建立良好的政府公众关系具有重要意义

1. 政府的肯定和支持是具有高度权威性和影响力的肯定和支持

作为国家权力机关的执行机关，政府掌握着制定政策、执行法律、管理社会的权力职能，具有强大的宏观调控力量，代表公众的意志协调各种社会关系。政府的意见和态度会对整个社会舆论产生重要影响，会成为其他公众对组织态度和行为的导向。组织的经营宗旨、行为、产品如果能受到政府的关注，得到政府的肯定和支持，就会使组织的发展拥有强有力的社会政治条件，为组织获得其他公众的信任、支持奠定基础，从而使组织在市场竞争中获得有利的地位。

2. 良好的政府公众关系能为组织赢得有利的政策、法律和社会管理环境

良好的政策、法律和社会管理环境是组织生存和发展不可缺少的。组织的经营活动必须在国家政策、法律许可的范围内进行。和政府公众的良好沟通，有利于组织及时、准确了解政府有关方针、政策的变化，并根据这种变化调整组织的政策和行为，把握政府政策的变化给组织带来的有利时机，避免政策变化给组织带来的不利影响，掌握产品生产的适宜性和主动性。

同时，通过良好的政府沟通关系，还可以将组织的实际情况和特殊问题上传给政府主管部门，并有针对性地提出建议和方案，争取政策性的优惠和便利；在行业的政策、法规进入法律程序和决策之前，充分反映情况，表达意见，使最后制定出来的政策法规更符合行业的实际，更有利于行业的发展。

3. 良好的政府公众关系有利于组织获取信息

任何社会组织的运行和发展都需要以大量的信息资料为依据，政府公布的各类统计数据和发展规划能为组织提供决策指导和参考。如对传媒组织来说，政府公布的各种信息能正确引导媒体的发展方向、活动策划，为媒体带来预期的经济效益和社会效益。不仅如此，政府还是政治新闻最重要的来源。良好的政府公众关系，有利于媒体通过"独家新闻"、"重要新闻"报道来培养自己在时政报道方面的权威性和公信力，以此吸引受众，提高报刊的发行量和广播电视的收听率、收视率。

（二）如何处理与协调和政府的关系

要处理和协调与政府的关系，除了遵章守纪，合法经营，还要注意：

1. 重视与政府的沟通与传播

和政府的沟通与传播应是双向的。一方面，组织要及时了解、掌握和研究政府的有关信息；另一方面，积极响应政府的号召，认真贯彻落实党和国家的政策，并经常邀请政府有关人员参加组织的活动，听取和征询他们的意见，请他们进行指导。

2. 加强和政府的合作

政府对社会的管理工作复杂、繁重，政府工作千头万绪。所以，政府希望每个社会组织都能从大局出发，理解、支持政府工作，为政府分忧解难。鉴于此，组织应该想政府之所想，急政府之所急，做政府之所需。如积极参与公益活动，准确把握政府的工作重心，密切与政府的合作。

三、消费者关系对象分析

消费者公众是指购买、消费某一组织产品或服务的个人、群体或组织，消费者和生产经营者的关系是现代社会中最普遍、常见的关系，广阔的现代市场就是由这种关系构成的。组织生产的产品、提供的服务，如果得不到消费者的认同和接受，不仅使组织的工作无法产生必需的效益，还使组织输入资源、输出产品的过程不得不中断，使组织丧失存在的价值。所以，消费者是现代企业激烈争夺的最宝贵、最有价值的资源。

（一）良好的消费者公众关系对组织具有多方面的重要作用

1. 有利于组织树立正确的经营理念

充分认识消费者的重要性，是现代市场经济条件下，组织在经营管理理念上发生的一次重要突破。早在 1872 年美国就出现了第一个消费者保护的立法《刑事欺骗法令》，以保护消费者权益免受公司的侵害。20 世纪 20 年代，美国市场研究的先驱查尔斯·库里奇·帕林首先提出"顾客就是国王"的主张。之后，随着许多国家市场体系的建立，企业竞争的加剧，消费者保护法律的完善，迫使许多企业开始重视消费者的利益和需求，并以此为导向制定企业的政策、管理制度，形成顾客至上的经营理念。我国的许多企业近年来也在不断转变观念，将工作的重心向消费者转移。

2. 有利于增进组织和公众之间的相互了解

组织要和消费者公众保持良好的关系状态，就要调查、了解消费者的需求、爱好以及对产品和服务的评价、意见，并以此作为改进产品、完善服务的依据。同时，要保持和消费者公众良好的关系状态，组织还要通过公关活动来传播沟通、塑造形象，这使消费者在了解产品和服务的同时，也进一步了解了组织的员工、经营宗旨、经营状况、环境等。所以良好的消费者公众关系能增进组织和公众之间的相互了解，使组织和消费者之间保持动态的适应和平衡。

3. 有利于影响和引导消费者形成积极、健康的消费意识，营造良好、健康、稳定的消费者公众环境

良好、健康、稳定的消费者公众环境，是组织生长、发育的优质肥沃的"土壤"。如果没有这样的环境，消费者幼稚无知、淡漠无情、反复无常、丧失理智，再强大的组织也会感到处处被动，难以应付。为建立良好的市场秩序，稳定市场关系，有远见的组织就会通过消费者公共关系工作，引导、培育和现代企业相适应的现代消费者公众，即具备一定的商品知识，了解一定的市场信息，能按消费需求，清醒地、理智地选择自己所需要的优质产品或服务，拒购不必要的或劣质的产品和服务，明确作为消费者所拥有的基本权利，并能用合法手段有效维护自身权利的社会人。企业对消费者进行的免费介绍、示范、指导、咨询、培训等形式能教育、引导消费者接受新的消费意识，形成科学的消费行为。

（二）如何与消费者公众建立良好的关系

1. 研究消费者的需要

人是有需要的动物，人类一切活动的基础，说到底是满足各种需要。需要和人的本质与实际处境有关，它表现了人对客观事物真正的需求。研究消费者的需要是使消费者得到满足的前提。

2. 提高产品和服务质量

美国著名的质量管理专家朱兰认为：产品质量就是产品的适用性，即产品能够满足人们某种需要的特性。要向消费者提供适销对路的高质量产品，就要在生产过程中，充分考虑、挖掘消费者的需求，把握消费者的选择偏好，努力提高产品质量。

与此同时，在现代企业竞争中，服务也被看作是产品构成的重要组成部分，高质量的服务是良好消费者关系的基础。组织必须把为公众服务贯彻到生产经营的各个阶段、各个环节。

3. 加强和消费者公众的双向沟通

组织可以通过新闻发布、邀请消费者参观、拜访消费者或消费者团体、参加消费者团体召开的集会、向消费者发表演讲等公关活动，制作关于本组织的历史沿革、经营宗旨、产品特点、营销范围、获奖情况、对社会的贡献、对公益事业的态度和行动等的公关广告、宣传手册、宣传片、邮寄信函等。一方面，向消费者公众传播组织的有关信息，以增进消费者对组织的了解，加深他们对组织的印象，增强其对组织的产品及其服务的好感，培养其忠诚度。另一方面，更好地了解消费者，广泛听取消费者的意见和批评，及时解决一些矛盾和不满。

四、社区公众关系对象分析

"社区"是社会学上的一个概念，最早是社会学家费孝通在 20 世纪 30 年代翻译美国芝加哥学派创始人帕兑的社会学著作时使用的。它是指"以地区为范围，人们在地缘基础上结成的互助合作的群体"。它既有区域的意义，即以一定的地理区域为基础，也包含着"一种亲密的社会关系结构"的意思。最早研究社区的德国社会学家斐迪南·滕尼斯认为社区是通过血缘、邻里和朋友关系建立起来的人群组合。一切亲密的、基于情绪、内心倾向的关系都是社区的本质。

公共关系学中所说的社区是指具有社会功能的一定地理区域，是人们共同拥有的生存空间。任何一个组织都存在于某个具体的社区，也必然要和社区里的公众发生这样或那样的联系。于是就有了社区公众——组织所在地的区域关系对象和社区公众关系。社区公众包括当地的权力管理部门、地方团体组织、左邻右舍的居民百姓。社区公众关系简称社区关系。

（一）社区公众关系之于组织的意义

社区是组织生存发展的基本环境，在空间上和组织紧密联系在一起，发展良好的社区公众关系，对组织来说有助于增进社区对组织的了解和支持。社区中有些单位和居民虽然与组织并不发生直接的经济和其他业务的联系，却是组织外部经营环境的重要组成部分，它们是组织生存和发展的"根基"与"土壤"。组织和社区公众建立良好的关系，就会被社区视为好朋友和好邻居，就会得到社区的支持和帮助。

这些支持和帮助主要体现在以下几个方面：

1. 可靠的后勤服务

尽管组织进行生产所需的材料并不一定完全是从所在的社区获得的，但组织生产所不可缺少的公路交通、水电供应以及治安保卫、消防等则必须从社区提供的后勤支持中得到。

2. 组织必不可少的公益事业

组织员工的日常生活依赖于所在地周围的商店、粮站、邮电部门、托儿所、学校以及其他社会公益事业部门。维持好与上述单位的关系，有助于便利员工的生活，增加员工的安全感，使员工消除后顾之忧，提高工作的热情。

3. 充足的人才源泉

搞好与社区的关系使组织又多了一条宣传自己的渠道，这样才能使更多的人才主动投向组织，乐于为组织贡献出自己的力量，从而充实组织的阵营。

4. 良好的员工生活环境

组织的员工大部分要在组织所在的社区周边生活，组织拥有良好的社区公众关系，意味着组织同所在社区的各个部门、各个单位关系和谐，这样就会减少乃至避免许多可能发生的摩擦和纠纷，从而为全体员工造就一个良好的生活环境。

5. 友善的社会环境

组织拥有良好的社区公众关系能使组织利益与社会利益尽量求得一致，因而，组织的行为能得到社会公众的谅解与合作。

6. 良好的消费者公众口碑

组织社区公众中有一部分人可能就是其消费者。他们对组织有着不同的感受、评价和要求。由于处在同一社区，在空间上自然密切的联系，社区公众特别是社区中消费者的评价和看法又极容易经口头传播，形成区域性的影响，这种区域性影响经社区的公众媒介（如网络论坛、网站等）关注和报道，进而远播出去，形成更大范围的影响。所以，良好的社区公众关系，有利于获得良好的消费者公众口碑。

（二）建立良好的社区公众关系要从以下几个方面入手

1. 掌握社区及社区公众的基本情况

研究社区的自然风貌、人文景观、历史沿革；了解社区公众的民情风俗、行为规范、价值观念、宗教信仰、生活方式、人口状况（包括年龄结构、职业分布状况、收入水平、受教育程度）、语言构成、审美情趣、欣赏习惯等；了解社区名流、已有的和可能的消费者、各类学校的学生毕业流向等情况。

2. 掌握社区公众最重要的需求

美国心理学家马斯洛在他的著作《动机论》中提出，人的需要可以分为五个层次：生理的需要、安全的需要、归属和爱的需要、尊重的需要和自我实现的需要。据此，结合社区生活的具体情况，社区公众的需要主要有：社区商业的繁荣，即社区公众能享受到社区经济发展带来的衣食住行等条件的改善和便利；有工作能力的人都能得到工作、实现就业；良好的治安秩序和社会风气；良好的教育条件；没有噪声干扰和废物污染的良好居住环境；宗教信仰自由；社区自豪感、荣誉感；了解社区内企业的基本情况；获取各种新闻、生活服务娱乐信息等。

3. 建立良好的社区关系的具体方法

组织的类型多样，承担的功能不尽相同，建立良好社区公众关系的方法也存在差异。就企业来说，其做法可以总结为：树立强烈的社区意识；通过邀请社区公众参观企业，举办社区公众座谈会，向社区公众发放企业的公关资料等途径加强与社区公众的双向沟通；根据社区的具体情况，结合自身的条件和优势努力为社区办实事、办好事。如举办公益讲座，以实际行动支持社区的文化、教育、科普和体育活动等。

思考题：

1. 结合实例谈谈你对公共关系的理解。
2. 请为你所在的某一组织提出公共关系（内部或外部）建议。

第二章 媒体公关的功能和作用

第一节 媒体公关的含义

一、什么是媒体公关

媒体公关是媒体公共关系的简称。它有两层含义：一是媒体作为企业等其他社会组织公共关系的重要对象，是公共关系的客体，是"被公关"的对象。如学校、政府部门、企业等结合媒体特点开展的媒体访谈、媒体推介、公关活动等。二是作为运作、经营媒介，传播信息、反映舆论的传媒组织，媒体借鉴其他企业的做法尝试运用公共关系手段，塑造媒体自身的形象，打造媒体自身的品牌，即"反客为主"，以公共关系的策划者、实施者的身份"为自己做嫁衣"。如电视台、报刊等主动开展的关于自身的形象宣传、栏目策划等。本章所说的媒体公关是指第一种含义上的媒体公关。

在学界，关于这种含义上的媒体公关有不同的说法和解释。例如，程曼丽将媒体公关解释为：是一种有组织、有计划、有一定规模的信息交流活动，它的目的是沟通企业与媒体之间的信息联系，使企业在公众中树立良好形象。[①]郭志台的解释是：企业的媒体公关是指通过协调企业与媒体的需求与价值取向，最大可能地实现企业传播目标和媒体信息需求两方面"双赢"的活动。[②]

赵泓在《企业媒体公关与危机管理》一书中指出：企业媒体公关就是企业通过协调与媒体的需求和价值取向，使双方的利益最大化，最大可能地达到

---

① 程曼丽. 公关传播 [M]. 北京：中国国际广播出版社，1994.
② 郭志台. 媒体公关，如何用好营销新武器 [M]. 北京：机械工业出版社，2006.

企业的传播目标和媒体的信息报道需求。

综合各种说法，结合媒体公关的目的、运作过程等，本人认为媒体公关可以解释为：企业等其他社会组织为塑造自己的形象，吸引消费者注意力，推广产品，化解危机，解决矛盾等通过媒体事件、公关广告、新闻发布、赞助活动、庆典活动等以引起媒体的关注，加强与媒体之间的互动，获得有利于社会组织的、恰当的新闻报道。

如 2012 年 12 月 28~30 日，全球零售巨头宝洁旗下的著名洗涤品牌汰渍，在广州白云区万达广场举办了"汰渍后厨美食洁"千人免费流水席活动。活动邀请汰渍品牌形象代言人、《后厨》电视剧中女主角的扮演者海青担任行政总厨，邀请因《舌尖上的中国》为公众所熟知的村宴大厨欧阳广业到现场助阵。参与活动的公众不仅可以免费享用八菜一汤的《后厨》美食，还可获赠万达影城代金券等丰厚礼品。当然，为宣传品牌特色，活动要求公众在用餐后使用汰渍洗涤用品洗涤用过的餐巾。

为吸引公众参与和媒体的关注，制造热门话题，活动方精心策划了一系列媒体公关策略。

预热阶段——2012 年 12 月 10~16 日，在《羊城晚报》、《南方都市报》、《广州日报》做广告，三幅无署名大幅悬疑广告"羊城免费千人流水席，三天三夜白吃白拿"引发网络热议。两天内，微博关于"神秘人开免费流水席"话题获得了近 30 万次讨论。随后，微博热议引发报纸、电视等传统媒体对事件的进一步跟进。一系列各平台传播，激发了网民对即将在羊城举办的"三天三夜流水席"的讨论与期待。如 2012 年 12 月 14 日，《羊城地铁报》（A15 购物）报道《神秘人开免费流水席惹城中热议》。

口碑扩散传播阶段——2012 年 12 月 17~27 日，神秘人"汰渍"现身，推出多种渠道报名，口碑传播引发全城万人抢票。

当全城仍在讨论神秘人是谁时，一夜之间全广州一百多块公交站台广告，广州最热民生电视新闻，大众点评网等团购网站，以及汰渍微博相继出现流水席报名方式：短信系统报名、G4 热线报名（报名电话 114）、团购网站报名、微博报名。同时，神秘人"汰渍"终于现身，短短不到十天吸引了 3.6 万市民报名抢票。在这个阶段，微博新话题"汰渍流水席"也开始运作，品牌微博和合作报名渠道陆续发放流水席各种细节信息，持续加温公众对流水席的关注。同时，从品牌现身开始，话题被引导到每一轮流水席的翻场过程中对于海量餐布、桌布的洗涤工作处理上，"流水席"到"流水洗"的概念开始深化。

活动实施阶段——2012 年 12 月 28~30 日，三天千人赴宴流水席共同"流水洗"，齐齐"洗"迎新年。

富有新意的公关活动为媒体提供了足量的报道素材。《羊城晚报》2012 年 12 月 30 日对此进行了报道：《"千人流水席"热闹岁末羊城，连续三天免费开宴，喜得〈羊城晚报〉助力传播推广》；网易新闻中心 2012 年 12 月 31 日所做的报道是《千人流水席摆三天现场制作均安蒸猪》等。活动现场设置的微博互动环节也进一步引发了线上讨论的热情，最终进一步推进了"汰渍流水席"话题的热度。仅在新浪微博单一平台，通过有限的前台搜索就能检索到接近 50 万条在"汰渍流水席"话题下的微博。①

由此，这场活动不仅让公众体验了美食，使公众在重拾流水席民俗回忆中，快乐迎接新年，也使汰渍通过媒体强化了和公众的互动，扩大了影响，树立了良好的组织形象。

二、媒体公关活动的核心对象

对于社会组织而言，其公关工作中需要借助的媒体包括两类：一是可控媒体，二是不可控媒体。前者是指公共关系人员可以实际控制的媒体。如组织的内部刊物、年度报告、组织的官方网站等，在这类媒体上说什么、怎样说、对谁说、什么时候说等在一定程度上都是可以控制的。后者指组织外部的各种报纸、杂志、广播、电视、网站等。一般而言，当社会组织或公关公司把公关信息传递给这些新闻媒体时，作为信息把关人的媒体会根据信息的新闻价值以及媒体的内容定位、风格特点等来确定是否刊登（播）以及以何种形式、容量等进行刊登（播），也就是说，媒体人员对公关信息的传播具有决定权，这就导致新闻媒体具有不可控的特性。

所以，媒体公关活动的核心对象是不可控媒体。

第二节　组织外部媒体的性质和分类

这一类的媒体是指专门从事大众传播活动以满足社会大众信息需求的社会

---

① 中国公关网．"汰渍流水席"引发年度传播盛"宴"［EB/OL］. http：//www. chinapr. com. cn/templates/T_ Second/index. aspx？nodeid＝42&page＝ContentPage&contentid＝1580.

组织或群体。

一、媒体的性质

作为精神产品生产的机构和单位，媒体有不同于其他社会组织的性质。

（一）公共利益为本

公共利益是政治学、法学、经济学、公共管理学、社会学都关注的一个理论课题，不同学科的不同学者从不同角度对此做过不同的阐释。德国学者洛厚德在 1884 年发表的《公共利益与行政法的公共诉讼》中，以地域基础作为界定人群的标准，提出在一定的地域和空间内大多数人的利益就是公共利益，少数人的利益就是个别利益。纽曼在《在公私法中关于税捐制度，公益征收中公益的区别》一文中指出，公共利益的公共性就是开放性，任何人都可以接近，不封闭也不专为某些人保留。公共利益是一个不确定多数人的利益，这个多数人就是要超过半数。①《辞源》中对公共利益的解释是：相对于个人利益，私人利益而言。由此可以说，公共利益是相对于个人利益、私人利益而言，和个人利益、私人利益是对立统一关系。当然，在不同时代、不同性质的国家里，公共利益的内涵是不一样的。

媒体掌管的媒介是一种社会公器，是社会公共领域的组成部分。媒体是一种人民的公共事业，不是一般从事物质生产的企业。所以媒体必须坚持对社会负责、对人民大众负责，为社会公众服务、为社会公众讲话的公共利益至上的根本价值目标。媒体及其产品和资源利用，都必须服务和服从于国家的公共利益，满足受众的精神文化需求，充分发挥传播信息、引导舆论、教育大众、维护社会的民主、公平和正义，促进社会文明进步、提供娱乐等的基本功能，而不能以利润最大化作为自己追求的唯一目标。

（二）市场经营为用

"经营"本意指经度营造，如《书·召诰》："卜宅，厥既得卜，则经营。"《诗·大雅·灵台》："经始灵台，经之营之。"后多用于工商企业，指经济管理的行为。媒体的经营指其对资源的组织、利用、管理和价值回收的行为方式及过程。

---

① 转引自豆丁网．财产征收中公共利益的确定［EB/OL］．http：//www.docin.com/p-807745528.html.

传媒进入市场后成为一种产业，有自己的产业链，也有自己的生产模式和盈利模式。虽然新闻等作为公共资源，可以为全社会所共享，但市场是同商品生产和商品交换联系在一起的，因此，相同媒体之间、不同媒体之间转发新闻等要支付稿费；受众阅读新闻等要订阅、购买；要收回成本、赚取利润，媒体还要向广告商出售注意力资源。为最大限度地满足受众和广告商的需求，促使新闻等资源、受众、广告和资本的良性运转，媒体就需要运用现代企业的管理模式组织生产和营销，追求资源利用效益的最大化。

国外的媒体多是市场化运作。我国的媒体在20世纪80年代末期以前大都是事业单位，多以党政机关的管理办法进行管理。改革开放以后，先是部分报社引进企业管理的机制，实行"事业单位，企业管理"，逐步发展到出版社改制为企业、各传媒集团相继成立，媒体的市场化改革日益深入。

但媒体的经济效益必须服从社会效益，也就是说媒体既要树立市场经营的观念，运用市场经营的方式，注重市场经营的过程和效益的管理，又要重视产品质量，注重社会效益。而当媒体的市场需求和它的政治、文化责任相冲突时还必须以牺牲经济效益确保社会效益，而不能以经济效益作为最高目标。

二、媒体分类

虽然所有媒体都掌管和运营着一定数量的传播媒介，但媒介的类型不同，媒体的运行情况和特点也各不相同。

若从媒体的技术、传播方式、传播的主要信息内容等角度来划分，媒体可以分为综合媒体和专业媒体，视听媒体、视觉媒体和听觉媒体，大众传播媒体和新媒体（包括第四媒体、第五媒体）等。

综合媒体：以社会大众而不是某一类特殊群体作为目标市场的媒体。专业媒体：锁定特殊兴趣爱好的消费者杂志，诸如滑冰、理财、摄影或古玩。这类媒体经常因为其特殊的兴趣点而被视为专业媒体。

视听媒体：电视（有线、无线、卫星）、影院广告、网络信息；视觉媒体：报纸（夹报）、杂志、户内外广告、焦点广告、产品及产品展卖POP广告、邮递广告；听觉媒体：广播（有线、无线广播网）。

大众传播媒体：泛指为社会公众公开传播和提供大量信息的工具，如报纸、刊物、书籍、广播、电视、电影、录音和录像等。特指传递和接受新闻性信息的工具，如报纸、新闻时事性期刊、广播、电视、新闻纪录电影等，通称新闻传播媒体。

新媒体：互联网、手机短信等具有信息载体功能的商品或者最前沿的商业终端。

若仅从媒体传播的主要信息内容角度分，媒体可分为新闻传播媒体和非新闻传播媒体。新闻传播媒体是以传播新闻信息为主要任务的新闻机构。有报社、新闻期刊社、通讯社、广播电台、电视台、新闻互联网站公司。非新闻传播媒体是指不传播新闻信息或不以传播新闻信息为主的传媒机构。主要是出版社，从事非新闻类期刊编辑、出版的期刊社，专门生产电影的电影制片厂，专门制作、生产电视剧的电视制作公司，普通商业网站公司，广告公司，公关公司，文化传媒公司等。下面主要介绍新闻传播媒体。

（一）报社

报社是编辑和出版报纸，并以报纸为传播媒介向一定区域的受众提供新闻信息服务的大众传播机构。我国报社大都按行政区域设立。有中央级报社（国家级报社），如人民日报社、光明日报社、经济日报社；省市自治区级报社，如河南日报社、浙江日报社、南方日报社等；地市级、县级报社，如青岛日报社、驻马店日报社、滁州日报社等。

如果按报社掌管的媒介性质，一般分为党报报社和非党报报社，党报报社包括中央、省、地市三级党报报社。在非党报报社中，又分为政府部门办的行业报报社、专业报报社和各人民团体办的团体报报社。

按新闻出版署的相关标准，我国报社分为：机关报社，如人民日报社、北京日报社；全国综合性大报报社，如光明日报社；行业专业类报社，如有色金属报社、中国煤炭报社；对象类报社，如中国少年报社、中国妇女报社、中国老年报社；生活服务类报社，如精品购物指南报社、为您服务报社；文摘类报社，如文摘报报社。

20 世纪 90 年代以来，传媒业内涌现了一批报业集团。报业集团的出现既是我国报业适应市场经济新形势、顺应国际报业发展潮流、参与国际报业竞争的需要，也是报业由规模数量向优质高效转化、由粗放经营向集约经营转化的措施。但从集团性质来看，这些报业集团多数还是属于一个报社性质。其旗下的子报多没有独立的人、财、物权，它们只是集团的一个媒介而已，不是独立的媒体机构，因此和集团的关系被看作是子报和母报的关系。

（二）新闻期刊社

新闻期刊社是专业编辑、出版新闻期刊的机构。这里所说的新闻期刊是指以突出时政新闻事件为主体、兼顾经济、文化、生活等方面的新闻，并设置相关的栏目来划分相对固定的范围的一类期刊。我国的新闻期刊或由政府部门主办，或由通讯社、省级以上的报社或报业集团、出版集团主办。如被誉为"中华第一刊"的《半月谈》是由中宣部委托新华社主办的；《环球》、《瞭望》由新华社主办；《三联生活周刊》由三联书店主办；《新民周刊》由文汇新民联合报业集团主办；《南风窗》由广州日报报业集团主办；国外的新闻期刊多由具有相当规模的传媒公司主办，有的也由其他类型的社会组织或民间机构主办。

（三）通讯社

通讯社是专门从事新闻采集、加工和提供新闻稿件、图片和资料，为其他新闻媒体和各类用户服务的新闻机构。

20世纪70年代以前，通讯社大多不直接创办报纸、刊物、广播、电视节目等，70年代以后不少通讯社利用自己的资源和优势开始创办报纸、刊物、广播、电视节目。互联网出现后，还创办自己的新闻网站。因此，关于通讯社的组织类型问题东西方学者有不同看法。西方学者认为通讯社服务的主要对象是报纸、电台、电视台和其他有特定信息需求的机构，通常它不直接面向大众提供新闻，所以它是一种媒介辅助机构，而不能算作大众媒体。我国学者一般把通讯社也看作是大众媒体的一种。

我国目前有两家通讯社。一是由国务院举办的新华通讯社（简称新华社），一是国务院侨务办公室举办的中国新闻社（简称中新社）。它们不仅向海内外诸多媒体供稿，还开办网站，编辑出版报刊。

国外的新闻通讯社数量也不是很多，一般一个国家只有几家，有的国家甚至只有一家。目前，世界主要的通讯社有美联社、路透社、法新社、共同社、塔斯社等。

美联社是美国历史最悠久、规模最大的通讯社。路透社是全球最大的国际新闻通讯及电视机构，总部在英国伦敦。法新社是与美联社、路透社、合众国际社（美国第二大通讯社）齐名的西方四大世界性通讯社之一。

（四）广播电台

广播电台是制作和播出广播节目的新闻机构。通常按传送手段的不同，将广播电台分为有线广播电台和无线广播电台；按传播范围的不同将广播电台分为国内广播电台和国际广播电台。我国的广播电台都是由县级以上的政府主办。中央人民广播电台和中国国际广播电台是中国国家广播电台。中央人民广播电台负责对国内语言广播，它是世界上国内听众最多的国家电台。中国国际广播电台是继美国之音和英国广播公司之后的第三大国际广播电台。

在国外，广播电台既有政府创办的，也有传媒公司或其他民间组织创办的。国外著名的广播电台有美国之音广播电台、英国 BBC 电台、日本广播协会等。

美国之音广播电台是一个由美国联邦政府出资举办的专门从事对外广播的电台，总部在华盛顿。英国 BBC 电台是世界上最早开办广播电视的广播公司之一，前身是 1922 年由英国马可尼公司等 6 家无线电制造商和数家小家电制造公司联合成立的合资商业机构。日本广播协会是日本最大的广播电视台，成立于 1925 年 3 月。它是政府委托经营的特许公司，其决策机构是经营委员会，委员会成员由内阁大臣任命，被称为"半官方的宣传机构"。该公司对内广播电视的资金来源是收视费，对外广播电视由政府拨款。

（五）电视台

电视台是专门制作电视节目并通过无线电信号、卫星信号、有线网络或互联网播放电视节目的媒体机构。分为有线电视台和无线电视台两种。我国的电视台都是由政府出资兴办的，一般地级市以上政府都开办了电视台。国外的电视台既有政府开办的，也有传媒公司或其他社会组织开办的。

（六）新闻互联网站公司

新闻互联网站公司是指拥有传播新闻网站的公司。合法的新闻互联网站公司的成立要经过新闻主管部门的批准，要在工商管理部门登记备案。目前，我国有影响的新闻网站主要是：传统新闻媒体的网站，如人民网（人民日报社开办）、新华网（新华通讯社开办）、央视网（中央电视台开办）、国际在线（中国国际广播电台开办）、大洋网（广州日报社开办）、中青在线（中国青年报报社开办）；独立的门户网站，如新浪、搜狐、网易等。其中，由传统媒体开办的新闻网站大都没有独立的法人地位（其实是媒体开办的另一种新闻传播媒介），独立的门户网站都是独立的网站公司。

第三节　媒体公共关系的功能和作用

媒体公共关系是社会组织外部公共关系中最特殊的部分。因为一方面媒体经营着一种或数种媒介，媒介作为传播工具，它可以成为社会组织与其他公众进行传播沟通的"桥梁"；另一方面媒体本身也是社会组织的一类重要公众，只有搞好这一类公众关系，才能充分发挥其工具作用和"桥梁"作用。欧美新闻学者将记者比作"无冕之王"。美国的政治制度是立法权、行政权、司法权三权分立，在某些情况下媒体又被看作是并列于立法、行政、司法权力的"第四权力"，可见媒体在社会中的地位。任何组织要想得到社会舆论的支持，必须与新闻媒体搞好关系。在许多国家，公关人员处理公众关系的第一个要务，就是与新闻界打交道。媒体公共关系具有以下重要作用：

一、提高组织的知名度和美誉度，树立良好的组织形象

如前所言，新闻传播机构及其采编人员是社会信息流通过程中的"把关人"，他们决定着哪些信息应该中转、疏导、传播，哪些信息应该中止、抑制、封闭。他们具有"确定议程"和"授予地位"的功能，能够确定公众舆论的中心议题，赋予被传播者特殊的、重要的社会地位。而某个组织、事件、产品或某一人物一旦成为新闻界报道的热点，这个组织、事件、产品或人物就会成为具有公众影响力的舆论话题，获得较高的社会知名度。所以，和新闻媒体建立良好的关系，组织的相关信息就容易通过传播渠道中的层层关口，就能有更多的机会被确定在公众生活的"议事日程"上，从而吸引公众的注意力，大大提高组织的知名度，获得公众舆论的认可，组织可能因此被授予重要的社会地位，树立良好的组织形象。

二、协调与外部公众的关系

公共关系的主要传播类型是人际传播、组织传播、大众传播。人际传播虽然直接，且最容易让人感受到情感的力量，但传播的覆盖面狭小。组织传播虽

然自成体系，并有特殊的构成要素、结构和功能，但传播的距离、覆盖的范围仍有局限性。大众传播借助于印刷、电子等传播技术，能够将大量复制的信息高速传递给分散、隐匿的大众。所以，组织要实现大范围、远距离的传播沟通，仅靠人际传播、组织传播是难以完成的，必须借助于大众传播媒介。在公共关系传播活动中，大众传播必不可少。

但社会组织外部的大众传播媒介是不可控的媒介，组织的信息能否在大众传播媒介上登播，在什么时候、以什么频率、从什么角度登播，都不是由组织所能决定的。除非花钱做广告，直接购买报纸的版面、电视的播出时间。否则，社会组织对大众媒介的利用必须通过专业的传播界人士（如记者、编辑、总编）的协助才可能办到。因此，良好的媒体公共关系是社会组织运用大众媒介、争取媒介宣传机会的必要前提。与媒体关系越好，从有利于组织的角度进行播报的信息数量就越多。

媒体关系中的这种公关传播性之强，是其他公众对象难以比拟的。当然，社会组织和媒体的关系不是纯粹的功利关系。在实际工作中，新闻媒介和公共关系是互为中介的。因为，随着社会分工的专业化、多样化，各种新兴学科、新兴技术的不断涌现，不同的学科领域、不同的单位如何通过与外界的有效信息沟通来介绍最新研究成果、推广本学科本领域的相关知识就变得至关重要。而新闻媒介因时间、人力、物力、财力特别是记者专业知识所限，无法深入报道每一个专业领域的重要情况。这就需要相关组织的公共关系人员提供相应的信息。虽然新闻媒介和公共关系人员的立场、需要和动机存在差距，二者对组织信息的发掘角度不同，但新闻媒介和公共关系人员具有内在的"血缘"关系却是不可否认的。目前，公共关系在对各领域尤其是新兴学科领域的报道中，已经成了新闻媒介必要的补充。据统计，25%的美国新闻报道和公共关系人员提供的有新闻价值的材料有关，60%的美国报纸新闻、30%的报纸头版新闻来自公共关系人员，日报中70%以上的内容取材于公关新闻稿[①]，而且这些数据还有进一步上升的趋势。当然，不同的报纸对公关新闻的使用情况会有所不同。《纽约时报》的一位主编曾说："我们的商业报道中，有很多都来自公关新闻稿，我们自己不可能对所有这些组织进行报道。"《华尔街日报》的一位副主编估计："《华尔街日报》的报道中，有大约50%来自公关新闻稿。"不过，他接着补充说："我们对每一则稿件都尽力进行调整。"《哥伦比亚新闻评

---

① 明安香．公共关系与新闻传播［J］．新闻战线，1988（1）：40-41.

论》曾对美国的主要经济类报纸进行过研究，发现《华尔街日报》的报道主要依赖于公关新闻稿。

亚洲的情况也相差不多。韩国的一位公关人员说：记者往往将公关人员视为重要的消息来源，他们会认真地倾听我们说话，我十分喜欢他们的这种态度。我国台湾地区《苹果日报》财经记者接受调查时突出了公关活动的影响："记者采访的新闻来源绝大部分都是记者会活动、例行记者会等，这占了一天新闻量的80%，这80%的新闻稿几乎都是公关稿件。而这80%的新闻量之中，六成是记者会活动，例行的新闻发布约占两成，另外两成就是所谓的混稿（将相关属性的新闻合并处理），另外的20%就是由副总编决定的新议题，或是更进一步地探讨某则新闻。公关公司发稿给平面媒体通常都是直接发给记者，记者再呈报给组长；但若是电子媒体则先发给组长或是主管，再由主管去指派记者进行采访。"①

三、协调内部关系

要想成功地获得媒体的关注和报道，社会组织必须要有值得媒体关注和报道的理念和行为。组织确立的经营理念，为组织自身的生存和发展树立了一面旗帜，向全体员工发出了一种号召。这种号召一经广大员工的认可、接受和拥护，就会产生巨大的规范、导向、凝聚、激励作用，能够教育引导、规范员工的言行、态度，使他们时刻注意把自己的形象与组织的形象联系起来；能够把员工紧紧凝聚在一起，形成命运共同体，产生集体感，使组织内部上下左右各方面都能够精诚团结、合作一致、积极进取，"心往一处想，劲往一处使"；使员工为组织美好崇高的理念、高远的目标追求充满自豪感，激励员工的工作热情和积极性，使员工产生相应的使命感、责任感，为使组织成为名副其实的知名组织而努力。

四、促进产品（服务）销售

良好的媒体关系，有利于组织树立良好的形象。良好的组织形象能够赢得公众的支持与信任，支持与信任的直接表现便是选择组织提供的产品或服务。

在开拓市场和推广产品的过程中，令企业营销人员最头疼的问题是如何让消费者了解自己的产品或服务，接受自己的宣传，最终购买、消费自己的产品

① 冯丙奇. 媒体关系策略与操作 [M]. 北京：清华大学出版社，2012.

和服务。面对这一问题，企业的传统做法是投入广告，通过铺天盖地的广告来传播信息，强化消费者的认知。但在信息爆炸的时代，各类广告的泛滥使得广告信息对消费者的心理冲击趋向弱化。企业斥巨资做的广告效果往往大打折扣。于是，公关意识强的企业就会把目光转向媒体公关。

一项创意精妙的新闻策划，仅需很少的成本就可以制造成倍的新闻效应，达到有效的信息传播，影响公众对组织或品牌的认知和印象，甚至产生相当的信任度。这正是广告所不能比拟的功能，也是为什么媒体公关越来越受到企业青睐的原因。据海尔有关部门人员称，相对其知名度、美誉度，其广告促销投入在国内企业中并不算高，其中 30%要归功于新闻媒体的宣传。事实证明，在所有的广告宣传手段中，新闻宣传其实是投入产出率最高的一种。①

如 2010 年美国辉瑞制药公司拟在中国市场推出针对类风湿性疾病的新产品——恩利。为保证目标的顺利达成，其委托的公关公司万博宣伟整合多种传播方法，在恩利上市前期、上市当天以及上市后期，通过各种媒体渠道成功扩大了恩利的知名度。

其具体做法是：为恩利建立了百度百科词条，并建立了针对类风湿关节炎/强直性脊柱炎的官方博客，上传患者的视频至优酷网等中国主流视频分享网站，在网上论坛回复并评论与 RA/AS 相关的问题，为恩利上市营造了良好的声势。在产品上市会当天，4 家核心网络媒体被邀请到会议现场进行同步网络直播。在新闻发布会后，万博宣伟还组织了对风湿领域知名专家张奉春教授的视频访谈，并在搜狐网（sohu.com）上进行了直播。

通过有效的传播，恩利在上市后短短两个月间获得了类风湿性疾病领域生物制剂 5%的中国市场份额，比另一同期上市的生物制剂——雅培的阿达木单抗高出 4 倍。恩利在医院的销售目标完成情况也非常乐观，达到预计目标的 400%。②

五、应对企业危机

通过媒体报道，企业可以了解公众对相关产品或服务的需求、评价，了解公众对企业形象的评价，从而分析企业所处的社会环境，预测趋势，评估效

① 孙荣光．媒体公关的策略与艺术［J］．企业改革与管理，2006（7）：76．

② 中国公关网．恩利奇迹正在延续［EB/OL］．http：//www.chinapr.com.cn/templates/T_Second/index.aspx？nodeid＝42&page＝ContentPage&contentid＝3371.

果，监测危机的发生，进而采取必要的措施维持组织和社会环境之间的动态平衡，防患于未然。当危机发生时，企业通过媒体公关，及时寻求媒体的介入，因为"传播媒介对外部世界的报道不是镜子式的反映，而是一种有目的的取舍活动，传播媒介对自己的价值观和报道方针赋予一定的结构秩序，然后以报道事实的方式提供给受众"。①

所以，通过发挥媒体的议程设置功能，有利于澄清事实，引导舆论，实现企业和公众的有效沟通，获得公众的理解和支持，从而使企业摆脱危机，甚至通过此次危机进一步提高企业的品牌效力，改善企业的管理方式，提高竞争力。

第四节　媒体公关的基本原则

一、了解媒体的工作特点

新闻媒体肩负着向受众提供最新鲜、最重要、最有趣的正在发生或近期发生的信息的重任，他们在版面、截稿时间、播出时间、直播节目的巨大压力下工作。其新闻来源和选题确定主要有三个方面：一是编辑分配选题；二是记者自己提供选题；三是由企业或公关公司提供选题，提供选题的企业或公关公司希望借此达到提高企业声誉、促销产品、推广服务或促进行业发展的目的。当然，企业和媒体看待新闻的角度是不同的，包括风格、选题、选材、表达、篇幅、版位等方面都存在差异。只有了解媒体工作的特点，企业在进行新闻传播策划时才能站在媒体的角度来考虑，才能提供符合媒体需要的、具有新闻价值的、能触动媒体神经的信息，从而达到提高新闻刊载的几率，实现信息传播的目的。

二、分析与媒体沟通的渠道

在了解媒体、分析媒体特点的基础上，就可以考虑选择什么样的媒体作为沟通对象，通过什么样的渠道来和媒体进行沟通。

---

① 谭昆智. 传媒的宣导抚慰功能研究［M］. 广州：中山大学出版社，2010.

新闻稿是企业或公关公司与媒体沟通的最有效渠道之一。其优点是企业能够按自己的想法和意愿来组织报道，便于传达重要信息，易于为记者所理解和认知。缺点是如果企业没有兑现承诺，新闻稿就会成为媒体"手里的把柄"；因为应用太普遍，如果写得没特色、不抢眼，就容易淹没在大量的"信息海洋"中；因为写作水平有限，词不达意，遗漏重点，影响传播效果。

除新闻稿以外，企业还可以通过记者招待会、媒体吹风会、公司网站、企业广告、第三方支持等渠道与媒体进行沟通。

三、建立完善的媒体沟通体系和新闻采访管理制度

在一个媒体为王的时代，没有自己企业的消息，就可能出现竞争者的消息；没有企业的正面新闻，就可能出现负面新闻。企业要使品牌美誉度深入人心，使品牌影响力超越竞争对手，降低负面报道带来的风险率，就要建立完善的媒体沟通体系和新闻采访管理制度，由专人负责与媒体进行沟通，负责接受媒体的采访，代表企业与媒体讲话。这样，一方面可以将企业的正面、良性信息传达给媒体，满足他们对企业发展了解的需求。另一方面可以随时了解媒体对行业、对企业的认识和评价。在企业面临危机时，还能够避免一人一个观点，前后不一，说法矛盾，陷自己于不利境地的情况。

四、和媒体经常性联络、沟通和互动

如果企业把媒体所经营和掌管的媒介看作进行宣传和信息传播的工具，那么千万不能把媒体的记者、编辑也当成工具。企业应该把记者、编辑当成朋友真诚以待，要经常和各地的记者朋友保持联系，定期与媒体编辑、记者进行联谊，建立稳固关系，并注意倾听媒体记者的意见，诚恳问计。当然，企业与媒体的经常性联络、沟通和互动，其对象不仅包括媒体的基层人员，还包括媒体的中层和高层人员。企业可以成立媒体俱乐部，邀请包括中高层人员在内的媒体人员参加活动，还可以邀请媒体的高层人员担任企业的顾问。否则，由于媒体的中高层人员对企业的不了解甚至误解，一些于企业有利的新闻稿可能登不了，于企业不利的新闻稿倒有可能"顺利过关"。总之，如果企业平时对媒体敬而远之，等到有事时再"临时抱佛脚"，靠请客吃饭、送红包向其求情，恐怕是行不通的。

美国著名企业家亚科卡总结的与媒体相处的经验值得借鉴和思考：第一，善于与新闻界接近，无论是在顺境中还是在逆境中；第二，坚持每季度召开记

者招待会公布生产经营结果（无论是好的还是坏的）；第三，讲真话，坦率、真实地对待新闻界人士；第四，对于有意刁难的记者不必恼怒或驳斥，故意不理睬他就够了；第五，当记者陷入困境需要帮助时，给他提供真心实意的帮助，如连夜为记者提供图片、新闻资料等。

五、建立媒体资源数据库

在传媒越来越发达的今天，公众获取信息的途径绝大多数来自于各种形式的传媒，传媒具有强大的舆论力量。所以，企业的媒体关系是一种宝贵的资源。为确保这种资源的良性循环和可持续发展，企业应该把媒体加以分类，并建立媒体资源数据库。如果媒体资源发生了变化，如媒体公众的类别、数量、关系程度等发生变化，还可以对数据库进行及时更新。这样既可以避免因公关人员流失或公关公司的合作终止而造成的媒体资源流失，还可以监测媒体公众环境。

六、善于向第三方机构借力

第三方机构是指对本行业或者在本企业利益方面与企业持有相同观点的第三方组织，它可以是上级政府主管部门，也可以是行业协会、商团等。其成员大多由政府官员、财务专家、地质学家、环保学家或生物学家组成。当企业引导媒体向他们询问意见时，这些组织愿意为企业提供公正的或者至少是专业的观点和看法。由于第三方机构是媒体舆论和企业立场之间的重要"桥梁"，所以企业应该注意与之建立良好稳定的关系，定期向他们发送有关的企业信息，邀请他们到企业参观，以获取他们对企业的支持和信任。当然，如果第三方的"公正的专家"缺乏信誉或者被发现在企业的账务上做手脚，就可能会招致大量的批评意见以及接踵而来的媒体和政府的调查等，这样不仅不能在企业面临困境时为企业提供可靠支持，还会给企业带来更大的丑闻。

如2013年，南山奶粉被媒体报道（借用消费者的说法）"添加的维生素K1，超过我国1994年施行的GB14880-1994《食品营养强化剂使用卫生标准》，即每1000克奶粉中只能添加维生素420~750微克的规定中最大限量的约933倍"后，就通过第三方机构——长沙市质监局进行解释和说明：抽样送检产品中维生素K1的含量符合相关标准，但在配料表中对维生素K1添加量的标注欠妥，容易造成消费者的误解，已责令企业及时整改。这大大缓解了消费者的紧张情绪，降低了危机程度。

七、重视网络媒体①

随着互联网时代的到来，网络对人类社会各个领域带来了极富深远意义的变革，公共关系亦被推到了风口浪尖上。网络被誉为迄今为止最"民主"的媒体。从理论上说，网络给所有人提供了向大众发表言论的渠道，造就了"一人一媒体"的基础。任何人只要具备一定的计算机及网络知识和技能便可通过建立网站、发邮件等网络功能，发布新闻、传播信息，犹如拥有了属于自己的媒体。

网络传播使公共关系面临着前所未有的不确定性与复杂性，大大增加了公关业务的难度和风险以及环境监测的难度。由于任何人在任何时候都可以使用网络，传统媒体中"把关人"角色在网络媒体中弱化甚至退出，任何人都可以上网发布信息、获得信息和交流信息，所以也带来了网上"信息爆炸"、"信息污染"等一系列问题。互联网使组织与公众在信息的交流沟通上处于平等的地位，公关部门不再是独有的信息来源，这对公关部门的影响是，它必须重新确定自己在组织运营中的位置，由传统的信息发布者的角色向信息管理者的角色转变。在这个信息过量和无序的网络社会，如何区分有用信息和无用信息，如何确定信息的流向、流量和流程就成为一个至关重要的问题。网络时代对公关人员还提出了更高的技术要求，公关人员的工作量大大增加，加剧了当前公关行业人才短缺的问题。

网络媒体也给企业带来更多操纵公共关系的机会。在互联网上，企业完全有条件建立自己的网站，通过这一可控媒介，企业在不违背法律和职业道德的前提下，按照自己的意愿向包括媒体在内的各类公众发布信息，并与他们进行有效的互动，而不必经过第三方的"解释"和"过滤"。这样，企业就能掌握公关的主动权，在对公众产生直接影响的同时，与各种媒介建立良好的关系。

思考题：

1. 从公共关系互利互惠的原则谈谈你对媒体公关作用的理解。

2. 用公共关系、媒体公共关系的相关理论对某个事件进行评析，并提出相应的建议。

---

① 赵泓．企业媒体公关与危机管理［M］．广州：华南理工大学出版社，2012.

第三章　公关新闻及其由来与发展

第一节　什么是公关新闻

一、公关新闻的概念

"公关新闻"是"公共关系新闻"的简称，它是我国公关界在 20 世纪 90 年代初提出的概念。较早使用这一概念的是方宪玗，他在 1991 年出版的《公共关系教程》中论及新闻稿写作时使用了"公共关系新闻"一语。作为公共关系与新闻报道密切结合而产生的一种新生事物，公关新闻随公关事业的蓬勃发展，在整个新闻报道中的地位日益突出。那么，到底什么是公关新闻呢？对此，学界有不同的看法和解释。

董天策教授的解释是："公关新闻是关于组织且有利于塑造良好组织形象、培育良好公众关系的新近事实的报道。"[①]

《南昌晚报》主任记者黄洪涛的看法是："公关新闻"是"社会组织为吸引新闻媒介报道并扩散自身所想传播出去的信息而专门策划的活动"。[②]

学者庞晓虹认为："它是指以一定形式存在的各类社会组织，在其自身的发展历程中，通过一定的努力有意或无意地将组织的观念和行为展示给社会，以吸引媒体的关注和报道，形成有利于自我发展的社会条件。"[③]

学者李青藜则将"媒体作为公共关系主体策划并报道的公关活动新闻，

---

① 董天策. 公关视野中的公关新闻 [J]. 新闻记者，1997（11）：21.
② 黄洪涛. 论"公关新闻"策划 [J]. 南昌大学学报，2002（4）：136.
③ 庞晓虹. 公关新闻的传播价值及报道误区 [J]. 新闻知识，2005（6）：28.

称为'传媒公关新闻'"。①

本书所界定的公关新闻是指媒体所作的关于社会组织且有利于社会组织形象宣传、形象塑造的新闻报道。它有广义和狭义之分。按公关新闻的定义,其采编渠道有三种:一是媒体记者对社会组织日常行为或活动进行采写报道,内容多是关于社会组织杰出的人物奋斗、高效的经济合作、显著的科技进步、重大的社会贡献,或社会组织在发展过程中对所遇到的困境、危机事件等所进行的积极有效、诚恳良善的改进和应对等;二是社会组织主动向媒体提供新闻稿件,内容多是对组织发展和社会贡献的介绍与展示;三是社会组织有意识地策划新闻事件,以吸引媒体的关注和报道,事件类型有常规性的和非常规性的,具体内容将在下章介绍。广义的公关新闻是指以上所说的由三种采编渠道而产生的新闻;狭义的公关新闻仅指由第二、第三种采编渠道而产生的新闻。

本书所研究的公关新闻主要是狭义的公关新闻。

随着政治、经济、文化改革的深入,各类社会组织为不断创造有利于自己发展、有利于社会和谐稳定的环境,都不约而同地瞄准了具有公信力优势、渠道优势、成本优势的新闻传媒,公关新闻随即大行其道。在媒体上出现的公关新闻中,不仅有营利性组织的公关新闻,也有非营利性组织的公关新闻。营利性组织的公关新闻如工业企业公关新闻,商业企业公关新闻,饭店、旅游业公关新闻等;非营利性组织公关新闻如政府部门公关新闻、学校公关新闻、医院公关新闻、群众团体公关新闻、军队公关新闻等。

从公关新闻的效果来看,组织策划举办的文艺演出、体育比赛、赈灾救民、捐资助学;企业在新闻发布会上发布的产品升级、技术创新、市场业绩,关于危机事件的态度、处理意见、做出的承诺等因为具有社会价值和新闻价值,往往会吸引记者的关注,而经记者采写传播后,又能帮助组织加强和社会公众之间的相互沟通、理解;扩大组织的影响,维护和完善组织整体形象,树立组织的信誉;矫正、纠正企业在社会公众心目中的不利的、虚假的以及片面的形象,所以公关效果非常明显。

但伴随着公关行为在新闻报道中介入的增多,引发了新闻学界对公关新闻及其报道的讨论,除了上述关于公关新闻定义的讨论以外,还有很多学者将公关新闻与广告新闻、软文、有偿新闻等概念等同,并由此质疑公关新闻的合理性。笔者认为,要研究公关新闻,非常有必要对相关概念进行梳理。

---

① 李青藜.试解传媒公关新闻的悖论[J].国际新闻界,2008(4):67.

二、相关概念梳理

(一) 广告新闻

广告是一种付费的信息传播形式，其目的是通过报纸、杂志、广播、电视、网络、招贴等媒介，推广商品和服务，影响消费者的态度和行为，以取得广告主所预期的效果。也就是说，要在新闻媒体上刊登广告，推介、宣传一定的产品或服务，广告主是要支付广告费的。新闻是新近发生的事实的报道，新闻媒体编辑发布新闻不但不收费，而且还要付给通讯员稿酬。传媒刊登新闻，也可以刊登广告，这样传媒和广告商、广告主都可以得到合法的利益。但事实是各方并不满足于此。为了追求超常的利益，传媒和广告商合谋给广告穿上新闻的外衣，把广告打扮成新闻的样子，使之挤进新闻中，于是就出现了广告新闻，也叫新闻广告。其特点是：采用新闻的写作方式来陈述相关信息；按新闻的编排手法进行编排；具备时间、地点、人物、事件的起因、经过、结果等新闻的基本要素，但所报道的事实完全没有什么新闻价值。

广告新闻最早出现于 20 世纪初的欧美国家，曾引起新闻界的广泛争论。1934 年，美国记者工会订立的《记者道德条例》对广告新闻现象做出了明确评价：把一切宣传性材料（包括广告）拿到新闻版上都属失当。

在我国，大约从 1983 年开始，先后有一些报台开设"新产品介绍"、"经济信息"、"消费服务咨询"等栏目，向刊户收取高于或低于广告费的刊播费。这种既像新闻又像广告的"混血儿"就是广告新闻。如 1984 年，《人民日报》在《经济信息》专版曾设立过广告新闻专栏，每期刊登数篇广告新闻。[①]

那么究竟怎样来对广告新闻或新闻广告进行学理上的界定呢？可以说，广告性新闻指所有以新闻报道形式刊播的隐性广告，其本质是广告媒介往往以"企业家风采"、"企业形象策划"、"公关专版"、"企业专访"等名目发布广告，号称软广告[②]；广告新闻，即将广告内容冒充为新闻刊播，引诱公众将广告当作新闻接受，收获超出一般广告的传播效果。这是一种对传媒受众的欺骗行为。[③]

---

① 王亦高，黄彪文. 正确的判断如何得到确认——以广告新闻讨论为例［J］. 国际新闻界，2007 (3)：45.

② 转引自董天策等. 新闻·公关·广告之互动研究［M］. 广州：暨南大学出版社，2008.

③ 陈力丹. 广告新闻：广告商与传媒合谋违法［J］. 东南传播，2009（10）：1-3.

由于广告新闻以假乱真，误导读者，既损害读者利益，也损害党的新闻事业的性质；不符合新闻道德的原则，影响新闻报道的质量，降低新闻媒体的权威性；助长了腐败之风，不利于新闻改革和新闻队伍的建设等，因此，广告新闻是国家明令禁止的。早在1985年国务院办公厅就发布了《关于加强广告宣传管理的通知》，明确规定："严禁新闻记者借采访名义招揽广告，严禁利用发布新闻的形式刊播广告，收取费用。"1987年颁布的《广告管理条理》再次明确规定："新闻单位刊登广告，应当有明确的标志。新闻单位不得以新闻报道形式刊播广告，收取费用；新闻记者不得以采访名义招揽广告。"我国现行的《广告法》更具体地规定了：广告应在形式上具有可识别性，能够使消费者辩明其为广告；大众传播媒介不得以新闻报道形式发布广告，通过大众传播媒介发布的广告应当有广告标记，与其他非广告信息相区别，不得使消费者产生误解。然而，时至今日，各种规定却形同虚设，广告新闻仍然相当普遍，"有些广告使用新闻报道的方式，混迹于报纸的要闻版，甚至上了头版；有些电视新闻，一看便是在替某个厂家和商品做广告，被强行夹杂在新闻节目中播出（植入式广告新闻）"。①

要解决这一问题，既需要广告监管部门加大监管力度，也需要加强对媒体从业人员的职业道德教育。

（二）软文

软文也叫软文广告，它是指企业通过策划在报纸、杂志或网络等媒体上刊登的可以提升企业品牌形象和知名度、促进企业营销的一系列宣传性、阐释性文章，包括特定的新闻报道、深度文章、付费短文广告、案例分析等，软文因此又被称为"广告文学"。"软文"不同于一般意义上的广告，它酷似新闻或科学普及知识，穿插于报纸的报道文字之间，让读者在不经意间接受其宣传意图。②

软文出现于20世纪90年代。最初，它是免费的，当时一些媒体单位为了推动广告版面的销售，就采取了购买广告版面进行广告赠送的活动。但作为赠品的广告，和一般广告不同，它具有新闻风格，这就是软文广告的前身。因其良好的隐蔽性和不错的营销效果，软文广告备受广告主的青睐。如今的软文广

---

① 陈力丹. 广告新闻：广告商与传媒合谋违法 [J]. 东南传播，2009（10）：1-3.
② 吴晔. 对当下媒体"软文"的思考 [J]. 新闻战线，2008（2）：69.

告身价日高，已经成为报纸媒体创收的重要来源之一。

　　软文广告和新闻广告相比，既有相似性，又有不同之处。其相似点在于二者都是广告文本和新闻文本杂交或与科普知识融合而成的新型传播文本。不同之处是：广告新闻是媒体非广告部门介入广告经营的行为，是新闻操作不规范的行为。它以"某记者报道"为标识，对受众具有欺骗性。当然，其目的就是骗取消费者信任。因此，广告新闻会造成媒体发展的不良循环，如新闻产品质量下降——媒介影响力和接受率降低，广告版面、时段价值的减损。软文广告属于广告经营的范畴，它和其他类型的广告一样，需要广告主支付一定的广告费用。一般地，规范的软文广告都有明确的广告标识，如"形象展示"、"广告"等。软文广告强调广告的可读性，目的在于吸引消费者注意。所以软文广告作为广告家族的一员，既体现了广告的灵活性，也能为广告创作积累经验。

　　当然，由于缺少完善的法律法规管理体制，软文广告的发展良莠不齐。目前，媒体刊登的软文广告在有意无意地模糊与新闻报道的界限，如本该发布在常规的广告版面的实力广告却出现在新闻版面；以模棱两可的标记进行标识，如标以"百姓服务"、"信息平台"、"焦点"等；在广告中采用虚假欺骗的手法误导消费者，给消费者带来损失；"打擦边球"，在广告中使用常规广告不能使用的词语如"第一"、"国家级"、"最佳"等，给消费者造成误导。由此，使软文广告备受争议。这其中质疑和否定的不少，肯定、认同的也有。例如，较早时期的认同者秦晋提出："我们应该把有偿报告文学归入软广告或形象广告的系列之中，让它名正言顺地做。"几年以后，何学林在分析脑白金的战略和策略时，又非常明确地总结了软文的优点："第一，软文能极大地吸引人们的注意，而硬广告却很少有人去看。第二，对看到的人来说，软文能使人信服，而硬广告易使人反感。第三，软文刊登的费用要比广告低得多。总之，软文的优点是投入小、收效大，消费者易于接受，影响消费者于无声无息之间，在市场启动阶段特别是启动资金较少的情况下尤其重要。"①

　　要促进软文广告的健康发展，就要对软文广告有科学、全面的认识和理解，既正视它所存在的问题，又要拿出相应的解决问题的办法，如加强行政监管，加大执法力度；进行舆论监督，提高媒体"越轨"的心理压力；规范媒体自身行为，提高传媒从业者的素质等，确保客户投放的整版软文广告的报眉

---

① 刘艳子，柴贵银．软文广告新探［J］．广告大观，2003（7）：73.

上不出现"报道"、"专访"一类的新闻字样；在软文广告中不署名"本报记者"，不加"按语"、"编后"，不出现"述评"等，划清软文广告和新闻的界限。

（三）有偿新闻

有偿新闻是一个使用多年但学术界至今尚未明确界定的概念。人们往往在不同的意义上使用有偿新闻。有人认为，"有偿新闻"也叫"软广告"，是指某些企业单位或经营者个人为了宣传自己的产品或服务而想方设法在一些媒体中上镜头、占版面、出声音等，以新闻报道的形式为自己做广告，而给予记者或编辑以物质利益的行为。[①] 有人指出："报纸用为某个单位办专版的形式，向有关单位索取一定的报酬，读者把这种'专版新闻'叫'有偿新闻'。"[②] 有人提出："有偿新闻，是新闻单位或新闻工作者利用手中采集、编辑、发表新闻稿件的权力，非法向被报道单位或个人索取或收受报酬的行为。"[③] 这些理解和解释从一定程度上概括了有偿新闻的表现形态。但从中宣部、广播电影电视部、新闻出版署、中华全国新闻工作者协会联合发布的《关于禁止有偿新闻的若干规定》（1997 年 1 月发布）来看，有偿新闻的表现形态要远远超出以上的概念界定中所提出的情况。规定中所禁止的有偿新闻包括：

（1）采编人员以各种名义收取费用，或接受采访报道对象提供的钱物、有价证券、信用卡等，或向采访报道对象索要钱物。

（2）采编人员以各种名义向采访对象借用、试用车辆、住房、家用电器、通信工具等物品。

（3）采编人员参加新闻发布会和企业开业、产品上市以及其他庆典活动，索取和接受各种形式的礼金。

（4）采编人员特权思想严重，向采访对象提出诸如解决亲友入学、住房、就业等方面的不合理要求。

（5）采编人员在其他企事业单位兼职以获取报酬，充当宣传"掮客"、"媒婆"，通过权钱交易，牟取非法利益。

（6）采编人员受人之托或投其所好，擅自组团进行采访报道活动，以获

---

① 娄东辉，孙愈中. 有偿新闻手法种种 [J]. 视听界，2005 (5)：97.

② 于清潍. 有偿新闻的弊端 [J]. 中国记者，1989 (1)：13.

③ 赵东辉. 试谈有偿新闻的表现形式及对策 [J]. 采·写·编，2000 (3)：50.

得被报道者的好处。

（7）采编人员在采编活动中向被采访报道者提出工作以外的生活方面的特殊要求，要求提供宴请、旅游、娱乐等服务，讲排场、比阔气、挥霍公款。

（8）采编人员利用职务之便要求他人为自己办私事，采取"公开曝光"、"编发内参"等方式要挟他人，或强迫被报道对象刊登广告，或直接进行敲诈勒索，或因得到好处而大事化小、小事化了，不再采写批评报道稿件，搞"有偿新闻"。

（9）采编人员打着"舆论监督"的幌子，干扰司法公正，甚至代人诉讼，包打官司，从中牟取个人利益。

（10）采编人员利用采、编、播的有利条件，从事广告和其他经营活动，以获取额外收入。

（11）新闻机构向采编部门下达经营创收任务，让记者、编辑从事广告和其他经营活动。

（12）新闻机构利用专版、专刊、专页、专栏、节目等收取费用，以新闻报道形式为企业或产品做广告。

（13）新闻机构利用采访和发表新闻报道拉赞助，收取举办"征文"、"竞赛"、"专题节目"等得到的"协办经费"，却不纳入本单位财务统一管理，流入部门的"小金库"，以种种借口私分。

由此能够看出，有偿新闻与广告新闻、软文广告等虽有相似之处，但其含义更加广泛。可以说，凡新闻记者、编辑，新闻机构或部门因接受钱物以及其他利益或要挟勒索目的达到后以新闻形式发布的信息，都是有偿新闻。

尽管有偿新闻的表现形态各种各样，但其实质却如出一辙，这就是新闻媒体以权谋私，新闻报道权商品化；工商企业与新闻媒体进行利益交换，以金钱等物质利益换取新闻报道。有偿新闻背离了党的新闻工作的根本宗旨，干扰了新闻事业的健康发展。为了防范和治理有偿新闻，相关部门通过发布文件、举办会议等不断强调新闻队伍建设，禁止有偿新闻。如1993年，中宣部和新闻出版署发布了《关于加强新闻队伍职业道德建设，禁止"有偿新闻"的通知》；1994年，中宣部又发布《关于坚持不懈地抓好新闻队伍职业道德建设的通知》；1997年，中宣部、广播电影电视部、新闻出版署、中华全国新闻工作者协会联合发布《关于禁止有偿新闻的若干规定》；1997年以后，中宣部等4家单位多次召开电视电话会议，对新闻工作者的廉洁自律、加强职业道德建设问题提出非常具体的要求。但有偿新闻却屡禁不止，甚至变本加厉。要有效防治有偿新闻，除了制定相应的规定、提出相应的要求外，还要出台强有力的保障措施。如强化思想教育，使新闻从业人员树立正确的世界观、人生观、价值观，自觉抵制腐朽思想的侵蚀。严格执行"编采、出版、经营三分开"制，确保广告从业人员不兼采编工作，记者、编辑不拉广告，也不从事其他经营活动；写稿、编稿的人员和部门没有发稿权力，有发稿权力的出版部门没有写稿、编稿权力。这样，新闻单位的各部门既相互独立、各司其职，又相互监督、相互制约；加大惩罚力度，让公然顶风违纪的新闻从业人员受到应有的惩处——没收其违规收入，根据情节轻重，给以通报批评、违纪处分、取消从业资格，触犯法律的移送司法机关处理；强调领导责任。如果新闻单位的领导有较强的政治意识、大局意识和责任意识，对于有偿新闻的责任人真抓、敢抓，绝不姑息手软，而且自己一身正气，率先垂范，就一定能带出一支政治强、业务精、作风正、纪律严、过得硬的队伍。否则，从领导层面就模糊是非界限，"睁只眼、闭只眼"，或"大事化小、小事化了"，有偿新闻只能是禁而不止甚至愈演愈烈；建立和完善监督机制，新闻单位除了要接受上级单位的监督外，还要在单位内部建立督察机构，并为群众监督提供方便和保障。如实行记者、编辑、广告业务人员挂牌上岗制，公布监督、举报电话、电子邮箱，开通官方微博，对举报者进行必要的信息反馈、给予相应的奖励等。

三、公关新闻和新闻、有偿新闻对比

（一）产生过程

公关新闻是伴随着公共关系的产生而产生的。其三大构成要素是组织、传播和公众，也就是说，组织和公众之间关系的建立、维护离不开一定的传播渠道、传播手段。因为通过新闻报道进行传播具有其他传播手段无可替代的优势，一是客观性强。它和广告的"王婆卖瓜，自卖自夸"的商业特点相比，新闻通过媒体把关人之手和受众见面，让人感觉信息更客观、可信。二是社会影响大。新闻报道涉及社会政治、经济、文化、军事、科技、教育等各个方面，影响比较广泛；传播媒介能够通过赋予信息以某种特殊意义、重要意义，提高被传播者的社会知名度、影响力；社会上每天发生的新颖的事实难以计数，被大众传播媒介报道出来的事实是经过媒体采编人员层层筛选的，以此能向公众表明，这样的信息一定有非同一般的意义，因此容易形成较大的社会影响。三是经济、合算。通过新闻宣传向公众提供组织信息的形式来扩大组织影响，提高组织的知名度和美誉度，对组织来说，无疑是最经济、最合算的公共关系活动形式。所以，运用新闻报道的形式加强和社会公众之间的相互理解和沟通，矫正组织在社会公众心目中虚假的、片面的、不利的形象，扩大组织的影响，为组织制造声势，维护、完善组织的整体形象便成为公共关系工作重要的传播沟通手段。

而为吸引新闻媒介的报道，社会组织的公关人员或公关代理机构就会结合社会公众和新闻界的兴趣和关注焦点，利用一定时机，策划、举行有新闻价值的事件或活动，激起新闻媒介的采访、报道兴趣。这就是在公关界颇为流行的"制造新闻"。所以，公关新闻不是事物日常运转所产生的新闻事件的报道，是人为策划的新闻事件的报道。

新闻产生于客观世界的变动，人类在生产斗争、社会斗争中发生的种种事实是一切新闻报道的源泉和基础，变动是"新闻之母"。新闻的本源是事实，也就是说事实在前，新闻在后；事实是第一性的，新闻是第二性的。事实是不依赖人的主观意志而独立存在的，新闻工作者必须尊重事实，从变动的事实中去寻找新闻。当然，新闻需要加工、提炼和选择，但这一切都必须以事实为基础。

由此，公关界的"制造新闻"理念和实践与新闻界的行为准则、价值取向存在着矛盾和冲突，难以获得广泛认同。为争取更大范围的认同，1995 年左右，公关界开始用"新闻策划"来代替"制造新闻"这样的说法，突出强调公共关系新闻的价值和魅力。王朝文在《当代公共关系学》中明确提出："'新闻策划'也叫'制造新闻'，是指组织为吸引新闻媒介报道并扩散自身所希望传播开去的信息而专门策划的活动。这类新闻是公关人员有目的、有计划地促成的，它同真新闻具有同样的魅力。"[①] 高明、孙新生的《策划大师与经典案例》中第一章的章题就是新闻策划，章内列举的何伯权策划与炒作"生命核能"，"金鹰"、"双汇"在天安门上的惊世之举等实例都是围绕如何策划适合新闻媒介报道的新闻事件的，即如何"制造新闻"的。

尽管新闻界自 1993 年开始就引入了"报纸策划"、"报道策划"的概念，但对"新闻策划"这一说法仍然存在极大争议。赞成者认为"新闻策划是报纸的新的增长点"、[②]"有新闻就会有新闻策划"、"有新闻竞争就会有

---

① 王朝文. 当代公共关系学 [M]. 北京：中国社会科学出版社，1995.

② 任成海，尹洪东. 新闻策划：报纸新的生长点 [N]. 新闻出版报，1995-08-09.

新闻策划"①；反对者认为"策划性新闻只不过是披着新闻外衣的广告和宣传"、② "新闻根本就不能策划，凡是策划出来的也不能称之为新闻"。③

1999 年，四川大学新闻系的董天策教授在他的《传媒竞争中公关行为的介入及其影响》中，结合公共关系在企业经营管理和新闻传播实践中的应用，揭示了"新闻策划"实际使用的几种情况：企事业以公关活动方式策划出适合传媒报道的新闻事件，是"新闻事件策划"或称"媒介事件策划"；新闻机构或新闻工作者先策划出新闻事件再作报道，是"事件+报道"式策划；新闻传媒将策划理念引入新闻报道工作而形成"新闻报道策划"；新闻传媒把策划理念引入经营管理工作而形成"传媒经营策划"。④ 董教授还提出以"新闻传播策划"来统摄这些策划行为。至此，由企业公关人员或公共关系传播公司策划出新闻事件再由媒体进行报道的公关新闻才逐渐被学界接受和使用。

当然，目前学界谈到公关新闻时仍会有质疑、争论，这主要是由企业公关人员对公关新闻的作用存在认识误区或存在不规范操作造成的。一些公关人员认为只要企业被新闻媒体报道了，企业露脸了，公共关系就算成功了，于是其工作重点仅放在如何与媒体建立关系上，而忽略了公关信息本身的构建，如想方设法与记者联系沟通，甚至利用金钱和职权搞有偿新闻、广告新闻、新闻炒作。无可否认，和媒体建立良好的关系，是企业公共关系工作的内容之一，但如果没有富有创意的公关活动，即使企业被媒体报道了，也吸引不了公众的注意力，企业信息也会淹没在信息的"汪洋大海"中。对公众来说，企业的形象就像过眼烟云。典型的例子就是大量报道的企业开业、剪彩、周年庆典等活动，由于相似事件太多，如果没有特别的新闻点，是很难引起公众注意的。那些利用金钱或职权，与媒体"拉关系"、"走后门"、"套私情"来换取媒体报道的做法不仅违规，还会因此引起公众的反感和抵触，给企业形象带来负面影响，使公关效果适得其反。

有偿新闻产生的过程是企业与传媒利益交换的过程。当前大多数新闻媒体

① 柳雨卿. 新闻策划论的本体阐述 [J]. 新闻广场, 1996 (4), 转引自圣才学习网. 新闻策划≠策划新闻 [EB/OL]. http：//yingyu. 100xuexi. com/view/specdata/20100518/449D0997 - 2A9B - 4A63 - 862A-9C94DF294F4C. html.

② 熊忠祥. 新闻可以策划吗 [J]. 新闻广场, 1996 (4), 转引自圣才学习网. 新闻策划≠策划新闻 [EB/OL]. http：//yingyu. 100xuexi. com/view/specdata/20100518/449D0997 - 2A9B - 4A63 - 862A - 9C94DF294F4C. html.

③ 丁未. "新闻策划"现象剖析 [J]. 新闻界, 1996 (6)：19.

④ 董天策等. 新闻·公关·广告之互动研究 [M]. 广州：暨南大学出版社, 2008.

是自负盈亏的经济实体,其赖以生存的关键是广告收入,而广告的效果很大程度与媒体的收听收视率、发行量有关,如果媒体上直接刊登、发布的广告太多,会造成听众、观众、读者的流失,要留住听众、观众和读者,媒体就不得不对收取费用的广告进行乔装打扮,使之以新闻报道的样貌出现在所特别策划制作的节目、专栏、专版、专刊、专页上。对于企业主来说,要在市场竞争中获得有利的地位,宣传领导或企业的业绩,就需要媒体的呐喊助威,而规规矩矩、老老实实做广告,花费大,说服效果也不及新闻报道。于是企业就通过各种付利手段和媒体做交易。收受了企业所给的各种好处之后,媒体就把企业提供的新闻原材料(很多是平庸、劣质的材料)进行加工,然后强行塞给新闻受众。也就是说,只要付利就可以使企业以被报道者的身份上报、出镜。所以,有偿新闻产生的过程,本质上是新闻机构进行权力寻租、工商企业利用权、钱进行交易,二者互相利用、各牟私利的过程。除此以外,有的有偿新闻的产生是个别采编人员为牟私利,捞好处,把新闻道德弃之一边,哪有油水就往哪跑,甚至主动提要求、讲条件、"要红包"的结果。

(二)行为主体和行为目标

公关新闻的行为主体是公共关系人员和新闻采编人员。公共关系人员即从事公共关系实务工作的人员。他们是社会组织利益的维护者、社会组织运行的咨询者,也是社会组织传播的实施者。其行为目标是为社会组织塑造良好的组织形象。围绕这一中心目标,需要开展多方面的工作。例如,搜集和掌握各种相关信息,这是公共关系的基础性工作,也是其他工作的"源头活水";在掌握了充足的信息之后,公共关系人员还要在自己的日常工作中,不断地向公众传播信息,进行宣传和引导,这一方面表现为公共关系人员所做的许多具体事情,另一方面又要借助和利用众多的传播媒介与方式(包括新闻媒体,内部报刊,年度报告和各种小册子、宣传品,电视短片,组织网站、博客等);通过各种方式与组织内部和外部公众进行直接的联系和沟通;进行庆典、展览会、开放参观日、赞助和公益活动等各种专题活动。所以,遵循公共关系工作的基本规律,综合利用科学的手段和方法,并充分发挥丰富的想象力和独创精神,策划有利于传播组织声誉的媒介事件、利用新闻报道的形式传播有利于社会组织的事实和观念是公共关系人员的重要工作内容,这些有利于公共关系中心目标的实现。

新闻采编人员是在新闻媒体从事新闻采访、写作、编辑、摄像等工作的专业人员。他们对公关人员提供的信息进行鉴别、选择、加工、传播，根本目的是履行新闻传播者的职责，传达与大众利益有关的事件。所以，新闻采编人员只要遵循新闻传播规律，报道既有利于组织形象，又有利于社会、公众并且确实具有新闻价值的公关新闻，就能促进新闻与公关的积极互动与融合。

新闻的行为主体是新闻传播者，包括经常通过新闻媒体出现在社会公众面前或与社会公众接触比较密切的主持人、播音员、记者、编辑、导演、策划、营销发行人员，以及技术制作、专职摄像或摄影等幕后工作人员。新闻传播者处于信息传播链条的第一个环节，他们是传播内容的发出者，也是传播活动的发起者。其传播活动既是代表一定的传播部门、传播组织、政党和阶级进行的，反映着一定组织、阶级、集团的利益、要求和愿望；又有较大的传播自主性，面对同一新闻事实时，不同的传播者可以采用自认为适当的采访、写作、录制、传播手段。其行为目标是真实、客观、公正地报道有价值的新闻，满足公众的知闻权、获知权，对公众进行精神启蒙，从而推动国家和社会的发展与进步。

有偿新闻的行为主体构成比较复杂，既有广告人员和新闻采编人员，又有机关事业单位的新闻宣传人员、管理人员、行政领导等。如一些政府部门官员和企事业单位管理者，把"见报"、"出镜"、"上广播"当作沽名钓誉、升官晋级的资本。为让上级领导看到"政绩"，达到"向上爬"的目的，甚至不惜用金钱、美色铺路，腐蚀、拉拢编辑和记者；新闻工作者出席机关企事业单位召开的新闻发布会等本属于公益性的社会活动时，收受以"误餐费"、"车马费"、"劳务费"等各种名义的礼金券；"高明"的记者、编辑，还有可能通过单位授予的采编权，替某些领导吹嘘拍马，以此牟取更大的权力、好处，则是"有偿新闻"更隐性也更严重的表现。[①]有偿新闻的行为目标就是以新闻形式传播有利于个人、社会组织特别是工商企业形象推广、市场营销的信息与观念，以诱导劝服受众或消费者。有偿新闻现象是一种牵动许多方面的严重的社会腐败现象，它背离了新闻工作者必须全心全意为人民服务的宗旨，背离了新闻宣传工作的党性原则，既损害党的新闻工作者的良好形象，损害媒体作为社会公器的良好形象；也严重影响社会道德体系、新闻队伍业务素质的建设，影响新闻媒体的公信力，所以必须要严格治理。

---

① 乐阳. 试论转轨期我国有偿新闻的产生、危害及其治理［J］. 福建广播电视大学学报，2008（2）：79.

第二节 公关新闻的特征

公共关系的普遍运用已使人为策划的新闻事件成为媒体新闻报道不可忽视的一部分。这种策划出来的新闻既是以新闻报道的形式传播出去的，具有一般新闻的特征，又因为策划在前，报道在后而不同于一般的新闻。

一、一般新闻的特征

（一）客观真实性

凡是新闻都是对事实的报道，事实是新闻的基础，新闻只能按照事物的本来面貌作真实的陈述。公共关系新闻传播活动中，无论是记者采访报道的有关企业的新闻，还是企业公共关系人员向新闻媒体提供信息，撰写新闻稿件，协助新闻媒体进行新闻报道或制作新闻节目，都应实事求是，对企业发生的具有新闻价值的事件或举办的有新闻价值的活动进行客观真实的报道，不能虚构夸张，无中生有。

（二）新鲜及时性

新闻的可贵之处就在于一个"新"字。在公共关系新闻传播中，只有把企业新近发生、出现的新情况、新经验、新举措、新成就等及时传达给公众，才能让公众觉得新鲜、有价值。另外，真实、新鲜的新闻事实如果得不到及时的传播，新闻也会变成"旧闻"，失去存在的价值。因此，企业公共关系人员都应与新闻媒体保持密切联系，及时把企业发生的有新闻价值的最新情况提供给新闻媒体。当然，公关新闻的新鲜及时性，不是为抢独家新闻，一味以快为好，而是为了更好地发挥公关新闻的作用，使组织获得更显著的社会效益和经济效益。

（三）知识性

科学技术上的新发现、新创造，社会科学的新探索、新观点、新材料以及和人们的生活、工作、学习密切相关的各种知识都是新闻报道不可或缺的重要内容，它有助于人们不断了解人类社会文化的发展，增长知识和见闻。公共关系人员策划的新闻事件往往是在全面分析竞争环境的情况下，以综观社会全局的高度，通过调动新闻采编人员的新闻敏感意识，积极传达能够展示和体现组织良好形象的信息，如企业发展历史、社会贡献、技术水平、管理水平、竞争状态、发展理念，以及和新闻事件相关的政治、经济、文化等方面的信息。所以，公共关系人员策划的新闻事件能使公众在接触媒体时获得组织形象及其他有关知识和信息。

（四）教育性

惩恶扬善、扶正祛邪、维护主流的价值系统等是新闻媒介的主要功能之一。在公共关系新闻传播中，由于公共关系人员策划新闻事件的出发点是帮助组织广结良缘、树立良好形象、实现多方共赢，为得到公众友善的关注和真诚的支持，其主题设计上总是突出崇高美好、积极向上的价值追求。如弘扬社会公德、职业道德、家庭美德，正向思考和追问有关的社会问题，努力彰显组织的社会责任意识，肯定和谐社会、和谐组织的理念和朝气蓬勃的生命价值等。所以，这些都能从心理诱导的角度对公众的善良愿望和言行给予激发和鼓励，使之获得自我内心乃至社会环境的道德认可与肯定，逐步提高思想道德水平和科学文化素质，确立主导行为规范。

上海市文汇新民联合报业集团、文汇报社自 2004 年始，每年举办"书送希望"捐书助学活动，迄今已连续举办了八届，累计收集上海市民和各出版单位的捐书达几十万册，先后捐献给安徽、浙江等地的希望小学。在这个看似平凡的新闻事件的引领和启发下，许多公众通过联想自身的经历、他人的经验，会对活动产生出于善良本性的独特理解，形成不同于他人的个性化体验，进而可能通过行动实现自我超越与完善，获得助者的快乐与自我价值的认可与肯定。同时，受助的公众也会在媒体营造的事件中产生难忘的体验，并有可能在以后的日子里不断延伸自己的体验回忆，构建积极、健康的人际关系。

二、不同于一般新闻的特征

（一）人为性

一般新闻是在社会上、生活中已经发生的事件，无论是在事物发展变化中自然而然发生的事件，还是偶然的突发事件，都不以人们的意志为转移。公关新闻虽然是对社会组织已经发生或正在发生的新闻事件的客观报道，但这样的新闻事件不是自然而然发生的，即不是事物日常运转所产生的现象，而是为了特定的宣传目的而制造的一种现象，所以具有人为性特征。

（二）主动性

一般的新闻报道带有很大的随机性，被报道者一般处于被动的地位。公关新闻是社会组织的公关行为介入或影响新闻报道的典型表现，在公关新闻传播中，先有公关策划，后有新闻事件和公关新闻，这种新闻报道形式本身具有主动性特征——公关工作人员先策划具备新闻价值的活动，或者是从活动中挖掘出有价值的新闻点，吸引媒体注意，促成媒体把这种活动作为新闻加以宣传报道。很显然，这种新闻不是无意中引起新闻媒体注意的，而是有目的、有计划地进行策划，主动地进行安排的结果，这种"策划在先，报道在后"的形式，一方面可以渗透或反映出报道主体的主观意识形态，另一方面凭借这种主动性，公关新闻可以最大程度地满足组织主体和传播媒体双方的利益需求，实现公关新闻的预期价值。

（三）功利性①

与一般新闻不同，公关新闻的价值着重体现在"求益"，通过"协调"来实现公共关系的部分或全部职能，即"建立信誉、争取谅解和增进效益"。以"协商"为基础，实现利益的最大化，是公关新闻最为显著的特点。具体体现在以下两个方面：第一，组织主体进行价值优化选择时，一般将公关新闻细化为公关活动新闻、业务绩效新闻、危机公关新闻，由此可见，公关新闻文本的指向性十分明确；第二，传播主体进行公关新闻宣传时，无论是社会组织还是传媒自身策划的公关事件、活动，包括危机处理方面，均以获得正面宣传和有效利益为目标，进行公关新闻报道。因此，为了获取更多的正面效应，公关新闻传播主体往往会优先选择信息源中对主体有利的部分进行价值塑造。

（四）新奇独特性

美国报业人士 John Bogart 在 1880 年曾为新闻下了一个著名的定义："狗咬

---

① 韩颖.公关新闻报道中的问题与对策研究［D］.辽宁：渤海大学，2012.

人不是新闻，人咬狗才是新闻。"① 这个定义虽不太正式，但却大体上反映了新闻界选择新闻的部分标准。为成功地制造公关新闻，吸引新闻界人士的兴趣，公共关系人员总是在事件的新、奇、特上下功夫，力求以敏锐的观察能力、灵活的应变能力、不凡的创新能力，策划突出反常或绝无仅有的事件。中国香港的强力胶黏铅币事件，广州神奇药业的杀蟑螂表演等事件，都以其新奇和独特吸引了公众的眼球。企业的公关新闻如此，新闻媒体自身的公关新闻也不例外。2005 年 10 月 12 日，我国神舟六号载人飞船正式发射，与"神五"单人飞行不同，"神六"是我国载人飞船的首次双人飞行。这自然吸引了包括中国在内的世界媒体的目光。《解放日报》借机策划了自我公关宣传事件：用上等丝绸制作《〈解放日报〉"神六"发射成功纪念特刊》，搭载"神六"升入太空，成为人类历史上第一张进入太空的报纸。《解放日报》策划的这一新闻事件立意非凡独特，形式新颖脱俗，做法不同寻常，因此在公众中产生了强烈的轰动效应。

（五）公关新闻的效果如何对新闻媒介报道程度产生依赖性

在新闻媒介上出现有利于企业的新闻报道，对企业来说，无异于一种免费的宣传。但宣传效果如何和新闻媒介的报道程度有直接的关系。新闻媒介报道的次数越多，覆盖的范围越广，报道的越深入，对企业的宣传作用就越大。所以，有经验的、敬业的公共关系人员在进行公关策划时就会力求使新闻事件具有较高的新闻价值和较强的可采访性，这样不仅能吸引记者主动采访报道，还能触发其新闻灵感，使他们在报道新闻事实的同时，产生进一步挖掘潜在新闻资源的冲动，从而促成他们对新闻事件自然而然地进行跟踪追击和对新闻背景、新闻分析的连续报道。

2005 年，新疆雪莲维药有限公司借国民党主席连战访问大陆之机，策划了"千里追连战"系列公关活动，表达"希望阻隔在海峡两岸的伤痛能够早日愈合"、"欢迎连战常回家看看"的心愿。于是，"远在新疆的一家企业不远万里专程来北京表达渴望祖国统一的行径"便成了一个非常好的新闻点：这充分说明连战的大陆行不仅受到到访地方民众的欢迎，连远在祖国边陲的新疆人民也保持了旺盛的热情。这使雪莲维药在中央电视台、凤凰卫视等媒体上频频"露面"。随后，雪莲维药又将在北京、在凤凰、在上海的相关新闻迅速传

---

① 姚惠忠．公共关系理论与实务［M］．北京：北京大学出版社，2006.

递给本地的新闻媒体，进行新闻的二次传播。一时间，新疆一家企业"千里追连战"的新闻，成了连战大陆行在新疆报道最为主要的新闻花絮。"雪莲维药"一个原本很不起眼的中小企业，在经过从全国到地方多家媒体的多角度报道后，很快便为公众广为知晓。

（六）能明显提高有关组织的社会知名度和美誉度

社会生活中自然发生的新闻，有些是有利于组织形象的，有些是不利于组织形象的，这不是人为可以控制的。而公共关系人员经精心构思、周密策划的新闻事件、活动都是围绕着怎样去吸引公众、影响舆论展开的，活动主题必须有益于社会和公众，并能引起公众的广泛兴趣。活动的过程必须将实际的社会效益放在首位。为争取到新闻界的支持，在策划和组织活动的同时，还要为新闻界准备好有关的报道资料，介绍事件的过程、特点及社会意义，并安排新闻界人士参加或观摩实际的活动过程，提供采访的便利条件。所以，能够赢得有利于组织知名度、美誉度的新闻报道和宣传。即使发生了对组织形象不利的危机事件，也可以通过制造解决危机公关的新闻来使组织摆脱危机、化解矛盾，甚至转毁为誉，化危机为契机。

第三节　公关新闻的由来

公关新闻源于公共关系，是公共关系和新闻报道的一种结合产物，它与两者都保持着相互关联的紧密关系。

一、新闻代理人的兴起

从公共关系的历史起源看，现代意义上的公共关系可以追溯到 19 世纪 30 年代。当时，美国的便士报兴盛，报纸不仅以低廉的价格迅速进入千家万户，还成了政府部门和工商企业均不敢忽视、竞相争取的影响大众舆论的一种有力工具。报刊的大众化促进了报刊的商业化，发行量大增也促进了广告价格的猛增。为节省广告费用，一些工商企业另辟蹊径，专门雇用能在报刊上发表文章的记者和与新闻界有关系的人员即新闻代理人为本组织撰写新闻稿，制造舆论，以此扩大组织的影响。报纸为了扩大发行量，也推波助澜，以杜撰的新闻吸引读者，以编造的故事激发公众的好奇心、吸引公众的注意。这样，廉价媒介便引发了一场"报刊宣传活动"。这一活动客观上造就了一批商业性的、逐渐职业化的专业传播人士，即报刊宣传员队伍。他们大多来自新闻界，以自己的大众传播工作经验，为委托人提供比较专业化的信息传播服务。这批人便是日后的公共关系人员的前身。

在这一时期的新闻代理人中，最有代表性的是报刊宣传员、马戏团老板费尼斯·泰勒·巴纳姆和作家兼编辑阿莫斯·肯德尔。巴纳姆1810年出生于美国康涅狄格州，后来到纽约。在和游艺团经营者亚伦·特纳共同投资经营博览生意时，由于入场观众少，生意冷清，他认识到了吸引观众注意力的重要性。后来，他成为一本宗教画报的代理，同时兼任一个剧院的宣传员，给报纸写宣传稿或广告稿。1835年，巴纳姆遇到了黑人女奴伊丝·海斯，买下之后把她包装成美国第一任总统乔治·华盛顿父亲的女奴，并说她曾养育过乔治·华盛顿，吹嘘她已经有160多岁了。这种神话般的宣传在被报纸报道后，吸引了大量的观众到展览现场来一探究竟，结果展览活动的票房收入猛增。当骗局无法继续下去时，巴纳姆就以参观者的口吻投书报社，义正严辞地指出整场展览就是一个骗局，消息被媒体刊出后，再次吸引了观众。当然，和上次的对于伊丝·海斯的好奇不同，这次，人们是为辨别真伪而来的。巴纳姆由此尝到了操弄媒体舆论的甜头。虽然这些做法让巴纳姆蒙上了不好的名声，但巴纳姆认为，只要公众因为烦恼而想得到娱乐，他们是愿意上当受骗的，对待公众并不是任何时候都需要告知真相。

1841年，巴纳姆收购纽约的美国博物馆，把它改造成展览"奇观"的场所。为吸引人们前来参观，巴纳姆对外宣称在展出的珍奇物品中，有一个身高只有1.02米的"大拇指汤姆"，他当年曾率领一群侏儒，赶着矮种马拉的车去觐见维多利亚女王；还有罕见的"斐济人鱼"等。当人们怀着好奇前来参观和欣赏时，却发现这些都是噱头而已。当展品受到科学家的质疑时，巴纳姆又顺势改口让观众自己判断真伪。巴纳姆的巧舌如簧、随意愚弄公众对公共关系的发展造成了消极的影响，也使他本人声名狼藉。大部分公关专业人士都不愿意把他看作公关业的先驱。但巴纳姆利用人们的好奇心，成功地操纵媒体进行舆论宣传的才能却是不容置疑的。

经营马戏团后的巴纳姆转型为一个马戏团老板，为推动马戏演出，巴纳姆雇用了三个新闻代理随团，由他们负责给新闻媒体提供稿件，宣讲马戏团的幕后故事。当然，巴纳姆本人是总策划。这期间，巴纳姆特意给马戏团的明星起了一些简短的名字，如给侏儒取名"大拇指汤姆"，为歌手取名詹尼·林德，这么做的目的是这些名字可以容易地放在面积有限的报纸专栏和标题新闻中。除此，巴纳姆还常常刻意安排一些奇特的舞台场景，以引起报纸杂志的兴趣，增加曝光率，达到良好的商业效果，如让胖女人和瘦男人搭档结成合法夫妻等。

巴纳姆和其新闻代理人通过新闻报道与宣传取得轰动性的商业效果，既让人们注意到媒体、公众注意力的威力，也在商界、政界和其他领域引出了数以千计的公共关系专家。[①] 正如 1898 年的一本叫《第四阶层》（*Fourth Estate*）的商务杂志所写："新闻代理人已经成为各行各业必需的助手。在不久以前，精力充沛的宣传代理人的努力仍只囿于马戏团、戏剧院与歌剧院……但是商业运作手法在过去数年自觉地发展起来。广告以及类似的行为已经成为需要公众垂青的百业取得成功的关键。"[②]

阿莫斯·肯德尔本是肯塔基州的作家兼编辑，1829 年被安德鲁·杰克逊招至麾下，短短几周，肯德尔就成为外号"山胡桃"的杰克逊总统的"厨房内阁"的一员，并最终成为杰克逊总统最有影响力的参谋之一。尽管人们普遍将肯德尔视为第一位真正的总统新闻秘书，但他的职能及扮演的角色已远远超出了这一职位的职责范围。肯德尔主要负责白宫的所有公关活动，如撰写新闻稿、国情报告和资讯并发布新闻稿。他还创办了总统内阁自己的报纸《环球报》，当他撰写的新闻稿被各地的报纸刊登后，再在《环球报》上转载，以强调杰克逊在国内的受欢迎程度。在肯德尔的倡导下，美国政府建立了最早期的新闻披露制度。

二、第一个公共关系公司的成立

19 世纪 90 年代是美国历史上的一道分水岭，原来以农业为主的美国随着南北战争后工业革命的进行，开始变为以工业为主的城市化国家。[③] 20 世纪之交，美国的工业革命渗透了各个领域，那些曾经在美国边贸经济模式中居核心地位的工厂和商店逐渐被大型工厂所取代；作为商业和贸易中心的村落也被四通八达的城市所取代，有限的交通和通信设施变成了贯穿全美的铁路线和通信

---

① 迈克尔，埃默里埃德温，埃默里南希·L. 罗伯茨. 美国新闻史——大众传播媒介解释史[M]. 展江，译. 北京：中国人民大学出版社，2004.

② 转引自刘俊. 当代中国公共关系与新闻报道的互动研究[D]. 广州：暨南大学，2006.

③ H.S. 康马杰. 美国精神[M]. 南木等，译. 北京：光明日报出版社，1988.

网络。大型公司接管了一切，商业界人士的重要性日益提高。①

但操纵美国工业的垄断寡头却只关心如何获取利润，不关心如何改善其他公民的生活。像铁路所有者威廉·范德比特、银行家 J. P. 摩根、石油大王约翰·D. 洛克菲勒、钢铁大亨亨利·克莱·弗利克都掌握了相当于数十万人的财富总和的巨额财富。当范德比特被问及如何看待公众对于他关闭纽约市铁路中央线路的反映时，居然回答"去他妈的公众吧！"这典型地反映了当时工业家的观点。因为这些人丝毫不关心社会上其他人的利益，所以美国人将范德比特及其家族诅咒为强盗般的大亨。尽管大多数人的生活都必须依赖于这些工业家的事业而无力反抗，但不满的种子已经在整个社会文化环境中不停地孕育，社会矛盾越来越突出。在此情况下，越来越多的人意识到公众利益的存在以及搞好公众关系的重要性，现代公共关系事业也由此迅速兴起。

1900 年，由新闻记者乔治·V. S. 密克利斯、托马斯·马域和赫伯特·司摩尔等创办的第一个公共关系公司——新闻宣传办事处在波士顿成立，这是第一家明确标榜从事日常新闻代理的公司。1902 年，曾是《纽约太阳报》和《辛辛那提探寻者报》通讯记者的 W. W. 史密斯，在华盛顿开办第二家新闻代理公司。

三、"扒粪"运动和艾维·李的专业公共关系公司

19 世纪末 20 世纪初，垄断财团不仅无视广大民众的利益和最起码的社会道德准则，"随意降低工人的工资，加重对工人的剥削，迫使许多人在恶劣、危险的条件下工作、生活；垄断市场、抬高价格、以次充好，坑害消费者，并对中小企业也造成很大的威胁"，②还对企业的丑闻守口如瓶，或胡乱编造，并拒绝新闻媒体的过问，形成了封闭的企业"象牙塔"。于是，社会阶级矛盾日益突出，各个利益集团之间的冲突日益尖锐，整个社会都充满了对工商寡头的敌意。在此情况下，爆发了以新闻界为主体的揭露工商企业丑闻的新闻揭丑运动，史称"扒粪"运动。被称为"扒粪者"的记者、编辑纷纷以笔代枪，掀起揭丑运动高潮。1903 年至 1912 年近 10 年的时间里，纽约的《论坛报》、《太阳晚报》等许多报刊陆续发表揭丑文章 2000 多篇，这使许多大企业声名狼藉。美国时任总统西奥多·罗斯福恼怒地称这些报刊是"粪耙"，意思是他们只注意挖掘"粪便消息"、暴露大亨丑闻而对美好事物吝词播报。

①② 弗雷泽·P. 西泰尔. 公共关系实务 [M]. 潘艳丽，陈静，译. 北京：清华大学出版社，2008.

对于新闻界的揭丑，垄断财团可谓软硬兼施、用尽心机。他们先是以起诉新闻界犯了诽谤罪来进行恫吓；继而又以不在参与揭丑的报刊上刊登广告相威胁。在这些都不奏效的情况下，他们又试图对媒体进行贿赂和收买。一些大的财团还尝试19世纪报刊宣传活动的手法——通过雇用记者创办自己的报刊来杜撰新闻，自我宣传。结果适得其反，公众对垄断财团和大型企业的反感和不满与日俱增。正是在这种情况下，艾维·李创办的专业公共关系公司应运而生。

艾维·李是一个牧师之子，早年曾就读于普林斯顿大学和哈佛大学，大学期间就担任校报记者。大学毕业后担任过《纽约美国人报》、《纽约时报》、《纽约世界报》记者，主要进行财经方向的报道。1903年，艾维·李辞去在《纽约世界报》的工作，转而为竞选者进行新闻宣传。1904年，他和帕克在纽约合作成立"帕克·李氏"公司，帕克负责提供人脉资源，艾维·李的贡献则在他崭新的公关理念。他既不接受巴纳姆"公众该被愚弄"的观点，也不接受范德比特"去他妈的公众吧"的哲学，对于艾维·李来说，商业活动被公众接受和理解的关键是"公众应被充分告知"。1906年，艾维·李又通过新闻界发表了阐明他基本思想的重要文献——《原则宣言》，明确陈述了公共关系的职业目标。他说："公共关系的职能是代表企业单位及公众组织，将对公众有影响且为公众所喜闻乐见的课题或信息向报界和公众提供，并保证其迅速性、准确性。"他认为公众需要了解与他们利益有关的情况是合乎情理的，而向报界提供有关情况以供发表，则是他的责任。他还呼吁企业不要唯利是图，应实现企业人性化，并倡导公共关系工作应进入企业最高管理层。在其公关思想的指导下，艾维·李在受雇洛克菲勒集团处理影响了科罗拉多石油和钢铁公司的拉德罗大屠杀的余波时，提出"实话实说，因为公众迟早会发现真相。如果公众对你现在的所作所为并不满意，那就修改你的政策，使之与公众的想法相符"的建议[1]，先后出面帮助洛克菲勒财团解决了劳资纠纷，并通过向慈善事业捐款、赈灾、济贫等行为，使该财团摆脱了困境，改变了形象。在协助宾夕法尼亚州铁路公司解决铁路事故伤人危机时，提出尽快公布事故真相，一律承担死难者家属赔偿、受伤者医疗费用支付等责任，向有关方面诚恳道歉等，这使该公司赢得了公众的原谅和信任，形象得以及时修复。艾维·李因此名声大噪，美国电报电话公司、平安人寿保险公司等著名企业也纷纷聘请他充

---

① 弗雷泽·P. 西泰尔. 公共关系实务 [M]. 潘艳丽，陈静，译. 北京：清华大学出版社，2008.

任公共关系代理人。

艾维·李不仅把公众利益和真实的精神带入公共关系领域，开创公共关系行业的先河，而且他丰富的公关实践，也使公共关系以一种独立的社会职业朝着科学化的方向发展，他所创办的公共关系事务所标志着现代公共关系的诞生。自此以后，以"有效沟通、利益优先"为原则的新闻代理人、宣传顾问等公关活动广泛兴起。由于艾维·李的开创性贡献，所以常被尊称为"公共关系的缔造者"、"公关之父"。又因为他一生致力于造福大众的事业，所以又有"大众公仆"之誉。

四、艾维·李之后的公共关系公司发展

艾维·李之后，另一位公共关系的先驱是爱德华·伯内斯。伯内斯1891年出生于奥地利，次年随父母移居美国，是美籍奥地利人、著名心理学家西格蒙德·弗洛伊德的外甥，其妻子弗莱希曼曾是《纽约讲坛》一位出色的编辑。伯内斯1913年受聘于美国福特汽车公司，担任该公司的公共关系经理。他为该公司制定并实施了一系列旨在发展公众福利及社会服务的计划，大大提高了该公司在公众及社会中的影响，为促进福特公司的发展起了重大作用。第一次世界大战期间，他又在威尔逊总统成立的官方公共关系机构"克里尔委员会"担任委员，专门负责向国外的新闻媒介提供有关美国参战情况的背景和解释性材料。1919年，爱德华·伯内斯和他的妻子一起创办公共关系顾问公司，1923年开始撰写公关经典著作《舆论之凝结》一书，同年在纽约大学首次开设并主讲公关课程。1925年写了教科书《公共关系学》，1928年写了《舆论》。伯内斯在他的《舆论之凝结》一书中第一次提出了"公共关系咨询"的概念。他说："我们最初把所做的业务称为'宣传指导'。我们试图指导客户如何使其商业活动得到公众的关注，但是不到一年我们就改变了我们的服务，将它发展为'公关咨询'。我们意识到，客户进行的所有与公众利益相冲突的活动都需要我们提供咨询。客户通过一项活动所赢得的较高的公众关注度很可能被另一项公众不感兴趣的活动影响。"[①] 提出了公共关系的整个活动过程应当包括从计划到反馈到重新评估等八个基本程序；还提出了"投公众所好"的重要公共关系思想。由此，《舆论之凝结》一书被西方社会视为公共关系理论正式诞生的标志，伯内斯本人也被称为"公共关系理论之父"。还有值得一

---

① 弗雷泽·P. 西泰尔. 公共关系实务［M］. 潘艳丽，陈静，译. 北京：清华大学出版社，2008.

提的是伯内斯"招募"了公关领域的第一位杰出的女性从业人员——他的妻子，而且夫妻携手把伯内斯的公关顾问公司发展成为顶级代理机构。从很多方面看，其妻子弗莱希曼都称得上是"公关之母"，她为当今女性进入甚至驰骋、主导公关领域铺平了道路。

继伯内斯具有开拓性的咨询努力之后，美国涌现出了一大批公关公司，其总部多设在纽约。如希尔—诺顿公司、纽塞曼公司、卡尔·拜奥尔公司、伯森·马斯泰勒公司等。其中的希尔—诺顿公司和伯森·马斯泰勒公司更是雄踞领导地位多年。20 世纪 90 年代，公关界出现了一批国际化的大型公关公司，其中很多公司是合并而成的大型传媒联合体。比如希尔—诺顿公司和伯森·马斯泰勒公司并入 WPP 公司之后，其旗下还包括 J. 沃尔特·汤普森和扬—鲁比卡姆广告代理公司；全球六大广告集团之一的奥姆尼康传媒集团旗下有福莱、波特—诺韦利、凯旋等 7 家大型公关公司。21 世纪的公关代理机构类型五花八门，既有跨地区、跨国度经营的大公司，也有局限于一个地区、小范围的小公司；公司的业务既可能是包括数项乃至数十项的，也可能是单向的；所涉及的行业领域既可能是综合性的，也可能是专注某个领域的。

艾维·李、伯内斯及其以后的公关公司在进行新闻代理、公关代理过程中既留下过在新闻界、公关界广为流传的、有历史意义的新闻事件，也曾带来过负面的影响和反馈；公关新闻既能在一定程度上满足组织的发展需要，也能引发受众对它的质疑和否定。就在是非不断的争论中，公关新闻不断地发展起来，而且作为企业传播、政府传播的重要手段，在政府、企业处理公关危机方面，甚至在影响美国社会发展进程方面都发挥了积极的作用。随着公共关系在各行各业的渗透、公关意识的普及，公关新闻应该以更加积极、健康的姿态更充分地发挥其应有的功能和作用。

第四节　公关新闻在我国的发展

一、公共关系和公关新闻的兴起

公共关系作为一种理论和职业，大约在 20 世纪 60 年代开始在中国香港、中国台湾地区发展。1963 年中国香港地区出现了第一家专业的公共关系公司——韦特公共关系公司。1975 年中国台湾地区的魏景蒙创办了第一家中国人自办的公共关系专业公司"联合国际公司"。很快地，公共关系被中国台湾地区、中国香港地区的企业和社会所接受。20 世纪 80 年代初，随着我国改革开放事业的发展，在广东、深圳设立了第一个开放的经济特区，并在宾馆业率先引进外资，创办了一批较早的"三资"企业，他们按海外的管理模式设立了公共关系部，导入公共关系管理职能。继深圳、广州之后，北京、上海等地的一些中外合资或独资的宾馆、饭店，也都相继设立公共关系部，并着手开展公共关系业务。这对这些宾馆、饭店的生存和发展显示出巨大的促进作用。所以，短短的几年时间里，公共关系也开始为一些国营大中型企业所重视和采用。特别值得一提的是，1984 年 9 月，国营企业白云山制药厂成立公共关系部，该厂每年拨出总产值的 1%作为公关活动的经费，事实证明，其公关工作是卓有成效的。白云山制药厂的做法，为我国企业公共关系实务活动积累了宝贵的经验，也是我国公共关系事业发展过程中的一个重要突破，它标志着公共关系在中国的全方位落户。

此后，公共关系从南到北、由沿海到内地不断发展。1984 年底，中国科学院新闻研究所公关课题组对白云山制药厂的公关工作进行了考察。1984 年 12 月，《经济日报》发表了他们所写的题为《如虎添翼——记广州白云山制药厂的公共关系工作》的通讯报道，介绍白云山制药厂的公共关系活动，并配合文章发表了《认真研究社会主义公共关系》的社论。社论中讲道："所谓公共关系工作，就是一个企业在搞好经营管理和生产优质产品的基础上，为增进社会各界的信任与支持、树立企业的良好信誉和形象而采取的一系列决策与行动……每一个企业的领导，都要像白云山制药厂的领导那样，具有现代企业家的战略眼光和魄力，重视开发企业的公共关系工作……"[1] 这是我国全国性媒体首次发表有关公共关系的通讯报道和专题社论。接着，《广州日报》、《北京日报》、《世界经济导报》、《文汇报》等报刊先后载文介绍我国新兴的公关事业的发展情况，评述公关工作的作用和意义。显然，这些报道和评论不是公关策划的结果，但在客观上促进了白云山制药厂形象的提升，扩大了其社会影响。

真正经公关人员策划的新闻事件应该回溯到 1984 年北京长城饭店的里根访华答谢宴会和健力宝的奥运会赞助。长城饭店是中国第一家五星级宾馆，也是第一家中美合资的宾馆。它于 1983 年正式开张营业之后一直面临着如何把

---

① 明安香．认真研究社会主义公共关系［N］．经济日报，1984-12-26（2）．

自己介绍给世界、招徕顾客的问题。1984 年，长城饭店获知时任美国总统里根将于 4 月 26 日到 5 月 1 日访问中国，便决定借机举办一次大规模的公关活动。饭店首先成功争取到了 500 多位中外记者的接待业务，在时机成熟以后，又把目标瞄准了高规格的里根总统的答谢宴会。这在以往几乎是不可能的，因为这种规格的宴会通常都在人民大会堂或美国大使馆举行。为获得承办答谢宴的机会，长城饭店先向中美两国礼宾司的首脑及有关执行部门的工作人员详细介绍饭店的情况并赠送了相关资料，然后把重点放在了邀请各方首脑及各级负责人到饭店参观考察上。在看过长城饭店的设施、店容店貌、酒菜质量和服务水平之后，中美官员当即拍板。当然，答谢宴也争取到了里根总统的同意。获得承办权之后，饭店经理立即邀请中外各大新闻机构到饭店租用场地，实况转播美国总统的答谢宴会，并表示：如果转播时提到长城饭店，收费可以优惠。答谢宴会举行当日，中美首脑、外国驻华使节、中外记者云集长城饭店。电视上在出现长城饭店宴会厅豪华的场面时，各国电视台记者和美国三大电视广播公司的节目主持人异口同声地说：“现在我们是在中国北京的长城饭店转播里根总统访华的最后一项活动——答谢宴会……” 在频频的举杯中，长城饭店一次又一次地展现在世界各地民众的面前。里根总统的夫人南希后来给长城饭店写信说：“感谢你们周到的服务，使我和我的丈夫在这里度过了一个愉快的夜晚。” 此后，各国访问者、旅游者、经商者慕名而至。其中，有 38 个国家的首脑率代表团访问中国时，都选择在长城饭店举行答谢宴会，以显示自己像里根总统一样对这次访华的重视和访问的成功。长城饭店从此名声大振，而承办里根总统答谢宴也成为公关史上一个成功的案例。① 这可谓是公关与新闻互动的先声。

健力宝公司创办于 1984 年，创办当年即成立了公关部。靠着“国内首创运动型饮料”的定位，健力宝成为了中国代表团参加洛杉矶奥运会的自带饮料，并贷款 300 万元赞助运动员。② 在这届奥运会上，中国代表团最终取得 15 枚金牌，位居金牌榜第四名。奥运会的巨大成功，也使得作为中国代表团专用饮料的健力宝获得了难以想象的关注度。在日本记者侦察中国女排成功的奥秘时，中国姑娘却一人端着一听白罐子红字的饮料轻轻吸吮，“健力宝”三

①　星岛环球网 . 办里根访华答谢宴　长城饭店声振海外［EB/OL］. http：// www. stnn. cc/feitures/relationCA/200707/t20070718_ 578143. html.

②　李凤梅 . 产品再定位的方法［J］. 企业改革与管理，2002（10）：22.

个红色大字赫然在目。次日，日本《东京新闻》发布了一条《中国靠"魔水"快速出击》的新闻报道，报道中写道："中国队的背后，有一种'魔水'在起作用，只要喝一口'魔水'，精力立刻就充沛起来。这种新型饮料也很可能引发一场革命，世界各国都将努力分析'魔水'的成分……"随之，《羊城晚报》也发表了《中国"魔水"风靡洛杉矶》的文章，这使健力宝的企业形象迅速提升，甚至成为国内最受追捧的运动饮料。

二、公共关系的进一步发展

20世纪80年代中后期，中国出现第一个"公关潮"。这期间，一大批大型企业和一些较先进的中小企业先后设立了公共关系部，或委派专职人员，开展公关工作，并取得了较大的实践成果。我国内地的专业公共关系公司和公共关系协会相继成立。我国第一家独立的公共关系公司是中国环球公关公司，它成立于1986年7月，由美国博雅公司与新华社下属的中国新闻发展公司合作成立，经营代理美国博雅公共关系公司及其客户在中国的公共关系事务，同时代理中国各大公司在海外的公共关系事务。继中国环球公关公司之后，上海、广东、天津等省市也成立了专门的公共关系公司。

1987年5月，我国权威性的公共关系社团组织——中国公共关系协会成立。此后，全国各省、直辖市、自治区以及若干大中城市纷纷成立地方性公共关系协会或学会。

各种类型的公关讲座、教育培训也遍地开花。我国第一个公共关系培训班是深圳市总工会1985年1月举办的公共关系培训班。在此前后，深圳大学、中山大学、北京大学研究生院、首都师范大学、复旦大学、清华大学、中国人民大学等相继讲授公共关系课或开办公共关系专业；首届国际公共关系专业研讨会于1988年5月在北京举行，来自美国、英国、日本、新加坡、泰国的公共关系专家和中国的理论研究人员进行了交流探讨；公关专著、专业刊物越来越多。1986年11月，由中国社科院编著的《塑造形象的艺术——公共关系学概论》正式出版。同年12月王乐夫、廖为建等人的公共关系专著问世。1988年1月，中国第一家公共关系专业报纸——《公共关系报》（由浙江省公共关系协会主办）在杭州创刊，向全国发行。1989年1月，中国第一份国内外公开发行的公共关系专业杂志《公共关系》（由陕西省公共关系研究会和中国公共关系专业委员会联合主办）在西安创刊。短短几年间，公共关系在国内得到了广泛的认可和迅速的发展。

20世纪90年代以后，公共关系进入成熟稳定发展时期。首先，中国公共关系得到党和国家领导人的高度关注和重视。1991年5月，中国公共关系协会在北京召开全国公共关系工作会议，党和国家领导人李瑞环、薄一波等向会议致贺词，他们在贺词中充分肯定了我国公共关系事业取得的引人注目的成绩，明确指出了我国公共关系事业的发展方向和根本任务，这在全国产生了重要影响。其次，公共关系的教育和理论研究日渐成熟。1994年4月，中国国际公共关系协会成立，促进了中国公共关系理论和实务的研究；同年，教育部批准中山大学开办公共关系本科专业，此后，一些知名高校开始尝试招收公共关系方向的硕士生、博士生。据不完全统计，到20世纪90年代中期，国内已出版公共关系专著、教材、译著、论文集和工具书等近400种，其中有的已得到读者的欢迎与认可，产生了较广泛的社会影响。1990年7月，中国公共关系协会委托中国公共关系研究所，组织召开第一届全国公共关系理论研讨会，此后到1996年，每年都召开一届全国公共关系理论研讨会，每次会后都编辑出版会议论文集。再次，公共关系实践水平和效果有了进一步提高。如引进CIS设计等新的内容，加大策划力度，企业形象塑造和市场营销为主的企业公关取得了不凡的业绩，公共关系工作领域有所拓展和突破、公共关系活动主体多元化等。最后，公共关系职业被纳入国家正式职业行列。1999年，国家劳动保障部将"公关员"正式列入《中华人民共和国职业分类大典》，明确公关员的职业是从事组织机构信息传播、关系协调与形象管理事务的咨询、策划、实施和服务等，规定在2000年12月开始进行国家级公关职业资格认证考试，公关人员必须持证上岗。2004年，国家职业资格工作委员会公共关系专业委员会颁布了《公关员国家职业新标准》，增加了国家一级公关师和二级公关师标准。这标志着我国公共关系职业化程度越来越高。

三、公关新闻的发展

随着公共关系的日益发展，公共关系的理论化和职业化水平逐渐提高，公共关系和新闻的互动与结合的情况也日渐增多。但在不同时期，我国企事业单位通过新闻媒体进行新闻公关的情况又有所不同。

（一）20世纪80年代初到80年代末

从20世纪80年代初至80年代末，公共关系和新闻的互动与结合多表现为：企业邀请新闻记者参加本单位的庆典仪式、剪彩仪式、新闻发布会、娱乐联欢会、形象展览会、产品展销会等，以使新闻记者从中挖掘具有新闻价值的事实进行报道，从而宣传、展示企业的良好形象，融洽和相关公众的关系。或由企业的公共关系人员把本单位日常经营管理活动中具有浓厚的新闻色彩和独特的新闻价值的内容报道出来，或把宣传本单位形象的东西进行发掘和整理，然后主动提供给新闻媒体，由新闻媒体进行发布。如企业的社会赞助或其他公益行为，因为既能反映企业的社会责任意识，还能为政府分忧，为其他相关公众解决实际问题，或培养公民的社会责任感，有效促进社会公序良俗的形成等，所以就经常被作为新闻素材提供给媒体，以利用新闻报道，实现有效沟通和塑造形象的传播目标。

前文提到的白云山制药厂在成立公关部以后，就设专职人员和新闻界联系，经常结合自身的经营管理情况撰稿给新闻界，邀请新闻单位工作人员出席企业重大活动，包括庆祝活动、向社区开放工厂活动等，热情接待来访记者并主动、如实反映情况。制药厂还投资举办更多形式的公共关系专题活动，赞助社会福利事业和文艺、体育、教育事业。如1985年，该厂与有关部门协商承办了广州足球队，接着又组建了广东省第一个轻歌剧团，这是国内创办文体事业的先例。白云山制药厂以形象投资、信誉投资赢得经济效益的公关战略引起了国内许多企业的关注和效仿，也吸引了新闻媒体的采访与报道。《经济日报》在1984年12月26日刊载了有关白云山制药厂公关工作的通讯以及与此相关的社论之后，白云山制药厂在全国的声誉大振，产品订户大增。

1989年，北京市公共关系协会（当时叫北京市公共关系学会）和北京公关报社接受北京市文明城市建设协调办公室和亚运会组委会宣传部委托，进行"亚运会公众心理"调查，调查对象主要是北京市市民，经费自筹。这是我国公关界首次接受政府部门的正式委托，就一个群众广泛关心的重大事件进行全面的民意调查。当时，北京市公共关系协会创立不久，社会知名度还不高。为科学地掌握亚运会召开之前社会各界公众的真实心理，为来年市政府和亚运会组委会的领导和宣传工作提供决策的科学依据，北京市公共关系协会和北京公关报社先后召开协会会长办公会和常务理事会，专门成立活动领导小组，制定了周密详尽的活动方案，同时还非常注意加强与新闻媒体的联络，不失时机地利用调查活动展开和调研成果两大新闻由头进行宣传。据不完全统计，在历时数月的调查活动中，除公关界自身的报刊外，《经济日报》、《中国经营报》、《北京晚报》、《首都信息报》等分别多次报道了活动情况，且发稿多在头版。这既有利于调查的顺利进行，也实实在在地宣传了协会，提高了协会的知名度，扩大了协会的社会影响。

（二）20世纪90年代以后

自20世纪90年代以来，企事业单位的新闻性公共关系活动除了20世纪80年代常见的具有普遍性的常规活动以外，创造性的公共关系活动更加引人注目。企事业单位尤其是企业单位常以创新思维指导、筹划、组织、举办具有新闻价值的活动或事件，以吸引新闻传播媒介与公众的关注和兴趣，创造报道传播的事实前提，并使企业成为新闻报道中的主角，从而达到提高企业认知度、美誉度、和谐度的目的。虽然有的公关新闻带有明显的策划、制作的痕迹，甚至有炒作嫌疑，但可以看出社会组织在公共关系方面的追求和做法：为了利用新闻报道形式塑造形象、协调关系、优化环境，已经有意转变"围着媒体做公关"的被动局面，主动学习、了解新闻传播规律，熟悉新闻媒体的工作原则和方法，掌握公关策划的技巧，将创造具有轰动效果的公关新闻作为公关艺术来对待。

1994年8月19日，浙江的《钱江晚报》上刊登的引题是"尝试零售经销新方式，公开千余商品经销价"，主标题是《金龙商厦成为首家"十点利"商场》的新闻报道就是一则颇具影响的公关新闻。金龙商厦是1994年2月5日开业的，到8月20日举办"十点利"之前，总营业额只有1140万元，每天的销售额通常只有四五万元，6个月下来，商厦亏损48.9万元。为摆脱困境，寻找生机，金龙商厦以强烈的前瞻意识和勇于创新的精神，提出零售经销的新思路：将该商场的千余种商品，在"十点利"的前提下确定零售价。即从厂家直接进的商品，以厂家的含税发票价为基础点，从企业外批发单价进的商品，以批发单价的含税发票价为基点，在上述基础上附加10%的毛利率来确定零售价，并将这些价格用标签牌的形式一一写明，全部向消费者公开。按照这一思路进行零售经销的方式在1994年可以说是"革命性"的，因为在那个时候，中国的商业企业还都习惯于躺在高利润的"摇篮里"睡觉，从来都没想过有人会以这样一种大胆和公开的方式把他们从高利润的"梦里叫醒"。所以，这一信息一经发布，就引起了媒体的普遍兴趣。《钱江晚报》不仅在头版头条刊登了一篇有关"十点利"的报道，还专门加了编者按，以引起读者的重视。就在同一天，杭州的其他主流媒体也作了相关报道。随着事件的发展，《钱江晚报》又多次进行报道。1994年8月23日，《钱江晚报》在头版头条刊发《日营业额猛增六倍创下商界纪录，金龙商厦在杭引起冲击波》的消息。

1994年8月28日，《钱江晚报》在头版头条再次刊发金龙商厦的新消息《金龙商厦"十点利"昨创四十万销售纪录》。1994年9月3日和9月7日，《钱江晚报》又登出《今夏杭城商界两大新闻热点的启示》和《金龙商厦"十点利"通过"考试"》的报道，并配发了评论《平抑物价的好举措》，进一步扩大"十点利"和金龙商厦的知名度和影响力。在金龙商厦因为实施"十点利"而遭遇一些供货厂家抵制的情况下，《钱江晚报》及时登出《金龙商厦实施"十点利"使消费者大受其益》的报道（1994年9月15日），并又配发了一条评论《为"十点利"喝彩》，旗帜鲜明地支持"十点利"，鼓励金龙商厦。1994年9月16日，《钱江晚报》记者在采访杭州市物价局局长后，发表专访文章《"十点利"销售是平抑物价的举措，物价部门全力支持并加以保护》。在《钱江晚报》强有力的舆论宣传和引导下，许多供货厂家改变了态度，纷纷向金龙商厦供货。

此间，从中央到地方的70多家媒体（包括新华社、《经济日报》、《中国商报》、《中华工商时报》、《新民晚报》、《羊城晚报》等）都详细地报道了"十点利"销售法。许多媒体对金龙商厦的"十点利"销售还做出了很高的评价："'十点利'在某种意义上甚至可以说宣告了中国微利时代的到来"；"金龙商厦的'十点利'已经成为中国商业发展史上的一个重要分水岭"；"中国商业第二阶段的低价竞销兴起于1994年的杭州金龙商厦，其推出的金龙'十点利'销售法引起了全国商界的轰动，由此引发了中国零售业的'平价潮'"等。

媒体的报道不仅引来了消费者的热烈反应，使原先偏居杭州武林广场一隅，被周围杭州百货大楼、杭州大厦购物中心、国际大厦购物中心和新天龙商厦等大商场"湮没"而门可罗雀的金龙商厦一下子变得顾客盈门，摩肩接踵，成了杭州城里最"旺"的商场，而且在全国掀起了一股探讨和仿效"十点利"的热潮，当时全国各地来了大量的"参观取经者"，由于人数实在太多，还让金龙商厦有点不堪重负。火爆的人气给金龙商厦带来了良好的经济效益：1994年9月除税营业额高达846万元，日均28万元，一天顶原来的5天，并当月扭亏，获纯利15万元。金龙商厦自此由一家杭州的小商场变成了一家具有全国知名度的商场。在金龙商厦的影响下，全国还涌现了许多"十点利"商场甚至"八点利"商场，如杭州本地的南元百货和盛时达商场就打出了"八点利"的旗号。①

---

① 郭羽. 新闻策划的前瞻性原则［EB/OL］. http://wenku.baidu.com/view/3618bfd226fff705cc170a38. html.

众所周知，对于每日出版的报纸来说，当天的报纸在凌晨就已开印，所以白天发生的新闻只能在第二天刊登，但金龙商厦的"十点利"消息，《钱江晚报》及杭州的主要报纸却都在当天就及时进行报道，而且《钱江晚报》进行了连续的追踪分析报道。显然，这一新闻事件是由《钱江晚报》和金龙商厦共同策划、共同参与的。由于事件本身涉及"商家究竟是通过暴利手段来获取市场，还是以消费者为中心，薄利多销，取信于民"① 这一社会难点也是热点问题，具有很高的新闻价值。在经过《钱江晚报》和其他媒体连续多次报道后，取得了良好的社会效益和经济效益，所以，对杭州金龙商厦"十点利"的新闻报道是公共关系利用新闻报道的典型之作，是企业和媒体的一次成功联动。由此，《金龙商厦成为首家"十点利"商场》的报道也被评为第五届中国新闻奖二等奖。

（三）媒体策划新闻事件的出现

自 20 世纪 90 年代以后，公关和新闻的结合与互动又有新的表现：新闻媒体突破新闻报道者的角色，主动策划可供报道的新闻事件。也就是说，公关直接介入新闻传播中，新闻媒体既是新闻报道者，又是公关新闻事件的策划者、被报道者。

20 世纪 90 年代以前，我国传统媒体是卖方市场。各类主流媒体受到行政权力的多重保护，垄断性强，有"皇帝女儿不愁嫁"的优越感。党报、党刊与电台、电视台之间局面和谐，经常围绕中心任务联手运作，共同主导着新闻宣传与信息联播。但进入 20 世纪 90 年代后，这种局面就发生了变化。

1992 年 10 月，中国中央电视台国际频道通过卫星直播可供 60 多个国家和地区的华人直接收看，一时间在我国形成了"央视为主，一家独大"的市场格局。20 世纪 90 年代中期，随着省级电视台的纷纷上星，原有的电视格局被打破，形成了央视、省级卫视、省级非卫视等多元发展的新局面。与此同时，随技术的发展和进步，电视频道数量也呈爆炸性增长，各电视台影视频道、体育频道、音乐频道、交通频道、女性生活频道等专业频道不断涌现。到1995 年，全国大部分 100 万人口以上的大城市均能收到频道多达 10 个甚至更多的电视节目，经常是这个频道的节目刚完，那个频道的节目已经开始，甚至

---

① 冯晔. 对新闻参与功能的成功尝试——对杭州金龙商厦"十点利"连续报道的体会 [J]. 新闻记者, 1995 (11)：21.

两个频道同时在播热门的电视连续剧。而电视台的频道扩张又需要大量广告经费支持。此时，媒体等待别人邀请的"强媒体"时代即将过去，应对选择的时代已经到来。为推销自己，联系广告客户，越来越多的电视媒体认识到品牌打造的重要性和必要性，并通过必要的公关活动打造形象、扩大影响。

1993年9月3日，中国举办全球华语电视交流会，参会人员是来自全国各省、自治区、直辖市电视台的负责人与来自中国台湾、中国香港、中国澳门及美国、泰国、新加坡、英国等国家的电视台同行。中央电视台台长杨伟光在发言中提出：中国电视要想逐步进入世界，就要发挥全系统优势，加强华语电视台间的团结合作，提高节目质量，培养高水平的编播技术人才，用世界一流的先进技术武装全台。之后，其他的代表、同行也就相关问题进行了交流和探讨。这是第一次全球从事华语电视高层次的交流会，是中国电视业首次敞开大门学习西方电视经验的大会，同时也是顺应时代之举。此后，越来越多的电视媒体更明确地认识，不能再充当"说教者"的角色，应该发挥其自身的优势，建立起与受众友好的关系，并逐渐树立公众意识，努力通过各种手段吸引受众的注意力，维持受众的注意力。但媒体的行政体制也在一定程度上制约了公共关系活动的开展和效果。

与此同时，我国报业也出现了良好的发展势头。新报、新刊层出不穷。1992年平均每两天就有一份新报纸问世，1993年平均每天出现一份新报，1994年略有调整，但也是每三天就有两份新报纸创刊发行。同时，一家大的报纸出现旗下有好几份报纸的情况，报纸扩版的势头也是有增无减。依靠着增版、扩版和新出各种各样的系列报纸，报业营造出了一股声势浩大的"千军万马"，但从受众的总量来说，新的发展不多，固有的失去不少，处于稳中求升的守势。为了打开市场、谋求发展，许多报纸从传统的行政手段管理生产转向用企业方式管理生产，在考虑刊登内容和版面安排时逐渐把买方市场的需要作为主要的因素，在"好卖"上下功夫。同时，不断强化报纸服务功能，努力把报纸办成人们必读的"基本生活资料"，使报纸的"必读性"成为稳固地维系报纸与读者的可靠纽带。当然，报纸市场还不是一个完全的竞争市场，在很大程度上仍旧是有赖于政策和行政干预的计划市场。但它的形成和出现，对于今后新闻改革的发展和影响，确实是一个不以人们主观愿望所能否定的事实。

20世纪90年代中期以后，随着新闻竞争的加剧，报社的经营效益开始两极分化，报业经营中显现出规模效益的力量。为适应社会主义市场经济新形势，顺应国际报业发展潮流、参与国际报业竞争，推动出版业由规模数量向优质高效转化，由粗放式经营向集约化经营转移，图书和报纸出版开始向集团化方向发展。

以1996年中央批准成立《广州日报》报业集团为标志，至2002年底，全国共组建39家报业集团，报业集团的全国性布局基本形成。这一时期虽然我国绝大多数的传媒单位在编制上仍属于事业单位，但随着产业化进程的推进，报业集团在经营机制上迅速朝企业化的模式探索，众多的报业集团经营思路更开阔，公共关系手段更先进，公共关系技巧更娴熟。

继报业集团化之后，2000年11月，广电总局下发《关于广播电影电视集团化发展试行工作的原则意见》，广电资源重组拉开序幕；2000年12月，我国第一家省级广电媒体集团湖南广播影视集团成立，这成了我国广播影视体制创新的重要标志；2001年12月，中国最大的传媒集团——中国广播影视集团成立，成员包括中央电视台等。2002年1月，《家庭》成为中国第一家期刊集团。由此，我国传媒业逐步进入集团化发展时代。集团化的发展使传媒企业的组织规模、产品结构、市场范围等都将不可避免地发生重大改变。与此同时，由于世界传媒巨头的虎视眈眈，国内传媒业的竞争形势和市场格局的改变，中国传媒业集团化的发展面临着严峻的挑战，这就需要传媒机构整合各种资源和各方面能力，在创新内容产品、塑造差异化品牌、彰显个性和特色诸方面培育其核心竞争力。

近几年，随着环境、技术、经济社会的变迁，传媒业发生了翻天覆地的变化。尤其是新技术、新媒介的不断涌现，给媒体市场格局带来前所未有的震动。在此情况下，越来越多的媒体更加着眼于长远的品牌建设，运用公关手段进行各类公众关系管理和维系，建立和传播媒体的综合品牌形象，进而增强媒体在市场经营中的竞争力。

这一切为新闻媒体开展公共关系活动营造了必要的内、外部环境。由此媒体策划新闻事件的现象日益普遍。目前，媒体策划的新闻事件已经呈现出多种类型：媒体倡导、参与的公益慈善活动；媒体的周年庆典活动；媒体发起组织的行业论坛；媒体直接宣传、展示自身形象的公关活动；媒体配合政府主旋律宣传的公关活动、媒体组织受众参加的比赛活动等。而且，它已经成为媒体新闻报道不可忽视的一部分。

思考题：

1. 辨析"公关新闻"这一概念。

2. 举例谈谈你对公关新闻的理解。

第四章 公关新闻策划

第一节 相关概念的解释和说明

一、公关新闻策划

策划是一种谋略、谋划、设计、筹划或计划、打算，它是个人、组织或社会团体为了达到一定的目的，在充分调查内外部环境的基础上，按一定的方法、遵循一定的规则对即将发生的事情进行系统、科学、周密的预测并制定相应的可行性方案的过程。

公关新闻策划是企业、政府、学校、医院等社会组织结合自身公共关系现状和目标要求，对以事实为依据，以最新为特点的信息进行制造、加工、选择、编辑、传播、反馈等一系列活动的谋划、设计过程。它有广义和狭义之分。广义的公关新闻策划既包括新闻的制造、加工、选择、传播的过程，也包括与新闻媒体的协调与沟通过程。狭义的公关新闻策划则是指策划、制造新闻事件的过程。这里所讨论的是狭义的公关新闻策划。

二、各利益主体及其公共关系

公关新闻策划的利益主体是公关新闻策划结果的受益者，它包括企业、政府、医院、学校、新闻机构等社会组织以及非组织。目前的公共关系著述中，大多都将公关新闻策划的利益主体界定为相对独立地存在于社会之中的各种社会组织。而从实践层面看，社会组织并不是唯一的公关新闻策划的利益主体，除社会组织外，还有个体和不成组织的群体。其目的是为传递一定的信息，影响公众的看法和态度。

实例一：据《深圳商报》2004年11月17日报道，深圳一个小女孩倩倩身患肿瘤，家中无钱医治，其母一筹莫展。有个新闻线人为了使事件更富有新闻性，就让这位母亲沿街乞讨，然后，他向媒体爆料。此事报道出来后，引起了社会的关注，短短几天就为倩倩捐款几万元。

实例二：据《新京报》2009年6月10日报道，被称为"武汉最牛跳楼秀导演"的章和进，自从2008年初以来，为讨薪无门的农民工策划过多起"集体跳楼"讨薪事件，每次都预先向多家媒体和有关部门爆料，结果大多数策划都取得预期目的。章和进总结成功的经验，认为记者的报道是关键。①

第一例中患病女孩的母亲沿街乞讨的目的就是博得众人的同情，获得社会的帮助；第二例中集体跳楼的农民工也不真是为了自杀，而是通过自杀的方式"把事情闹大"，引起媒体和公众的注意，给欠薪老板施加压力，最终讨回工资。显然，这两个事件中的乞讨妇女、农民工都是非组织性的。

这种非组织性的公关新闻策划和组织性的公关新闻策划相比，具有一次性、简单性、雷同性的特点。多数非组织性公关新闻的利益主体属于社会弱势群体，他们或遭受不公正待遇或遭遇不幸的事件。通过公关新闻策划，只要能解决问题，满足基本需求，他们一般不会再次策划、多次策划，不会像企业等社会组织那样把公关新闻策划当作宣传组织形象的常规手段之一。而由于利益主体自身及周围条件所限，非组织性的公关新闻策划往往比较简单，手法、实施过程、事件场面一般都不及组织性的公关新闻策划那样花样繁多、场面壮观。而且这些策划相互之间类型重复、手法相似，不像组织性的公关新闻那样追求新奇，力避重复。

目前，非组织性的公关新闻越来越多，若以"自杀秀"为关键词在百度上进行搜索，搜到的相关结果约1290000个；以"跳楼秀"为关键词在百度上进行搜索，搜到的相关结果约282000个（搜索时间是2013年2月19日）。当然，这不是说所有的"秀"事件都是非组织性的公关新闻策划，但起码可以肯定非组织性的公关新闻策划已占有相当的比重。

由于非组织性的公关新闻策划的特殊性，也为了学术对话上的方便和顺畅，关于公关新闻策划的利益主体这里只涉及社会组织。

---

① 丁亚韬，熊国荣. 非组织公关新闻策划初探［J］. 新闻前哨，2010（7）：14.

（一）关于社会组织①

社会组织是指人们为了有效地达到特定的目标，按照一定的宗旨、制度和系统建立起来的共同活动集体。其基本特征有三点：

1. 目的性

任何社会组织的建立都有明确的社会目的，都有本身的目标追求，社会组织存在的目的往往就是试图通过自身的努力达到所期望的目标。社会组织存在的目的是确立其宗旨、原则和运行规范的依据，是协调组织人力资源、发挥组织群体效应、实现组织目标的前提和基础，也是区分不同社会组织的类别、性质和职能的基本标志。社会组织的存在目的对组织的生存与发展具有导向作用，对组织成员具有统一认识、规范行为的作用。

2. 整体性

社会组织是社会的一个组成部分，有着严密的组织机构和足够数量的组织成员。组织内部各部门、各成员之间既有明确的分工，又有机地构成一个整体，组织成员有着共同的追求目标和利益保障。在社会组织的形象塑造和传播的过程中，在新闻性公共关系活动中，应充分认识到组织的整体性，注重组织的全方位、整体性的形象管理，充分调动组织各部门及各方面成员的积极性。只有整个组织形象目标明确，形象识别系统统一，步伐协调一致，全员积极参与，才能确保公共关系的效果。

3. 变化性

社会组织生存于社会环境之中，社会发展及相应的社会环境的变化对社会组织的生存与发展必然产生一定的影响。组织的新生与消亡，在某种程度上，也往往要取决于社会环境的变化。因此，可以从两个方面理解和把握社会组织的变动性：一是社会环境是不断变化的，要适应这一变化，社会组织就应适时地进行目标、功能、机构及人员的调整；二是社会组织本身也是要不断发展变化的，在不同的发展时期，组织的形象目标也会有所不同。因此，在进行形象目标的设计中，应充分考虑到社会组织的变动性特征。

社会组织为数众多，形式多样，而不同的社会组织性质、功能、特点各不相同，其公共关系对象也有明显差异。下面将对公共关系特别是公关新闻报道有较多应用的几类社会组织逐一列出，并分析其公共关系特点，以期对社会组

---

① 李道平等. 公共关系学 [M]. 北京：经济科学出版社，2000.

织的公关新闻策划有一定的实际意义。

（二）政府组织

政府组织是指由国家财政税收来维持，对国家和地方的各方面事务具有指导、管理、规划、协调、服务、监督、保卫等基本职能的各类权力和行政组织，包括各级政府机关，各个行政部门和司法机关、警察、军队等。在当代中国，政府是一种极其重要却又相对特殊的社会组织，其影响和作用遍及社会的各个领域，代表着国家的权力和形象，同时又是社会关系的枢纽。它和社会公众的联系最为广泛、密切，最需要得到公众的支持，它又受到公众的关注，引起各方的批评，承受巨大的压力。所以，政府组织非常需要通过有效的公共关系，密切与公众的联系，争取广大公众的信任和支持，这对形成稳定和谐的政治局面，树立政府的威望与形象，提高政府的办事效率至关重要。

但这里所说的政府组织的公共关系不是自在的公共关系，即不自觉的、隐含在政府与公众中的、不明朗的政府公共关系，而是自为的公共关系，即自觉的、主动展示和完善政府与公众关系的、明朗的政府公共关系。这种意义上的政府公共关系，主要内容有：

1. 上情下达的信息发布

政府组织要通过一定的信息传播媒介和渠道将政府各项活动和方针、政策、决定、计划、方案等，向社会公众进行传播，确保上情下达。如各种法律法规的制定和颁布，国家及各级政府预算和计划的制定及实施情况，各级机构的变动和人员的任免，国家有关财政、金融、贸易等经济领域的重大决策，国防外交的重大决策，重大建设工程项目的可行性分析和实施结果，各地发生的重大事件及各级政府采取的措施，国家和各地面临的政治、经济、能源、交通等各方面问题，通过一定的媒介和渠道向公众发布，以使各界公众了解情况，积极支持和配合政府的工作。

2. 下情上达的信息收集

政府组织要通过各种渠道和运用各种传播媒介来收集各界公众的意见、建议和要求。如公众对各种政策的意见以及实施结果的信息反馈，对各级政府领导和工作人员的看法、评价等。

政府组织的公共关系传播途径主要有：召开新闻发布会或记者招待会，接受记者采访，组织报告会、演讲会，安排集体参观，向新闻记者提供新闻稿，向各界公众发放宣传手册或专门资料，设立处理群众来信来访的信访机构，直接深入群众中调研，举办座谈会、各种专题展览，进行民意测验，开通政府热线、电子邮箱，开办官方微博等。

(三) 企业组织

企业组织是依法设立的从事营利性的商品生产、流通或服务性经营活动，进行独立核算的社会基本经济组织。它们遍布于社会的第一、第二、第三产业。尽管企业有行业、产业、所有制形式的不同，也有自身经营业务、产品、规模上的差异，但它们都无一例外地要参与市场竞争，要面对市场和顾客，并以盈利和实现资本增值来维持自己的生存和发展。因此，企业必须通过科学的管理实现有形资产和无形资产、企业自身资源和社会资源的最佳配置与组合，保持旺盛的创新、产销和服务能力，以使自己在激烈的市场竞争中掌握主动。这决定了企业与公共关系的不解之缘。无论在国内还是在国外的公共关系领域中，企业公共关系都是发展最快、影响最大的一个分支。企业公共关系的目标是内求团结，外求发展，即在企业内部建立不断增强企业凝聚力和向心力的人和环境，在企业外部则通过促进产品销售，树立良好形象和信誉，赢得社会公众的支持与合作，创造最佳的舆论环境，促进企业的生存和发展。

和其他社会组织相比，企业面临的外部公众对象最多，且需求最复杂，利益矛盾和冲突也最为突出，不仅存在着合作者的利益需求，还存在着竞争者、媒介和政府的种种挑战、监督与制约。由此，企业公共关系的内容也更为复杂。如收集顾客消费特征及其变化的信息，包括顾客的消费行为、动机、习惯、心理等；收集原材料供应商（对生产企业而言）和生产厂家（对商业企业而言）的信息，包括对方的发展历史和传统、经营状况、管理能力、市场销售范围、销售渠道、销售网点、产品竞争能力、市场占有情况等；收集市场容量的信息，包括某种商品的市场容量的大小，市场上替代品和潜在替代品的情况，今后可能增加或减少的市场容量；通过改善服务态度，增加商品品种，开展完善的售前、售中、售后服务，增辟有特色的服务项目，树立企业形象；利用开张、周年纪念、新设施落成、重大的项目突破等机会，广邀社会各界和新闻机构参加活动，以扩大企业组织的影响；通过对危机事件的预防和管理来控制危机事件，把危机消灭在萌芽状态，并使公众正确认识危机事件，配合企业解决好各种问题，减少各种损失特别是形象方面的损失。

（四）事业组织

事业组织是指为适应社会需要而由国家提供资金设立的专门性机构。如大中小学、科研院所、医院、图书馆、博物馆、报社、杂志社、出版社等。由于这类组织提供给公众的产品既不同于物质生产部门提供给公众的有形的物质产品，也不同于商业、金融、旅游等非物质生产部门提供给公众的无形服务产品，而是带有精神性和知识密集等特点的特殊产品，如学校给公众提供的是知识产品，医院给公众提供的则是由医生的知识转化而成的为病人的服务。由此，事业组织在公众心目中的知名度、美誉度主要依赖其具有时代性、先进性、高质量的特殊"产品"。如学校要树立良好的形象，主要靠培养高质量的学生，源源不断地提供给社会各行业，同时不断向社会推出最新的科研成果。报社要树立良好的形象，主要靠它的优秀文章、品牌栏目。

但随着公共事业社会化、市场化改革的深入，事业组织要得到社会公众的认知和社会的承认，在竞争中争得一席之地，也同样需要精心策划，主动出击，通过公共关系活动形成和社会公众间的良好沟通关系。所以，公共关系的一般原则和方法对于事业组织公共关系的开展是完全适用的。事业组织通过公关传播扩大影响、树立形象的主要渠道通常有：向报刊投发新闻稿，邀请广播、电视台等新闻机构进行采访和报道；兴办社会公益事业和开展社会公益活动；举办或参加展览展销会等。

第二节　公关新闻策划的类型

从公关实际操作来看，为提高知名度、扩大社会影响，企业等社会组织以真实和不损害公众利益为前提，有计划地策划具有新闻价值的事件和报道材料，制造新闻热点，诱发公共关系新闻，这一过程就是公共关系新闻策划。根据新闻策划本身创造性程度的大小，它可以分为常规性公关新闻策划与非常规性公关新闻策划。前者策划的事件本身并没有多少特别之处，只是社会组织的常规活动而已，如新闻发布会、社会赞助、庆典仪式、形象展览、娱乐联欢等。但由于其传播内容具有新闻价值，所以能成为公关新闻。后者策划的事件往往新奇、独特、富有创意，能吸引新闻媒介和公众的关注与兴趣。

一、常规性公关新闻策划

(一) 新闻发布会的公关新闻策划

新闻发布会也叫记者招待会，是社会组织把新闻记者召集在一起，宣布有关重要信息，并让记者就此进行提问的一种特殊会议。由于新闻发布会上公布的信息真实、可信度高，有利于实现社会组织和新闻媒体之间的沟通，并通过这种沟通，实现社会组织和广大公众之间的沟通。所以，企业、政府组织等都会在适当的时候采取新闻发布会的形式，来对外统一发布信息。

要使新闻发布会成为企业等社会组织制造新闻热点、赢得舆论关注的重要渠道，会前策划至关重要。新闻发布，顾名思义，其核心的要素在于"新闻"。那么，要举办的新闻发布会到底有没有恰当的新闻由头，也就是说新闻发布中发布的信息是否具有专门召集记者前来予以报道的新闻价值。如果没有，发布会举行起来就会显得勉强，既浪费人力、财力、物力，又会给记者留下不好的印象。所以，会前务必要确定有"事实上的新闻"需要发布，如介绍企业的新产品、新服务、重大签约项目，政府的重要人事变动、重大政策的制定，解释或说明影响比较大的、公众比较感兴趣的某一问题等。如诺基亚手机曾以新的彩信照相手机作为新闻由头，特别举办记者招待会，邀请各大媒体的记者前去采访，并每人发一部诺基亚彩信手机，现场体验用手机写稿、编辑、发稿、拍照、传送照片等，用新的信息工具更加快捷方便地实现采访报道，记者们对新的采访工具普遍反映满意，所以关于诺基亚新款照相彩信手机的新闻出现在各大媒体的新闻版面上，受到受众的认可和支持，同时诺基亚新款手机的销量也大幅度上升。①

当然，只确定要发布的新闻事实还不够，要通过新闻发布会使记者对组织产生好感甚至倾心，还要选择合适的新闻发言人，并为新闻发言人的发言准备有效的稿子。就新闻发言人的选择而言，由于记者常常会发掘一些敏感的话题，提出尖锐深刻的问题，所以，所选择的新闻发言人必须是了解本组织的整体情况，熟悉有关的方针、政策、社会环境，对将要发布的信息的重要性和社会价值有清醒认识的组织高层领导。为新闻发言人准备所谓"有效的稿子"，是说所准备的稿子不仅要有情况介绍，即新闻内容的介绍，还要有问题模拟和

---

① 中国移动——诺基亚彩信手机新闻采访行动媒介关系案例 [J]. 国际公关, 2005 (3): 76.

答案准备，即预先从记者的角度思考可能会被问到的问题，再为这些问题一一找到回答的方法，从而为发言人的回答提供方便。

新闻发布会的主体可以是企业、政府等任何社会组织，甚至是个人，客体主要是报纸、杂志、电台、电视台、通讯社等新闻媒体记者。对新闻发布主体来说，邀请哪些媒体的记者参加、不邀请哪些媒体的记者参加也必须要事先考虑和安排。如果事先没有周密的思考和安排，把相关度不高的媒体记者也邀请来参加，发布的新闻对他们就不会有吸引力。如果邀请的相关媒体不全面，在传播的效果上也会不理想。

不仅如此，由于不同类型的媒体记者使用的设备不同，对会场的要求也各不相同，如印刷媒体的记者对会场要求较简单，电子类媒体记者对会场内的电源、光线等则都有要求。所以，在确定需要邀请的媒体记者后，还要有专门人员登记、解决记者的特别要求。另外，在策划过程中，还要做好两方面的材料准备，一是基础材料，二是新闻参考稿。基础材料有组织简介、产品简介、项目简介、相关事实曾经在媒体上的报道情况等；新闻参考稿是由组织的公关人员或办公室人员事先撰写的供媒体参考的新闻稿。如果预料到发布会后，记者可能会提出到生产现场、事件现场采访的要求，还要安排好记者的参观时间、参观路线等。

总之，以上这些都是在新闻发布会的公关策划中不可忽视的重要问题。

（二）社会赞助事件的公关新闻策划

赞助是资助的现代形式。它是通过提供资金、设备、设施、产品或免费服务的形式资助社会事业的活动。企业或其他组织在分析自身实力和所面临的社会环境的情况下，有计划地选择某一活动作为赞助对象，既能有效融洽政府、社区等公众关系，也能通过媒体的报道扩大社会影响，博得各类公众的好感，为组织的生存、发展创造有利条件。如果该项赞助的社会影响大，公众关注程度高，新闻媒体通常还会对活动进行追踪报道或系列报道，进行赞助的企业或其他社会组织等也会因此搭上顺风车，知名度、美誉度获得极大提升。在国外，企业及其所设立的各种基金会的赞助已成为许多发达国家教育、科技、文化、体育和社会慈善事业蓬勃发展的有效动力。在我国，随着社会经济和公共关系事业的发展，企业组织向社会的赞助也越来越多，赞助的项目类型也涉及社会的诸多方面。它包括：①赞助体育活动，如赞助某项体育运动或某次体育比赛，或承包某个体育项目或运动队的活动经费。由于公众对体育活动尤其是高水平的体育比赛较有兴趣，因此赞助体育活动能使企业及其产品在一定范围内获得关注，产生影响，提升知名度。②赞助文化活动，如赞助电视节目、电影或专场演出等，因为这些项目涉及的受众范围广、影响面大，所以有利于组织形象的传播。③赞助社会福利事业、慈善事业，如赞助康复中心、养老院、为灾区捐款捐物等，这既能取得相应的社会效益，也能获得政府的认可和关注。④赞助教育事业，如为学校提供图书、实验设备，建造运动场、教学楼、实验楼，为教师提供教学科研基金、为学生提供奖学金等。这会在帮助社会教育事业发展的同时，吸引教师、学生及家长的关注，使组织的公共关系状态得以改善。⑤赞助展览和竞赛活动，如赞助民间艺术博览会、世界博览会等，因这类活动是立体式的传播活动，所涉及的公众类型多、范围也较大，对活动进行赞助有利于提高组织的知名度。⑥赞助节日、庆典活动，如主办或协办某个节日活动，为某个庆典活动提供经费、设备和奖品等。这能帮助社会组织有效树立形象。⑦赞助学术理论活动，如赞助学术研讨会、社会征文等活动，因为这些活动的学术性、专业性，有利于组织取得相应的支持与合作。⑧赞助社会培训，如提供资金对某些公众进行专业培训，这既有利于组织提高声誉，促进组织的外部合作，还有利于组织吸引人才。建立某项特殊基金或专业奖励基金等，如建立文物保护基金、儿童福利基金、最佳摄影奖、最佳新闻写作奖等。这能博得有关部门、公众的好感，提高组织的美誉度。

要做好社会赞助策划，关键是找到恰当的赞助项目和对象。那么，怎样寻找恰当的赞助项目和对象呢？一是要考虑所选择项目和对象的社会意义、社会影响，分析新闻界对有关赞助项目的关注程度以及拟选择项目可能产生的社会效果，尽可能选择具有积极的社会意义、有广泛社会影响和良好发展前景的事业和项目。二是要考虑拟选择项目是否符合企业的品牌个性，即所选择项目与企业经营战略、内部文化、生产经营活动等是否具有高度的相似性、一致性。三是要考虑企业自身的经济实力，即根据企业自身的经济承受能力来确定赞助的规模和力度。

百年老店同仁堂，其形象的维护和提升与巧妙的新闻公关不无关系。从2003年的降价销售非典药品，并向社会捐款捐物，到赞助北京市群众体育"优秀品牌项目"——《北京市中老年健身项目表演赛》、北京电视台的健康节目——"养生堂"等，既较好地体现了同仁堂关爱社会、珍爱生命的发展理念，又能给社会公众利益带来良好效益。所以通过有效的新闻传播后，其在广大北京市民中的公益形象大大提升，在国民健康方面的地位得以巩固。

在前文已经提及的被称为中国"魔水"的健力宝,在中国家喻户晓,使健力宝名声大振的就是它的三次赞助活动。第一次是提供价值250万元的健力宝,作为我国运动员参加第23届奥运会的专用饮料。第二次是提供价值200万元的健力宝,作为我国第六届全运会的专用饮料。第三次是提供价值1500万元的健力宝和李宁牌服装作为我国运动员和记者参加在北京举办的亚运会的专用饮料和运动服。健力宝以中国体育事业作为赞助目标和对象,符合国人"发展体育运动,增强人民体质"的美好寄托和愿望,而赞助行为本身又具有公益性质和作用,容易吸引新闻界的关注和报道,三次大型体育盛会的成功,更使人们认识到健力宝的贡献,认识到健力宝是中国体育事业的支持者,促进了中国体育的发展。所以,健力宝的体育赞助不仅赢得了公众的好感与信任,增强了健力宝对公众施加影响的广度和深度,更使健力宝得到了社会的支持与合作。

(三)庆典活动的公关新闻策划

庆典活动是指社会组织在其内部发生值得庆贺的重要事件时,或围绕重要节日面向社会和公众开展的,旨在展现自身领导、组织能力、社交水平和文化素养,增强员工凝聚力,营造和谐氛围的庆祝活动。它可以是一种专题活动,也可以是大型公共关系活动的一项程序。随着社会组织公共关系意识的增强,其策划的各种庆典活动也越来越多。但一般的庆典活动简单、省时、易办,给人留下强烈深刻的良好印象的庆典活动则复杂、费时、难办。要把庆典活动办得热烈隆重、丰富多彩、吸引新闻媒介采访报道,必须要有精巧的策划与安排。对庆典活动进行公关新闻策划,应该注意:

第一,找到新闻由头,并发掘其潜在的新闻价值。庆典活动的新闻由头可以从组织内部的喜庆之事中发掘,也可以从组织外部的喜庆之事中寻找。组织获得"国际金奖"、"驰名商标"、"部优称号","公司成立10周年"、"商场开业"等都是组织内部的喜庆之事;每年春节、儿童节、三八妇女节、国庆等都是组织外部的喜庆之事。

第二,精心确定庆典活动的主题。庆典活动向外展示的是组织自身的形象,所以,组织应充分考虑组织的实力和公众的心理期待,精心确定活动的主题。只有主题新颖独特、内涵深刻,才能加深公众对活动的印象,才能吸引媒体报道。

第三,精心选择宾客。为烘托气氛,体现层次、规格,同时为一开始就造成与各类公众友好相处的印象，组织要精心选择宾客，并力争来宾邀请的全面性，如政府要员、社区领袖、知名人士、社团代表、同行代表、员工代表、公众代表和新闻人士等尽量都要邀请到，不要有遗漏。

第四，庆典现场的布置要体现宏大、隆重、喜庆的特点和基调。为突出庆典活动的隆重性、喜庆性，在现场要注意用标语、彩旗、彩灯、热气球、大红灯笼、和平鸽、吊旗、锣鼓队、管乐队、鲜花、鞭炮、大型立体显示屏、独特造型等来布置环境、烘托气氛。

第五，选择合适的主持人。庆典活动的主持人是庆典进程的核心，也是调节气氛、情趣的应变核心，所以，要保证庆典活动的效果，对主持人的选择也非常重要。一般地，组织应根据庆典活动的具体类型、内容，庆典活动的公关目标、资金预算等确定合适的主持人。

第六，妥善安排各项接待事宜和准备工作。庆典活动参加的人多，头绪复杂，各项接待事宜和准备工作要妥善安排和落实。如提前准备好签到或题词的纸张，来宾休息室，剪彩用的剪刀、彩绸带，交通车辆，摄影、录像、扩音设备等。活动中的迎宾、引导、接待、服务、送宾等工作人员也要提前到达工作岗位等。

第七，事先确定合适的致贺词、致答谢词、剪彩、揭牌等人员名单。为提高庆典活动的规格和档次，吸引新闻界和社会公众的注意，扩大组织的社会影响，其选择的致辞、答谢人员和剪彩、揭牌人员一般都是具有较高身份和级别的人员。如吸引包括中央电视台在内的十几家境内外电视台记者的"合肥海尔工业园"开业庆典，就邀请了当时的国家商务部部长、安徽省省长和合肥市市长。由于这些人员平时公务繁忙，所以一定要事先与他们确定下来，以避免被动或不利情形的发生。

第八，准备好给新闻媒介提供的新闻通稿。为给新闻记者的采访报道提供便利，在庆典活动期间，组织的公关人员应及时把庆典活动的基本情况、背景材料等送给新闻记者。如有比较重要的媒体记者因故没能来到活动现场，也要尽量把这些材料及时送达给他们，以使他们能够根据情况进行编辑并播发，从而扩大庆典活动信息传播的力度和覆盖面，展现组织的实力和影响力。

（四）展览会的公关新闻策划

展览会是组织通过集中的实物展示和示范表演来宣传组织产品与形象的综合传播活动。由于展览会的展品一般以实物为主，同时辅以现场的宣传讲解和示范表演，精致的实物、形象的画面、动人的解说、优美的音乐和生动的造型艺术的有机结合，能产生一种引人入胜的感染力；展览会本身及其展出的内容都具有一定的新闻价值，会吸引新闻界追踪采访；展览会的工作人员可直接与公众就双方感兴趣的问题进行交谈、讨论和解答，既让公众了解自己，也对公众有所了解。前来参观展览会的公众出于对展出内容的兴趣和热情，往往会对展会的盛况进行直接、间接的人际传播，从而扩大展览会在社会上的影响。所以，展览会是企业等社会组织的一种重要的公共关系专题活动。

　　展览会有多种形式、性质、内容和不同的规模。从形式上看，展览会有长期展览会、一次性展览会、定期更换内容的展览会；有室内展览、室外展览和巡回展览。从性质、内容上看，展览会有贸易性展览会、宣传性展览会；综合性展览会、专题性展览会。从规模上看，展览会有大型展览会、小型展览会和微型展览会。

　　要使展览会卓有成效，组织在确定举办展览会之后，应做好其公关新闻策划工作。

　　第一，明确展览会的主题和目的。主题和目的明确，才能提纲挈领，确定展览会的形式、与参观者的沟通方式和接待形式，有针对性地搜集各种参展资料。当然，每次展览会一般只能有一个目的、一个主题，否则展览会就会办得杂乱无章。已发展成为亚洲规模第二的专业展会——中国北方国际自行车、电动车展览会每一届都有较为明确的主题和目的。2010年3月25日至27日在天津开发区滨海国际会展中心和天津泰达体育场隆重举行的第10届展览会遵循"绿色、创新、开放、发展"的主题，认真贯彻"自主创新、提升品质、全面发展"的产业发展路线来搭建展会的平台。2011年3月31日至4月2日在天津梅江国际会展中心举办的第11届展览以"创新发展"为主题。2012年3月23日至25日在天津梅江国际会展中心和天津国展中心两个展馆隆重举办的第12届展览会的主题确定为：转型升级，创新发展。

　　第二，根据参观者的类型和数量，设计、制作展览会的展板，确定与公众的传播手段和沟通方式，保证展览效果。

　　第三，通过各种方式，及时了解公众对展览的意见和反应。长期陈列的展览，还要及时补充新的内容，使之既能反映组织工作的发展过程和最近成就，也更适合不同阶段公众的参观需要。

　　第四，准备好各种辅助宣传资料。如介绍参展单位和参展项目的幻灯片、录像带，关于展览会的说明书、目录表、宣传小册子和传单等。

第五，成立专门的新闻发布机构，负责与新闻界进行联系，制定新闻发布计划，邀请新闻媒介采访、报道、撰写新闻稿。通过向社会发布有关展览会的新闻消息，扩大参展单位乃至整个展览会的影响。

二、创造性公关新闻策划

创造性公关新闻是指公关人员以创新思维指导、筹划，以正当健康的手段组织、举办具有新闻价值的事件或活动，以引起社会公众和新闻媒介的密切关注和强烈兴趣，创造报道传播的事实前提，并使组织成为新闻报道中的主角，以达到提高组织知名度、改善组织形象、协调组织公众关系的目的。

创造性公关新闻的策划，就是"制造新闻"。和自然发生的、由记者采写而成的一般新闻不同，制造新闻是以公共关系人员为主导者，经过多方策划、安排而发生的。所以，成功制造有报道价值的新闻是以公关人员良好的素质为基础的。公关人员不仅要充分认识新闻媒介的性质、特点和作用，更重要的是要具备创造性的眼光，敏锐地捕捉一切可以利用的时机，策划具有刺激强度和新鲜度的新闻事件，以获得新闻媒介的宣传报道。

创造性公关新闻的策划具有不可重复性（因为不管是重复别人还是重复自己都会影响事件的新颖性和给公众带来的心理冲击力），没有可以套用的绝对模式，完全要公关人员凭借独特的创造能力和不同凡响的公关艺术到实践中去施展智慧、大显身手。当然，制造新闻不是哗众取宠、故弄玄虚、无中生有，它要以事实为依据，以新闻指导为规范，要有益于社会、有益于公众，所以，公关人员的创造性公关新闻策划还要注意利用有利的事由、时间、地点，采用别具一格的形式和方法、手段等来进行。

（一）巧妙利用社会热点

"热点"是指社会上新颖的、被人们普遍关注的事物或现象。它具有认知度大的特点，同时又具有社会性的特点。也就是说，"热点"不是什么人专有的，而是社会共同拥有的。不同时期有不同的社会背景、不同的社会话题，形成这一时期公众关注的特有的热点。公关人员如果能将制造新闻的手法与社会热点联系起来，从不同角度和层次寻找组织与公众共同关注的话题，所策划的公共关系新闻事件就会更容易吸引新闻界和广大公众的注意，从而获得曝光机会并提升自己原有的形象，建立良好的公众关系。近些年，申奥、奥运会的举办、西部大开发、上海世博会、低碳行动、厉行节约等社会热点，便先后被有识之士加以利用，成为公共关系类新闻事件策划的创意启发点。

如2009年12月，随着哥本哈根气候峰会的召开，气候变化成为金融危机之外全球共同广泛关注的议题。中国政府对国家节能减排低碳发展问题高度重视，并承诺到2020年实现单位国内生产总值二氧化碳排放比2005年减少40%~50%。发展低碳经济、推动绿色发展逐渐成为社会共识和发展潮流。在此背景下，中国平安保险股份有限公司为打造"优秀企业公民"形象，提升品牌价值和公司持续发展的能力；加强企业文化建设，提升公司凝聚力和员工的荣誉感、归属感和忠诚度；提高能源使用效率和运营绩效，助推公司绿色业务拓展，于2010年3月正式启动以"绿色承诺、平安中国"为主题，旨在履行环境责任，推动低碳发展的"低碳100"行动，主要内容是将100项低碳举措贯彻和落实到企业经营管理、业务发展、员工日常办公等环节中，从运营、业务和公益等维度，全方位开展绿色行动，建设低碳企业，推动绿色金融。此项活动很好地体现了中国平安强烈的环境责任意识，为综合金融品牌增添了更多绿色内涵。在活动进行过程中，新浪、网易、凤凰网等主要门户网站，《21世纪经济报道》、《经济观察报》、《财经》等主流财经报纸和杂志等都给予了极大的支持，并做了充分报道。①

2012年7月26日，在中国国际公共关系协会举办的第十届中国最佳公共关系案例大赛颁奖典礼上，中国平安凭借"低碳100"行动荣获企业社会责任类别唯一被授予的金奖。中国国际公共关系协会会长、前驻美大使李道豫以及其他协会领导和大赛评委等对中国平安进行了颁奖表彰。这一事实再次吸引媒体关注，人民网、搜狐网、东南网、《惠州日报》、《甘肃经济日报》等媒体都对此做了比较充分的报道。这一实例无疑是利用社会热点制造新闻的极佳说明。

（二）选择公众关注度较高的地点开展活动

何地（Where）是新闻报道的五要素之一，在新闻写作中要交代清楚是比较容易做到的。但对公关人员来说，活动到底在什么地点举行、开展，就需要认真斟酌、精心策划。同一件事，发生在国内与发生在国外，媒体和公众的关注程度会有所不同；同是在国内，在北京发生还是在北京以外的其他地区或城市发生，引起媒体和公众的关注程度也会有所不同，产生的影响力也会因此分

---

① 中国公关网. 中国平安"低碳100"CSR案例［EB/OL］. http：//www.chinapr.com.cn/templates/T_Second/index.aspx?nodeid=42&page=ContentPage&contentid=609.

出伯仲。被称为中国企业公关史上一绝的"双汇巧入天安门"一例，就是充分利用了"天安门"这一万人注目的热点地区。1994年6月28日，首都天安门广场彩旗飘扬，当北京市和国家有关部门的领导同志宣布"逛北京、爱北京、建北京"大型旅游文化活动正式开幕时，数千只信鸽同时飞起，把人们的目光引向天空。这时，人们惊讶地看到：十多个巨大、鲜艳的彩色气球下面拖着一条长长的布幅，微风吹来，布幅上红艳艳的大字格外醒目——华懋双汇集团漯河肉联厂祝"逛北京"活动圆满成功！双汇所在地的《漯河内陆特区报》率先报道这一消息，《河南日报》的评论文章把它誉为"河南省最成功、最典型的一次企业公关活动"。很快，这一消息重返北京，得知消息最早却顾虑重重的首都新闻界不再"沉默"了。先是《中国青年报》的《社会周刊》刊登了一幅新闻照片，图片下的文字说明中有这样一句耐人寻味的话：能否在天安门广场做广告，这个话题争论了好久，如今却被来自河南的一家火腿肠厂定论了。《中国经营报》把《广告首入天安门广场》这条新闻放在了四版头条，并配发了1200多字的评论。仅仅是吊在气球上的条幅，只因是在天安门广场，就引起如此轰动的效应①。

但选择公众关注度较高的地点开展活动，应该注意避免和国家、地方重要新闻在地点上的冲突，否则，会使媒体因对国家、地方重要新闻的高度关注而无暇顾及组织策划的新闻事件。

（三）借助名人

名人一般已在很大的范围内为公众所认知，且有较高的美誉度。因此，制造新闻时，有意识地把组织和社会名流、权威人士联系在一起，往往会产生特别的宣传效应，获得事半功倍的效果。借助名人来制造新闻的实例比比皆是。它们给公关人员的启发是："名人+活动"，一般都会产生公关新闻。

前文提到的中国平安"低碳100"行动，在2010年3月24日的启动仪式上，不仅邀请了作为平安公益形象大使的刘翔，还邀请了联合国环境规划署驻华首席代表张世钢先生、气候组织大中华区总裁吴昌华、中国绿色基金会副主席杨继平、WWF"地球一小时"项目官员傅琳等，启动仪式非常成功，取得了理想的新闻效应。

上海金沙江大酒店落成初期，其公关人员借日本著名影星中野良子和其丈

---

① 李凤梅."制造新闻"的路径 [J]. 企业改革与管理，2002（6）：49-50.

夫到中国度蜜月之机，策划了一次公关活动——为他们夫妇举办中国式的迎亲、闹洞房仪式，提供免费的招待服务。当中野良子夫妇到达酒店时，等待他们的是热烈的迎亲鞭炮声，和由 40 多名中外记者、上百名酒店员工组成的迎亲队伍。新郎、新娘在张贴着大红喜字和"富士山头紫燕双飞白头偕老、黄浦江畔鸾凤和鸣永结同心"喜联的"洞房"中，品尝了象征早生贵子、甜甜蜜蜜的红枣、桂圆、哈密瓜等，度过了一个难忘的欢乐之夜。中野良子因在日本电影《追捕》中饰演女主角而深受中国公众喜爱。作为名人，本身就是媒体关注的对象，也是公众渴望知晓的对象，其婚事更是充满悬念和趣味。所以，当晚在场的记者们纷纷报道了这则饶有情趣的新闻。之后的一段时间，报纸、电台、电视台报道的有关中野良子在中国的生活和社交活动情况的所有新闻中，也同时报道了金沙江大酒店，金沙江大酒店由此名扬海内外。在中野良子夫妇返日后（甚至还没有返日的时候），金沙江大酒店就已经开始收到许多国际旅客的客房预订单。这次公关活动既使酒店给公众留下了美好、深刻的印象，也使酒店取得了客观的效益。

（四）与组织重要的纪念日或传统的盛大节日、重要社会活动联系在一起，"制造"有关的新闻

每个组织都有值得庆祝和纪念的特殊日子，如新建筑奠基、庆祝新建筑落成、科技创新、周年庆典、塑像揭幕、颁奖仪式、获得荣誉和成就等。如果与组织的各种纪念、庆祝活动结合起来"制造"新闻，就能连续不断地激发新闻界和广大公众的兴趣，强化组织在公众心目中的印象。

如日本最大的广告公司电通公司，1967 年 6 月 7 日进行公司搬迁，从银座的旧楼迁入筑地的新厦，公关部不失时机地制造出当天的特大新"闻"。搬迁的当天清早，公司总经理率领 2000 多名电通职工，举着"谢谢银座各界人士过去的关照"和"欢迎筑地各界人士以后多多赐教"的旗子，浩浩荡荡地由银座向筑地行进。沿途无数的各界公众目睹了这一壮观的场面。当天，日本各大报纸、电视台纷纷报道了电通的乔迁之喜。

传统的盛大节日或重要社会活动，往往会吸引很多公众现场参加或参与，其本身就成为一种传播媒介。而且，新闻媒体一般还会采集与节日或活动相关的事件予以报道。

如果结合传统的盛大节日或重要社会活动来"制造"新闻，既能增添节日的欢愉气氛，扩大活动的影响，还能提升组织的认知度和美誉度。前文提到

的双汇在天安门的公关活动就是结合北京市有关部门组织的"逛北京、爱北京、建北京"大型旅游文化活动来进行策划的。

（五）小题大做

小题大做，就是借助与社会组织有关的、加以利用可给组织带来美誉度、和谐度的某些小事件，进行渲染、造势，吸引公众和新闻界的注意，从而再在认知度上得到收获。也就是说，通过对小事件的包装、设计、造悬念、抖包袱等把小题材做成大文章，尽情展示组织追求真善美的社会形象。

如美国纽约联合碳化公司就利用鸽子飞进办公大楼策划了一次颇有影响的公关新闻。事件的缘起是有人在新建的52层高的办公大楼里发现一群无家可归的鸽子。这本是一件极为普通的小事，打开窗户轰走鸽子即可。但公司的公关顾问却借此大做文章。公司先派人关好窗子，打开空调，并准备了充足的鸽子食物。然后，给动物保护委员会打电话，请他们立即派人处理这一有关动物保护的"大事"。接着，又给新闻界打电话，告知这件新奇而有意义的事件。于是，包括纽约三大电视网在内的很多媒体都派出记者前来采访。一时间，对这群鸽子的捕捉和安置成了纽约市民关注的热点。由于鸽子在大楼里的飞落不定，捕捉这群鸽子颇费时间，从捕捉第一只鸽子到最后一只鸽子落网，整整花了三天时间。三天里，各大新闻媒介对鸽子进行了追踪报道。在这些形象生动的鸽子新闻中，公司大楼以及公司也自然成为事件的背景新闻，公司首脑也借助媒体一方面表达对动物保护事业的积极支持，另一方面巧妙介绍公司的宗旨和发展状况，这给公众留下了极深的印象。由此，纽约联合碳化公司借助鸽子事件成为美国人关注的焦点，闻名遐迩。

第三节　公关新闻策划的原则

一、适时性原则

不论是常规性公共关系新闻还是创造性公共关系新闻，在策划时都必须要考虑是否适合组织发展的需要，是否适合社会上人们普遍关注的心理。俗话说，适合的就是最好的。组织策划的公共关系新闻，只有适时，才能有效传播组织信息、宣传组织形象，产生事半功倍的效果。

广州佳丽日用化工厂生产的新产品——用于杀蟑螂的"神奇药笔"投放到市场的时候，为得到新闻媒体的支持，扩大产品及企业的影响，厂长亲自带着药笔，到《羊城晚报》编辑部进行走访。在编辑部里，厂长先是放出一群蟑螂，然后马上用"药笔"画一个圈将蟑螂"包围"起来。结果，几个小时内，这些蟑螂全部死掉。具有如此神奇效用的产品，激起了记者极大的兴趣。几天后，《羊城晚报》在头条刊登了这则有趣的新闻——《死给你看》，不仅介绍了这一产品的特点和效用，还介绍了该厂的有关情况。此后，该厂的神奇药笔很快就打开了国内市场，并逐渐由国内走向国际，在国际市场也获得了一席之地。

有一家村办企业，虽然产品质量过关，经营情况良好，有着广阔的发展前景，但由于企业规模小，知名度低，难以获得超常规发展。就在企业需要进一步扬名之时，恰遇毛泽东诞辰 103 周年。经策划，这家企业与"毛泽东思想研究会"、"诗刊"等单位在人民大会堂举办"千里冰"毛泽东诗词朗诵会，这使人们在缅怀毛泽东的同时，也记住了这家冠名企业。当然，媒体在对朗诵会的台前幕后进行纵深报道的同时，又自然地把这家企业推到了前台。由此，这家企业知名度大大提高。

二、新颖性原则

"新"是指思路新、题材新、内容新、形式新。新闻贵在"新"。"新"，才能唤起公众的注意，引起他们的兴趣，调动他们参与和合作的热情，新闻传播媒介才乐于传播。所以，进行公关新闻策划，新颖性是必须要坚持的重要原则之一。创造性公关新闻策划讲究新颖性自不必说，即使常规性公关新闻策划，也只有新颖，才能取得好的传播效果。

中国香港一家生产黏合剂的企业曾在媒体上登了一则广告，广告声称某月某日将用自己生产的黏合剂把一枚价值数万元的金币粘在大理石墙面上，谁用手（不借用工具）把它取下来，这枚金币就归谁所有，这一消息在中国香港引起了很大轰动。活动当天，包括有功力的气功师在内的各种人物云集现场各显身手，但没有一人能如愿取下金币。这一别出心裁的活动吸引媒体争相进行报道，此后该厂生产的黏合剂名扬四海，声誉得以大振。

成立于 1993 年的杭州凯地丝绸有限公司，为扩大其社会知名度，在当年委托杭州国际公关公司为其策划了一次新闻性公共关系活动。活动主要内容是以丝绸为材料印制浙江省内独家旅游服务报《江南游报》，并向中国丝绸博物馆、中国革命历史博物馆赠送这份丝绸报纸。当时以丝绸为材料印刷报纸属新闻界和印刷史上的创举。中国革命历史博物馆得知世界首版丝绸报纸诞生，也主动要求收藏并要求展出。《江南游报》丝绸版共印刷 100 份。1993 年 6 月 15 日，杭州凯地丝绸有限公司在北京举行了向中国革命历史博物馆赠送丝绸报纸仪式。因为这一特殊报纸的阅读和观赏效果极佳，反映了当代先进的真丝印花科技水平，所以这一活动具有相当的新闻价值，它被国内 20 余家报纸、电视台集中报道达 30 余次，海内外受众人数达 2500 万人次。丝绸报宣传活动，既证实了中国高超的印丝术，也树立了该公司的形象，从此开创了丝绸报纸的先河。

三、媒体配合原则

任何组织进行的公关新闻策划都希望引起媒体的关注和报道，也就是希望得到媒体的配合报道，这就是公关策划的媒体配合原则。而要得到媒体的配合，就要站在媒体的角度来评估、判断所策划的公关新闻是否具有新闻价值，是否符合媒体的新闻价值标准。否则，即使是再新鲜的事实，活动策划得再有艺术性，也不会引起媒体的报道兴趣，达不到公关新闻策划的目的。

2010 年 3 月 12 日，澳大利亚西澳大利亚州旅游局推出"非凡出租车之旅"（The Extraordinary Taxi Ride）活动，即招募游客乘坐出租车免费游览，探秘西澳大利亚州。此前，已经在数百位报名的出租汽车司机中经过网上投票确定了西澳大利亚州最佳出租车司机道格·斯莱特（Doug Slater）。2010 年 4 月 9 日从西澳大利亚州首府珀斯出发，持续 9 周，总长 1.1 万公里。旅行期间后勤补给人员全程跟随，随团摄像师负责记录每个珍贵片段。澳大利亚、新西兰、英国、德国、马来西亚和新加坡的旅游爱好者可以报名参加活动，其他国家的人们可以通过互联网参与到活动的互动中。这一事件就具有极高的新闻价值。其一，活动富有创意，新颖独特，引人瞩目。"非凡出租车之旅"是 20 世纪 30 年代澳大利亚一次出租车旅行的"翻版"。当年，旅行爱好者埃达·比尔和两个同伴乘坐出租车，从墨尔本出发前往澳大利亚北部海岸城市达尔文，然后返回，总行程约 9000 公里，耗时 3 个月，花费 300 镑（相当于现在的 1.8 万美元）。2010 年的"非凡出租车之旅"与上次大有不同，使用的全部是四驱车，性能大大提高，而且"探索"的地点更偏远。另外，在这次"探险"中，时代特征会更加明显，整个活动与时下流行的微博、网络视频、网络互动等形式紧密相关。参与者要经常更新视频博客和微博；官方网站上还会进行视频直播；观众可以通过各种形式参与进来，比如上网投票，通过 Facebook、MySpace 给旅行者留言，写下自己心中的"必游之地"，查看司机与旅行者沿途拍下的风光片或游记，参加"猜猜多少钱"活动等。其二，这个事件偏离了常规（免费旅游长达 9 周，神奇而陌生的西澳大利亚州），偏离常规的事实具有吸引人的魅力，这本身便是新闻价值的要素之一。举办方要求每一位报名者都要给出独特的参与理由。例如"你是想在宁加卢与大白鲨共舞时向女友求婚的年轻人？那么，我们可能会邀请你来参加"。最后胜出的 11 对搭档都有他们"独特的故事"，这也极大地满足了媒体和受众的猎奇心理，等待着旅途中发生种种有趣的事情。其三，活动举办者提出了一个鲜明、有力、吸引人的概念——"非凡出租车之旅"。普通的旅游景点，不可能成为传媒的报道对象，因为太平常了。如果话题新颖而有趣，媒体自然乐于报道。该活动官方网站 extraordinarytaxiride. com 说："从埃斯佩兰斯湾世界上最洁白的沙滩，到被列为世界遗产的波奴鲁鲁国家公园，我们将在 11 段旅程中探索西澳大利亚州的非凡之处。"首次进行这种探秘式的描述，显得陌生，会引起媒体关注，进而形成舆论。其四，这次活动的网上参与是全球性质的，没有任何限制，因而有很强的接近性。直接的参与者限制在六个国家，不过也够多的了，够得上全球性的"新闻事件"了，媒体自然不会放过。其五，活动中有数种具有不确定性的竞争活动。即使是人为的竞争性活动，也是一种未知最终结果的"人为冲突"。凡是冲突，多少都具有新闻价值。其六，旅游这类的轻松话题本身（情趣）亦是新闻价值的要素之一，加之几乎同步的报道（时效），这类"事实"不被新闻传媒抓住才怪。所以，活动吸引了世界上主要通讯社、世界各主流报纸和电视台、网站的关注，中国的新华社、中新社发了通稿，各地的大众传媒都做了报道，网上 7 万条信息聚焦西澳大利亚州。11 对入选的免费旅游者的相关国家的传媒，跟踪整个行程加以报道。[①]

四、规避新闻限制原则

新闻不仅需要道德的约束，也需要政策和法律等外在强制力量的约束。组织策划的新闻事件如果与新闻法规或政策相抵触，即使具有很高的新闻价值，

---

① 陈力丹，董禹含．"草船"借"箭"——西澳"非凡出租车之旅"的学理分析［EB/OL］. http：//media. people. com. cn/GB/22114/45733/199279/12346920. html.

也很难被媒体公开报道。或即使有媒体做了公开报道，其中的某些敏感部分或不适宜部分也会被删减。这样，既在一定程度上影响了新闻的价值体现，也势必影响公关新闻的效果。所以，组织策划公关新闻时，要注意规避新闻限制，尽量减少新闻损耗。比如，关联到宗教问题或者在某个区域表现出比较落后的一面的新闻，都会受到一定的限制。某大型超市策划的"雨中情"借伞活动，因为能够解决雨天给购物的顾客带来的不便，满足顾客的特殊需求，所以能够赢得顾客的好感和信任，也具有一定的新闻价值。而一家房地产公司策划的公益伞活动：城市中心广场放置1000把公益伞，然后安排一些人领头进行哄抢，想以此来宣传企业，扩大影响。这样的事件虽有新闻价值，但会让读者觉得当地的民风不好，治安情况也比较差，所以当地媒体最终拒绝了这家公司的新闻稿。

五、象征性原则

象征性原则是指组织在策划公关新闻时应注意使事实本身能起到引导公众朝有利于组织的方向进行联想的作用。从心理学的角度而言，公众对组织的印象有三种：一是直接印象，产生于公众与组织的直接接触中。二是想象印象，产生于组织的公关宣传和广告活动中。三是暗含的组织印象，产生于组织的某些象征性行为中。也就是说，公众在接受组织公关活动或象征性行为信息时，都会产生有意无意的联想，这种联想对组织的产品形象、服务形象乃至整体形象的树立有至关重要的作用。所以，在进行公关新闻策划时如果不注意象征性原则，就可能使公众误读或误解相关信息，进而对组织产生非组织期望的想象印象或暗含印象。

某摩托车企业为提高知名度，树立公益形象，1992年投巨资赞助当年的"建设杯"相声大赛。对这家企业的形象宣传和展示方式除大赛冠名外，还要在相声比赛节目中穿插有摩托车参与的气功表演。其气功表演设计是：由五辆摩托车分别拉住表演者的头和四肢，形成所谓的"五马分尸"。而舞台上的表演效果却是：当五辆摩托车一起启动时，表演者丝毫不动，摩托车烟雾弥漫地在原地狂叫。结果，很多公众看了以后都产生了摩托车马力太小的联想。

《南京日报》曾刊发一则关于某写字楼高薪招聘"门童"的新闻。新闻内容是："昨天，南大、南师大、南医等高等学府的10多位在校生来到位于新街口的一家写字楼，应聘2~4个'门童'岗位。"按照这家写字楼的要求，应聘者不仅要名牌大学本科毕业或在读，还要求普通话标准，英语口语熟练。做个"门童",条件如此之高,一位学生家长表示难以理解:一个本科大学生,连英语口语都熟练了,却只能看门,简直是对人才的浪费! 在应聘的学生中,有不少人毫不避讳地说:"就是冲着公司的 2000 元月薪而来的,因为可以兼职,这每月 2000 元可以大大改善自己的生活和学习条件。"很多应聘学生说,干"门童"同样能体现自己的价值。① 公关经理在策划这一事件时,本希望给公众留下高品位、高素质,有社会责任意识,为大学生提供兼职机会的印象。结果,很多读者读后产生的联想却是:这家公司的成本太高,写字楼平均租金价格会相对较高,这显然与公司的期待相去甚远。

六、周密性原则

组织策划的常规性公共关系新闻往往只是一场大型活动。而创造性公共关系新闻往往是由一系列的活动组成,其间的策划就必须要遵守周密性原则,将每一个环节、每一个步骤都事先考虑进去。否则,可能会节外生枝,发生对组织形象不利或使组织限于被动、疲于应付的事情。亚都公司策划的一次收烟活动就是这样。

1996 年,与世界范围内的戒烟浪潮相呼应,北京、上海、广州等大中城市相继颁布了"禁烟令"。这年的世界无烟日,全国各地接连举行颇具声势和规模的戒烟活动。在上海,由上海市吸烟与健康协会举办了万人戒烟签名活动。以生产空调换气机在市场上"闹腾"得颇为火爆的北京亚都科技股份公司为进一步扬名,斥资 30 万元,也介入了这次活动,而且其公关举措颇为惹眼。在这前一天,亚都公司在上海有影响的两家报纸上,以"亚都启事"为题打出广告:"请市民转告烟民——亚都义举,全价收烟。"具体内容是,亚都公司按市价收集参加此次活动的烟民的已购香烟,并在公众的监督下集中销毁。为使活动顺利圆满,亚都的工作人员兑换了用于收烟的 5 万元零币;购置了"销烟"用的大瓷缸、生石灰,并按上海第一百货商店的零售价格核准了烟价,可谓万事俱备。亚都公司的初衷很明确:以收集参加活动的烟民手头的零散香烟为主,当然也不排除整条的。

上午 10 时,活动开始后,人群向设于陈毅塑像前的亚都戒烟台前聚拢并排起了长队。队列中既有双鬓染霜的老者,也有浓妆艳抹的时髦女郎,还有跳来跳去的孩子,这与亚都人设想中的烟民形象相去甚远。更引人注目的是,排

---

① 马成.公关新闻:如何触摸"媒体之痒"? [J].国际公关,2005 (4):69.

队的人都用塑料袋、尼龙兜满满当当地拎着成条的香烟，少者一二条，最多的达20余条，绝大多数还是价格不菲的"中华"、"红塔山"、"万宝路"等高档香烟。据亚都工作人员讲，有的烟从外包装上一眼就能看出是假烟，假烟的比例极高，据估算占到80%以上。而一条假"中华"花30元就能在市面上买到。也就是说，一条烟拿到这里让亚都"收"去就能净赚270元。这让亚都的工作人员乱了阵脚。收烟台前，为了烟的真假，吵嚷、争辩之声时有所闻。为使活动得以进行，亚都公司临时决定，每人只限一条，香烟是真是假也不再计较。可烟民也有对策，收完后又一而再再而三地排队，让工作人员奈何不得。

下午2时许，亚都公司的5万元现金已经用光，宣布活动结束。尚在排队的数百名烟民不干了，他们把收烟台和10余名工作人员团团围住，纷纷指责亚都公司"说话不算数"、活动内容和广告不符云云，并对工作人员有撕扯、推搡的现象。混乱中，亚都公司一名工作人员的左臂被划了一道二寸长的大口子，血流不止；一位礼仪小姐的手被抓破。

双方僵持了约半个小时，仍没有和缓的迹象。为平息事态，尽早脱身，工作人员只得拿出尚存的200件文化衫免费发放。之后，在闻讯赶来的保安、巡警的协助下，工作人员才得以离开广场。

针对这起不大不小的收烟风波，上海的一些新闻媒体马上做出反应，在指责一些市民素质不高、追逐蝇头小利的同时，也对商家这次公关活动的组织实施和社会效果提出了质疑。

尽管亚都公司的收烟活动能够紧扣社会热点策划创意，而且活动的主题与亚都的产品及努力方向相吻合，有助于提升亚都的知名度、美誉度，有助于人们接受亚都的产品，但由于在策划时忽略了相关环节和问题，如事先的上海烟民抽烟情况调查，所收香烟的数量、档次或价格的限定，收烟截止标准的规定，对假烟的鉴定处理办法等，所以这次活动出现了诸多漏洞，这对亚都公司的形象是极其不利的。

思考题：
1. 简述公关新闻策划的原则。
2. 选一家你所熟悉的组织，在调查其形象现状的基础上，策划一次公关活动。

第五章　新闻稿的写作与发布

第一节　新闻稿的含义和分类

一、新闻稿的含义

媒体公关中的新闻稿也叫新闻通稿、通稿等。

新闻通稿是新闻通用之稿的简称。它最先应用于新闻通讯社，因为在传统的新闻操作中，新闻通讯社在采访到一些重要新闻以后，会以一种统一稿件的方式发给全国需要稿件的媒体，各大媒体不需要做任何修改便可直接使用。在播发国内外重大新闻时，全国媒体一般都会采用新华通讯社的通稿，这一方面是我国新闻宣传纪律的规定，另一方面也彰显了新华社在重大新闻播报上的独特地位。①

随着社会的发展，很多组织在遇到突发事件、紧急情况、热点问题、危机公关时，在举办有价值、有意义的活动时，为传达对组织形象有利的信息，营造有利于组织的舆论氛围，统一宣传口径，达到理想的公关效果，也会预先拟好新闻通稿，发送给媒体的记者或编辑。媒体根据自身的需求，在通稿中选择有效信息进行刊播，这些信息就成为受众每天阅读或收听的新闻。可以说新闻通稿在沟通自身与媒体之间关系以及通过媒体分享信息、获取公众认知方面发挥着非常重要的作用。

如 2014 年 10 月 24 日凌晨，探月工程三期再入返回飞行试验在西昌卫星

① 曾庆江. 新闻通稿写作的五个要点［J］. 写作，2011（1）：38.

发射中心发射,百年酱料品牌李锦记作为航天事业合作伙伴受邀观摩了本次返回飞行试验。为宣传形象,扩大影响,李锦记及时向媒体发布新闻通稿:

李锦记受邀观摩探月工程三期再入返回飞行试验任务

探月工程三期再入返回飞行试验于 2014 年 10 月 24 日凌晨在西昌卫星发射中心发射,本次试验任务主要验证探月工程三期嫦娥五号的任务返回器,以接近第二宇宙速度(11.2 公里/秒),从月球返回地球的相关技术。百年酱料品牌李锦记作为航天事业合作伙伴受邀观摩了本次返回飞行试验。

中国探月工程又名"嫦娥工程",规划为三期,简称为"绕、落、回"三步走。第一步为"绕月飞行",第二步为"落月探测",第三步为"采样返回",探月工程实现了中华民族千年奔月的梦想。作为中华民族企业,至今已有 126 年的历史的李锦记,能与中国航天结缘,成为"中国航天事业合作伙伴",从"有人的地方就有李锦记",逐步实现了"无人的外太空也有李锦记"。纵观李锦记与中国航天的合作,也跨越了几个阶段:

第一步:"五虎上酱",伴飞"神九"。

2012 年,在中国航天员训练中心为神舟九号航天员甄选航天食品的过程中,李锦记五款酱料经层层审核,以"100−1=0"的严苛品质管理理念和"超越标准为标准"的质量标准征服了中国航天员训练中心的评审团,五款李锦记酱料入选"神九"航天员佐餐酱料。从此,李锦记与航天结下了不解之缘。

第二步:知行契合,深化合作。

2013 年 3 月,李锦记被委任成为"中国航天事业合作伙伴",同时荣获由中国航天基金会颁发的"中国航天事业贡献奖"。李锦记集团主席李文达先生说:"李锦记是一个家族小生意,我做梦也没有想到有一天能结缘祖国的航天事业,这对我们来说是一个莫大的荣誉与鼓励。秉承'思利及人'的核心价值观,李锦记愿为中国航天事业做出更多的贡献。"

第三步:"六大风味",搭载"神十"。

2013 年 6 月 11 日,神舟十号成功发射,李锦记产品随"神十"二进天宫,并且由"神九"时的"五虎上酱"升级为"六大风味":四川风味麻辣酱、蒜蓉辣椒酱、香辣酱、番茄沙司酱、泰式甜辣酱、豆瓣酱。本次的升级,不仅考虑到了航天员的口味需求及饮食习惯,而且在包装上也进行了改进和调整,由原来的手撕包装变为牙膏式挤压包装,不但减少了食品颗粒飘散、悬浮的危险，也降低了食品包装垃圾占用的空间，更加安全、节俭、环保。

第四步：培养人才，助力航天。

航天事业的发展离不开人才的培养与储备。2013 年 3 月 28 日，李锦记与中国航天基金共同注资 100 万元设立"李锦记航天奖学金"，奖励北京航空航天大学的优秀学子。截止到 2014 年 10 月，已完成了三届奖学金的评选，北京航空航天大学宇航学院的 90 名优秀的本科生、硕士生及博士生获得了这项富有航天意义的殊荣。中国航天基金会理事长张建启将军说："培养人才是中国航天基金会的重点任务。我们希望有更多的企业和我们一起，实现与更多的院校合作。只有把人才培养起来，我们国家的软实力才能加强，中国的梦想才能实现。"

肩负"中国航天事业合作伙伴"的重任，李锦记将进一步对航天食品进行升级和技术革新，以满足未来更长时间的飞行，以及失重条件下航天员生理改变对口味的需求。李锦记将逐步设计适合中长期飞行的食品，加紧开发出"云酱料"。在不久的将来，李锦记"云酱料"会根据航天员的身体数据进行口味配比，实现进行自主加热、耐存储、远程遥控等具有世界领先水平的科技创新。①

当天，中国新闻网全文发布了这一新闻通稿，新浪网、新民网、网易等媒体进行了转载。这既满足了公众的科技信息需求，也传达了企业勇于承担社会责任、立足长远、不断创新的美好形象。

二、新闻稿的核心要素——新闻价值

社会组织向媒体提供的新闻稿要吸引媒体注意，促使媒体最终刊播，不是靠支付费用，也不是靠私人关系，主要是信息自身要有价值，这种价值就是新闻价值。可以说，新闻价值是新闻稿竞争的主要资本，是媒体采用新闻稿的关键标准。一篇新闻稿要想具有新闻价值并能够引起记者、编辑的兴趣，就要看它是否具备：时效性——新鲜度如何、与受众目前所关注事物的相关度如何；接近性——信息与受众在时间或空间上的距离是否接近；新奇性——是否具有不同于一般事物的意外性、稀有性；重要性——是否有关国计民生，以及冲突性、内幕性、危险性、神秘性、趣味性等。这些特性越丰富、越突出，新闻价值就越高。一般地，具备以上这些特性之一就可能构成新闻素材。

对企业来说，公关新闻应以报道企业的公共关系活动，企业与公众的联

---

① 美通社. 李锦记受邀观摩探月工程三期再入返回飞行试验任务 ［EB/OL］. http：//www. prna-sia. com/story/107640-1. shtml.

系、互动为主要内容，所以有关企业的以下信息会具有新闻价值：企业参与公益活动，企业重大项目获批、重大工程落成，企业的新产品上市、新工艺投入使用，企业举办有特殊意义的庆典活动，企业参加重要的科技、文化等活动，企业在技术、设备、服务、业务、市场开发等方面取得成就或突破，企业在产值、利润、销售额、创汇等方面有突出贡献，企业在人事、机构设置、远景规划等方面有新的设想或变革，企业与名人有关的事件，企业的发展历史、经营宗旨、管理哲学、价值准则、动人事迹，企业遇到的突发情况、危机事件以及与此相关的原因调查、善后措施等。

俄克拉荷马大学赫伯特新闻学院研究员琳达·莫顿提出新闻价值五个方面的要素：冲击力———篇能够影响组织、团体甚至整个社会的重要宣言；独特性——非同寻常的或里程碑式的事件，如与100万名客户签约；冲突——一项重要的争论或争议，如一项劳工争议或一个广受支持的提案被否决；知名度较高的发布人——新闻稿发布人的职务越显赫（如总裁优于副总裁），被采纳的机会就越高；可比性——相对于日常新闻，发布稿的本地化程度和时效性如何。①

当然，不同企业，公众所感兴趣、所关注的具体点会有所不同。对于龙头企业，公众关注企业的综合实力排名；对于热点企业，公众关注一定时期源自于社会的企业评价；对于尖端企业，公众对它的高新技术颇为关注；对于名牌企业，公众更希望看到企业显赫的声誉；对于百年老字号，往往是充满传奇色彩、再现兴衰更替的企业新闻最能打动公众；对于速发企业，如何短期崛起的企业新闻，给公众的经验与启迪宣传最有效。② 与此相关的信息自然就具有较高的新闻价值。

不仅如此，不同媒体因为信息传播、接受的方式不同，受众的关注点也存在差异。如一项关于"您通过网络搜索信息时，关注的产品价格、产品功能、顾客评论和反馈、品牌影响力"的调查显示：8.85%的受众希望获得产品价格方面的信息，13.54%的受众希望获得产品功能方面的信息，63.54%的受众希望获得顾客评论及反馈的信息，14.06%更希望在新闻中看到品牌的影响力。③ 也就是说，在网络公关新闻传播中，相对于产品功能、品牌实力方面的信息，公众更看重顾客评论及反馈方面的信息，因此公众的口碑效应更具新闻价值。

三、新闻稿的种类

由于新闻稿的低成本和其他文字（如广告）有不可比拟的优势，其使用

---

① 弗雷泽·P. 西泰尔. 公共关系实务［M］. 潘艳丽，陈静，译. 北京：清华大学出版社，2008.
②③ 周茹. 网络时代我国企业公共关系新闻优化传播研究［D］. 湖南：湘潭大学，2013.

广泛，类型多样。

（一）按使用主体分

有营利组织公关新闻稿、非营利组织公关新闻稿等。营利组织包括工业企业，商业企业，运输、饭店、旅游业等，如刊登稿为《三星曲敬东　行动者的胜利》的新闻稿。非营利组织包括政府、学校、军队等，如刊登稿为《北京月坛街道"部长"进社区活动启动》的新闻稿。

（二）按文体分

有消息稿、通讯稿和深度报道稿。消息稿是指以简明扼要的文字，概括叙述的方式对公关主体新近发生的或过去未被人们认识的新鲜事实进行报道的公关新闻稿。通讯稿是以灵活多样的写作方法，对典型经验、先进思想等进行真实、详尽记写的公关新闻稿。它包括专访、侧记、集纳、采访札记、新闻故事等。专访通常分为人物专访、事件专访和问题专访。侧记是从一个侧面反映新闻事件或人物。集纳是把表现一个主题的几个片段事实组合成一篇新闻稿。当然，其中的新闻主角可以是同一个，也可以是多个。采访札记是记者以第一人称的角度反映公关主体的新情况、新做法等。新闻故事往往内容单一、篇幅短小，有完整的情节，能够以小见大，蕴含深意，通过对组织的报道折射社会生活或社会经济发展的主流。如在 2008 年 4 月 2 日的《城市晚报》上刊登的《闯关东创出职教半边天》的新闻稿，报道孙进白手起家办技校的历程就属于新闻故事。深度报道稿也叫专题报道稿，是指通过对事件背景、过程、前景等进行深入挖掘和详尽解读的公关新闻稿。这种新闻稿通常是独家报道而非通稿。如刊登稿为《特殊的"服务员"——中国移动云南公司圆满完成"两会"通信保障服务回眸》的新闻稿。

（三）按内容分

1. 产品声明或公告类新闻稿

主要用以发布关于新产品投放或企业发展状况的新闻稿，如企业新产品上市，兼并、合并事宜，企业收益，企业迁址，企业重大决定等。这种新闻稿都以短消息的方式进行发布。如刊登稿为《鲁花公布调和油产品配方比例》、《全球首款千元全网通 4G 手机发布》、《京东、美的合作智能家电　销售额将破百亿》、《菜百元旦每分钟售金近 40 万元》、《2014 年华为销售收入预计达

460 亿美元》、《李嘉诚新公司迁址开曼群岛》等的新闻稿。

2. 决策层、管理层变动新闻稿

一些知名度高、有影响力的组织，其管理层的变动也会使媒体产生兴趣。如果新闻稿能够从"接近性"方面找到宣传点，如新上任领导的出生地与媒体（地方性媒体）受众所在地有高度的相关性，就会增强其新闻价值，提升媒体播报的可能性。如刊登稿为《中石化销售公司引入 3 名董事》的新闻稿。

3. 管理层演讲或报告新闻稿

这类新闻稿的来源是管理层的重要演讲或报告。由于组织管理层的重要演讲或报告，能体现组织文化、组织目标和追求、组织的社会责任等，对其中的精华部分进行整理、转换而成的新闻稿，也是组织的公关新闻稿之一。如刊登在环球网上的《马云访台演讲：想到大陆创业　请跟我们联系》一文就是根据阿里巴巴集团董事局主席马云 2014 年 12 月 15 日在台北参加两岸企业家峰会的演讲转换而成的。马云在演讲中说到的"过去 15 年，大陆发生了天翻地覆的变化，很多年轻人、年轻企业出头。同期中国台湾的新企业家却不多，这值得反思"；"现在年轻一代抱怨缺乏机会，当年我们也抱怨，微软的比尔·盖茨、台积电的张忠谋把我们的机会抢走了。但每一代人、每一个人都有自己的机会，要看到成功背后的辛酸、努力和代价"；"最关键的是，不要晚上想想千条路，早上起来走原路。改变从现在开始，行动是一切所在"；"愿帮助世界各地包括中国台湾的中小企业到中国大陆卖产品，而不仅是把中国大陆产品销往世界各地，也衷心希望有更多的中国台湾年轻人到中国大陆创业"等内容都被写进了新闻稿，这不仅让受众了解了马云个人的思想和追求，而且让受众更好地理解了马云所代表的阿里巴巴的目标和责任。

4. 常规性及创造性公共关系活动新闻稿

组织公共关系活动包括常规性和创造性两种。常规性的有社会赞助、庆典仪式、娱乐联欢、形象展览等。创造性的是新颖独特、富有创意的公关活动。这类新闻稿所涉及事件的主角是公关活动的主体，其新闻价值是组织策划的结果。如刊登稿为《足协高层集体电贺》、《学通社众筹共庆 30 年》、《百度百科发布 2014 年度十大热词》等的新闻稿。

5. 危机事件回应或应对式新闻稿

当组织在产品质量、服务质量出现问题，领导决策失误，管理不善，市场环境发生巨变，遭遇自然灾害或人力不可抗拒的社会灾变，深陷谣言等情况下，需要通过及时发布新闻稿来进行回应或应对。当然，因组织面对的具体情况不同，其新闻稿的发送不一定都处于明显的被动地位。如雪灾、地震、泥石流等自然灾害的责任者就不是某个具体的组织，此种情况下新闻稿的发送主体自然就不是处于被动地位。而当组织不是因自然灾害或不可抗拒的社会灾变出现危机事件，通过发布新闻稿来进行解释、说明时，组织就明显处在比较被动的地位。如刊登稿为《苏宁澄清高层变动传言》、《聚美优品称"仓库被查封"纯属捏造》等的新闻稿。

第二节　新闻稿的写作

公关新闻稿和普通新闻稿一样，一般由五个部分组成：标题、导语、主体、背景和结尾。

一、拟制标题

标题是新闻的题目，主要用以概括新闻的主旨。俗话说："题好一半文。"好的标题，不仅能提示新闻的主要思想和主要内容，还能吸引编辑、记者的注意力，提高稿件的采用率。著名广告大师奥格威认为"标题代表着为一则广告所花费用的80%"，可见标题对于广告写作的重要性。公关新闻稿的写作也是如此，标题拟得好，其传神达意的功能就能得到很好的发挥；标题平淡，则无法吸引读者注意，更难以激发读者的阅读兴趣。新闻稿标题的写法有：

（一）单行标题

这种标题是用一句话、一个题目对新闻内容进行提要。也就是说，这种标题只有主标题（正标题）。如《240余名蒙牛员工参与徒步穿越活动》。

（二）双行标题

双行标题是指用两个题目做新闻标题。其构成可以是引题加主标题。如刊登稿以《探寻太阳神陨落的轨迹》为新闻主标题的新闻标题中，加了引题"保健饮料业始祖怀汉新不慎失足　太阳神CI策划潘殿伟重提当年旧事"；刊登稿以《危难时刻　移动通信保驾护航》为新闻主标题的新闻标题中，加了引题"突降暴雨　曲靖马龙县城被淹"。

双行标题的构成也可以是正标题加副标题，如刊登稿以《丰田：天一重组案与我无关》为新闻主标题的新闻标题，加了副标题"本报独家专访丰田中国事务所总代表服部悦雄"；以《2 天参加 20 场活动》为新闻主标题的新闻标题，加了副题"王健林达沃斯日程被挤爆"。

引题也叫肩题或眉题，主要用于说明原因、交代背景、烘托气氛、揭示意义、归纳成果。它放在正标题的前面，为引出正标题作铺垫。

正标题是最重要的新闻事实或思想的概括，是标题的精华和核心所在。

副标题也叫辅题、子题，它放在正标题的后面，是对正标题的补充说明，或说明主题的来源、依据，或标明事件的结果。

（三）多行标题

多行标题也叫复合标题，这种标题常用多个题目。常见的是三个题目：引题、正标题和副标题。

复合标题一般适用于事件比较重大、内容丰富或复杂的新闻。

写作时，可根据新闻内容和表达的需要拟制。一般的公关新闻多用单行标题，也有使用双行标题的，使用多行标题的情况不太多。

但不管采用哪种构成形式，标题都应注意做到：准确、鲜明、生动、新鲜、简练。

准确，要求拟定的标题能够正确反映事实的本质和内容，恰如其分地揭示全文的主题。如《茶缘铸爱心　千里送真情》（副标题是"吴裕泰赴湖南湘西保靖县捐资助学"）这样的刊登稿标题，既交代了活动内容，也准确概括了事件主体。

鲜明，是指所代表的观点、意图明确，用语清晰，不能模棱两可。如《千锤百炼为新闻　躬耕湖湘写华章》（副标题是"《新闻天地》杂志举行创刊 10 周年庆典"）这样的刊登稿标题，语义明确，态度鲜明，从中可看出写作者对《新闻天地》杂志及其庆典活动的肯定和褒扬。

生动，是指拟定标题时，可以通过成语、典故、俗语、比较热门的搜索词语，使用比喻、比拟等修辞手法，增加标题的生动性、形象性。如《企业做强须摒弃"小媳妇心态"》、《济宁太白路万达广场开办筹备期员工餐厅　员工齐点赞》、《面对外交挤兑　需要更多"中国好声音"》、《王健林"呛声"哈佛教授　中国企业家由倾听者变发声者》、《×手机在音质测试中竟听到检测员的心跳》、《×企业擂响新技术研发的战鼓》等。

新鲜，是指标题要避免一般化、雷同化，看起来和其他新闻稿没什么两样，而应该写得有特点、有亮点，这样才能醒目，有冲击力，才能在众多新闻中脱颖而出。其方法一是选择有冲击力的数字；二是从新闻事实中寻找最独一无二的卖点。如前文举到的《2 天参加 20 场活动——王健林达沃斯日程被挤爆》就使用了富有冲击力的数字。《××绿色空调节能先锋》这样的标题，既可点出产品名称，也突出了产品的亮点——绿色节能。

简练，是指标题的字数、行数都不宜过多。一般而言，标题的字数宜在 20 字左右，只要能说明主旨，越短越好。如果过于冗长，会给人以沉闷感。当然，在追求字数简短的同时，也要避免核心关键词的缺失。核心关键词是组织要告知公众的关键信息，包括组织简称、组织要推出的产品名称、获得的荣誉和奖项、组织的经营理念等核心内容，在标题中要设法放置 1~2 个关键词。如 2011 年 3 月 12 日刊登在《中国经营报》上的一则"哎呀呀"饰品连锁股份有限公司公关新闻标题《哎呀呀"会省钱"的营销理念》，就把"哎呀呀"的经营理念这一核心关键词直接嵌入标题。再如，《凤凰卫视》曾做过一个企业专访节目，邀请蒙牛集团董事长牛根生做客直播间，节目从老总姓牛、爱牛谈起，谈到牛脾气，再谈到牛奶的制作过程，整篇采访十分自然、平易，时有让人爆笑之处，在幽默、自然中有效传达了蒙牛集团的企业理念，凸显了牛根生的个性魅力，其标题也生活化、有亮点——"牛总谈牛"。[①]

二、提炼导语

导语是新闻的开头语，在英语里叫"lead"，即领头的意思，可见它对新闻的重要性。

它一般是用精粹的一句话或一段话，简明扼要地写出主要新闻事实，起到点明主题、指示意义，唤起读者注意，使读者脑海中先有一个总概念的作用。

美国现代新闻学者麦尔文·曼切尔在他的《新闻报道与写作》一书中指出："写作过程的第一步，也是最重要的一步，那就是写作导语了，写好导语相当于写好消息。""我写新闻，有一半甚至更多的时间用在琢磨导语。"美国另一位新闻学者威廉·梅茨在他的《怎样写新闻——从导语到结尾》中，更是强调："导语是新闻报道中最重要的一部分，抓住或者失去读者，取决于新闻稿的第一段、第一句，甚至是第一行。""导语是记者展示其杰作的橱窗。"

---

① 郭桂萍．在新闻与广告之上舞蹈——公共关系新闻写作研究［D］．长春：长春理工大学，2011.

一般的新闻都有导语，那些篇幅长、分若干段落来写的新闻，第一段是它的导语；那些不分段的新闻，第一、第二句话往往就是其导语。简讯因为文字太少，没有明显的导语。

导语的主要内容涉及新闻的五个基本要素，国外惯称"五个 W"，即何时（When）、何地（Where）、何人（Who）、何事（What）、何因（Why）。也有的新闻在导语中只写出何时、何地、何人、何事，而把何因放在新闻的其他部分交代。因所写新闻的角度和内容不同，导语的写法也多种多样。常见的有：

（一）叙述式

即用叙述的方法开头，把新闻中最重要、新鲜的事实平铺直叙、简明扼要地写在开头。如《蒙牛传情草原圆梦系列活动上海收官》刊登稿导语："（2010年）8 月 2 日，蒙牛集团发起的'蒙牛传情 草原圆梦'系列活动顺利收官，部分'国家的孩子'找到了疑似亲人，千里寻亲也在欢笑声中圆满落幕。"这里用叙述的方法写明了新闻事实的时间、人物、事件、结果。

（二）描写式

即用描写的方法开头，从事件发生的环境气氛入手，由外及内，引出所蕴含的实质内容。如《千锤百炼为新闻 躬耕湖湘写华章——〈新闻天地〉杂志举行创刊 10 周年庆典》刊登稿导语："笑语盈盈，道不尽千般感慨；乐声悠扬，激荡起满腔豪情。2011 年 1 月 11 日上午，《新闻天地》杂志社隆重举行杂志创刊 10 周年庆典活动和大型酒会。来自政界、商界和新闻媒体的同仁齐聚一堂，深情忆旧，其乐融融，共同为杂志 10 岁的生日庆贺，一起绘织杂志的美好未来。"通过对环境气氛的描写，有效地烘托了活动主题。

（三）提问式

即先提出问题，再回答问题，目的在于引起读者对某一问题、观点的关注和深思。如《增强党组织凝聚力战斗力，清华大学切实做好支部工作》刊登稿导语："在改革开放新形势下，高等院校的基层党组织如何发挥其政治核心作用？清华大学的经验是：党支部只有紧紧围绕培养社会主义事业的建设者和接班人以适应建设有中国特色社会主义的需要这个中心开展工作，才能成为团结和带领群众进行改革和建设的政治核心和战斗堡垒，才会有凝聚力和战斗力。"① 这里先明确提出问题，然后用事实加以简要回答。这样有利于唤起受众的注意，强化受众对事实的印象和思考。

（四）结论式

即先提出一个结论式的观点，然后再对结论加以阐述。这种先主后宾的写法也叫"倒金字塔"式的写法。如"'啤酒气足，群众气消'。去年受到《人民日报》批评的南昌啤酒公司，一扫粗制滥造的积弊，啤酒质量明显提高。"② 既生动活泼，又一语中的，很好地发挥了吸引受众阅读的作用。

（五）评论式

即在叙述事实的同时对事实进行评论，以使事实的价值和意义更为明确和肯定。如《解放日报纪念特刊将由"神六"搭载升入太空》刊登稿导语："《解放日报》出版的《解放日报"神六"发射成功纪念特刊》今天（2005年10月12日）由'神舟'六号载人飞船搭载升入太空，成为人类历史上第一张进入太空的报纸。"既交代了"解放日报纪念特刊将由'神六'搭载升入太空"这一新闻事实，又对事实进行了恰当的评论——人类历史上第一张进入太空的报纸，其意义和价值显而易见。

导语的写法很多，但不能把它当作死板的公式，照搬照套，这样会束缚自己的思想。只有从新闻的内容出发，兼顾文章的完整性、统一性、和谐性，才能使导语精湛、得当、恰如其分。

三、展开主体

主体是新闻的主干和中心，它承接导语，对新闻内容作进一步叙述或说明，如按时间顺序或记者采访、参观的顺序交代事物的来龙去脉；根据事物的类别、性质、功效、内容等安排层次。

一篇新闻的质量如何，主要看主体部分写得怎么样。所以，写新闻稿时，一定要在主体上下功夫，既要注意做到内容充实、材料具体、言之有物、线索清楚、层次分明、结构严谨、焦点集中，还要注意力求语言生动活泼、表现手法灵活多样、篇幅长短适宜。美国公关专家弗雷泽·P. 西泰尔在他的《公共

---

① 张选国. 写好提问式新闻导语 ［J］. 新闻与写作，1993（9）：36.
② 易圣华. 新闻公关策划实战 ［M］. 北京：机械工业出版社，2009.

关系实务》一书中指出：一篇新闻应该就像《今日美国》里描述的文章格式一样：短小、精悍。段落应该简短而且多变；鼓励多用"一句式"段落。词语和句子都应该保持简练。新闻平均篇章长度大概应该保持在 500 字左右，不超过两页半。

四、交代背景

背景是指新闻所写事实发生的历史、原因和环境。在新闻中恰当介绍事件发生的背景，能充实新闻内容，烘托、深化主题，补充说明事件的前因后果等。

背景材料有对比性材料、说明性材料、解释性材料等。对比性材料包括正反对比、彼此对此、今昔对比等，以此凸显所报道事件的重要价值和意义。说明性材料包括政治背景、历史背景、地理环境、物质条件等，可以帮助受众认识新闻事件发生、发展的必然性。解释性材料包括对新闻中所涉及产品的性能、特征、专业知识、专用术语的解释，以及人物的出身经历、性格特点的解释。

背景材料通常插在主体中间，也可独立成段。

需要说明的是，使用背景材料要精心选择，不要写得过多，喧宾夺主，或与主题游离。当然，内容单一的、小型的新闻，可以不用背景材料。

五、考虑结尾

新闻对结尾没有严格的要求，有的随主体的结束，全文随之收束。有的在主体之后，还需要另写一个结尾。新闻的结尾如果写得好，能起到画龙点睛的作用。

新闻的结尾方法和一般文章相似，有总结式、启发式、号召式。总结式是对所报道新闻事实进行小结，使人更加明确新闻报道的意义。启发式是话留余地，让受众自己去思考、理解，寻找结论。号召式是结合新闻所报道的事实，在结尾发出号召，提出希望和要求，鼓舞受众、感召受众。

写作新闻的结尾要注意不能生硬，不能画蛇添足，要写得有必要，自然而然。同时还要注意不和导语、主体的内容重复。美国的一位新闻工作者曾说过："当你坐在打字机前，眼盯着稿纸，为想一段漂亮的收尾文字而搜索枯肠时，很可能文章的结尾已经写出来了。你在那儿刹住就行了。"这就是说，不能为了结尾而结尾。

如在《蒙牛传情草原圆梦系列活动上海收官》刊登稿的导语之后，写作者按活动内容、事件的来龙去脉对新闻事实做进一步说明，并根据需要介绍了活动的背景、影响和意义。最后以蒙牛集团的行动和担当启发受众勇于承担责任，奉献真情。

《蒙牛传情草原圆梦系列活动上海收官》刊登稿

2010年8月2日，蒙牛集团发起的"蒙牛传情　草原圆梦"系列活动顺利收官，部分"国家的孩子"找到了疑似亲人，千里寻亲也在欢笑声中圆满落幕。在内蒙古相关机构和南北媒体的通力合作下，这场亲情旋风迅速席卷了苏、沪、浙、皖四省，在全社会掀起了帮助3000名孤儿寻亲的热潮。而通过政府部门、媒体、企业间的通力合作，跨地域的寻亲，也让全社会感受到了和谐社会的温暖之光。

蒙牛相关人士表示，蒙牛几次支持并参与寻亲活动，是对草原精神与草原文化的一个传承，也是搭起内蒙古与苏、沪、浙、皖四省之间友爱与沟通的桥梁。作为扎根内蒙古、发源于和林格尔的企业，蒙牛希望发扬这股大爱，让所有人都能见证到内蒙古的巨变，国家的进步。

草原大爱搭起连心桥

50年前，上海、江苏等南方地区的一些孤儿院因为粮食匮乏而陷入了困境，3000余个幼小的孤儿营养不良，患病人数越来越多。内蒙古自治区党委按照党中央指示，接受并养育了这些孤儿，他们从此也便成为了"国家的孩子"，在草原牧民的养育下渐渐成长。如今，这些孤儿大都接近了叶落归根之年，养父母或老伴的离开愈发勾起了他们的怀乡之感。

今年是南方3000名孤儿落户内蒙古50周年，在内蒙古自治区相关部门大力支持下，自5月初起，蒙牛乳业集团联合由内蒙古《北方新报》、上海《新闻晚报》、江苏《扬子晚报》等组成的"寻亲媒体联盟"，组织了这次"蒙牛传情　草原圆梦"系列活动。

由41名"国家的孩子"组成的"跨省寻亲团"从草原一路下江南，蒙牛为他们在安徽省马鞍山，江苏省宜兴、无锡、苏州以及上海等地举行了5场寻亲会，并寻找专业医疗机构，为寻亲团全体成员免费做DNA鉴定，到活动收官时，已有乌日娜和叶惠卿姐妹俩、逯燕、张海仁、吴丹、甜梨、辛广萍、张秋芬等"国家孩子"找到了疑似亲人，也找到了家庭的温暖与浓浓的亲情。

"草原母亲"再续寻根情

虽然寻亲之旅暂告一段落，寻亲活动却仍在继续。目前，内蒙古自治区档案局为"国家的孩子"更新了档案计划，为他们以后寻找亲友提供了便利，即使活动结束寻亲仍在继续。

收官活动当天，在蒙牛的总部所在地，举行了"草原母亲"雕像揭幕仪式。这是蒙牛园区的第二尊草原母亲雕像。草原母亲雕像是草原儿女感恩母亲的一种象征，蒙牛在生产园区树立草原母亲雕像是对它所依托的这片土地的无限感恩。

这也正体现了蒙牛企业的理念——"卖牛奶是蒙牛作为一个企业的生存之需，而回报社会是蒙牛作为一个责任企业应尽的义务"。蒙牛自成立以来就一直投身于公益事业中，随着企业的发展，公益的投入也逐渐加大，玉树地震蒙牛捐赠 500 万元；西南旱灾蒙牛捐赠 500 万善款及物资；2008 年汶川"5·12"地震，蒙牛乳业集团及全体员工累计捐款捐物 1000 多万元；2006 年，蒙牛倡议发起"中国牛奶爱心行动"，至今，全国已有 1000 余所小学受益于此，蒙牛累计投入超过两亿元。

一个真正的大品牌，一定是社会责任的率先承担者，蒙牛用它点点滴滴的行动担当起它的社会责任。①

要使新闻稿得到报刊编辑们的认同和重视，取得良好的传播效果，写作时还要讲究技巧。英国公关专家杰夫金斯在其《最新公共关系技巧》一书中提出：要向媒介提供读者感兴趣的有价值的原始材料；尽可能避免自我吹嘘和评论，采取相对客观的态度和正确的视角，增加稿件的可信度；避免使用冗长的专业术语，多采用便于读者阅读的短词、短句和短文；写作新闻稿，应提前选择好媒介，根据有关报刊的性质、风格与特点，以及其出版的周期、时间，来确定新闻稿的主题和投稿时间；一般来说，公关新闻应包括七个方面的内容：报道什么主题；组织的名称；组织的地点；组织某种产品或服务的特点与优点；其使用方式与对象；有关的详细情况；该新闻的来源。前三个方面的内容应出现于开头第一段文字中。②

美国公共关系专家斯科特·卡特里普等在《有效公共关系》中提出，高质量的稿件应符合一定的标准。从新闻角度看，应符合八条标准：新闻或信息是否能够真正地吸引人们的兴趣；文章是否能够切实回答读者或听众的疑问；听众或读者是否认为所有问题已解释清楚；稿件是否确有新闻价值；是否能在

---

① 腾讯财经. 蒙牛传情草原圆梦系列活动上海收官 [EB/OL]. http：//finance. qq. com/a/20100802/005950. htm.

② 弗兰克·杰夫金斯. 最新公共关系技巧 [M]. 夏晓斌等，译. 北京：北京大学出版社，1992.

吸引公众注意力的激烈竞争中取得成功；信息传播是否能促进组织目标的实现，是否确有效用；该新闻的传播是否能准确地反映组织的性质；事实、名称、日期是否准确无误，技术用语是否恰当。从风格和结构方面衡量，要能回答五个问题：内容提要是否能吸引繁忙的读者的注意力，标题是否简明扼要；文中的事实是否与标题一致；新闻稿件是否简明清楚；稿件会不会受到"试图做免费广告"的指责；新闻信息是否能在以事实为依据的基础上尽可能地激动人心、引人注目，但又不夸大其词。①

这些说法都非常值得我们思考和重视。

第三节　新闻稿存在的问题

新闻稿很有价值，但也存在许多问题。概括起来，主要有：

一、用词夸张，有吹嘘之嫌

新闻稿是一个拒绝吹嘘、夸张的地带。否则，会让人怀疑整篇文章的真实性。但有不少新闻稿往往不顾实际，乱用禁忌语。如"独一无二"、"知名的"、"著名的"、"最先进的"、"最尖端的"、"世界级的"、"一流"等。这样，势必会受到报刊编辑的否弃，影响新闻稿的使用和刊发。如某广告和传播集团麾下的成员公司与某广告公司联合成立合资公司。他们在给媒体提供的《××、×××强强携手，引领中国互联网广告发展新趋势》的新闻稿中写道："今天，作为世界领先的广告和传播集团××麾下成员公司，××与中国顶尖的互联网代理公司×××在北京举行了隆重的签约仪式暨新闻发布会……"人民网、新华网等媒体在刊发时都删去了题目中的"强强"和文中的"顶尖的"。

也有不少媒体为了追逐商业利益，一味拔高、美化自身的目标、行为、行业地位等。从已刊发的公关新闻标题就可见一斑。如《造世界上最好的空调》、《××空调以核心科技领跑全球空调产业》、《国内家电企业悉数亮相广交会，××大展行业领导者风范》等。

哈贝马斯在《公共领域的结构转型》一书中指出："伴随新闻媒体影响范

---

① 斯科特·卡特里普等. 有效公共关系［M］. 杨滨等，译. 北京：中国财政经济出版社，1988.

围和力度的扩大，公共领域也被进一步推进，但是，媒体却越来越远离这一领域，因为它重新回到过去以商品交换为代表的私人领域，媒体的传播速度越快，能力越强，效果越显著，就越容易被某些个人或组织利用，来彰显其利益。"① 在公关新闻中过分夸张地自我吹捧、自我赞誉势必影响传媒的形象和信誉，造成公关新闻的负口碑传播效应。

二、将公关新闻和广告新闻掺杂在一起

关于公关新闻和广告新闻，在本书第三章已做过区分。将公关新闻处理成或等同于广告新闻，不仅会影响新闻的真实性，也会影响媒体公信力，影响公关主体的美誉度。

如 2008 年 7 月 12 日《晶报》在 A7 版刊登的《求职无望，一级厨师跳楼获救》一文中写道：

26 岁的小伙李军经过几年的打拼，终于拿到了"一级厨师"资格，月薪 7000 元，然而好景不长，干了几个月后，患了手癣，被迫辞职，尽管他到处说手癣患者做饭不会传染给别人，却处处碰壁，苦恼之下，他拿着"一级厨师证"坐在楼顶边缘。周围的居民见状，纷纷相劝，消防部门在楼下准备好了云梯车和救生气垫。两名警察靠近欲跳楼的李军，细心劝说，才使他放弃了轻生的念头。幸遇好心人推荐他用"癣清"，使用 3 天后，脱皮的症状好多了，手也没那么痒了，红斑也缩小了，连续使用 12 天后，小水泡开始结痂，不到 30 天就全好了，手变得光嫩了，他又重新回到了厨师的工作岗位。(癣清咨询 0755-82274678)②

这篇看似"新闻"的报道，实际上是为名为"癣清"的产品做广告宣传，在文章的最后甚至还标注了产品咨询的具体电话，这种以新闻形式出现的广告，即典型的"新闻广告"。很显然这篇"新闻"的编写者是在为企业产品做广告，这种一般由新闻媒体"授权"之下有意为之的行为，是新闻从业人员为获取企业的广告费用，将广告以新闻的形式撰写并发布出去的。这种形式的广告，对于广大受众而言，具有强烈的诱导性，极易混淆视听。③

三、新闻价值不足

虽然公关新闻的目的在于传递组织信息，树立良好的组织形象，但既然写

① 哈贝马斯. 公共领域的结构转型 [M]. 上海：学林出版社，1990.
② 求职无望，一级厨师跳楼获救 [N]. 晶报，2008-7-12 (A7).
③ 韩颖. 公关新闻报道中的问题与对策研究 [D]. 辽宁：渤海大学，2012.

成新闻，就要遵循新闻传播的规律，体现应有的新闻价值。这就是说，新闻稿的撰写既要符合组织的整体目标，为组织目标服务，又要符合媒体的利益，有突出的新闻价值，能为媒体赢得受众。与此同时，还要符合政策，符合社会效益的要求。否则，不仅会影响组织的形象，还会损害媒体声誉，影响媒体与组织的长远合作关系，破坏媒体、组织和社会效益的平衡。但从目前的公关新闻来看，一些企业为追求宣传效果，不顾媒体效益和社会效益，在新闻稿中除了自我表扬、自说自话外，少有具有新闻价值的信息。

如 2014 年 8 月 19 日刊登在某报头版的新闻《暑期青梅精英汇，开启校园新媒体探索之旅》：

本报北京 8 月 18 日电　今天，湖南大学"岳麓青梅"手机客户端负责人姜翔离开入住的中青记者之家酒店时，将一张写有"认定方向，渴望成长"字样的明信片交到了组织本年度暑期"青梅精英汇"的工作人员手中。姜翔表示，他将本次北京之行定义为"探索之旅"。

刚刚过去的 5 天里，姜翔和来自全国 63 所高校的 64 名"青梅 CEO"一起，参加了由中国青年报社与中国高校传媒联盟举办的 2014 年暑期"青梅精英汇"活动。

活动期间，主办方设计了青梅创意课堂、新生季 Work Shop 等活动，鼓励大家大胆创新；组织参观了奇虎 360、微软亚洲研究院等知名互联网单位；邀请徐百柯、曹林、秦珍子、林衍等名编名记为"青梅 CEO"讲述采编背后的故事，并邀请"罗辑思维"主讲人罗振宇和脸萌 CEO 郭列与"小青梅"共话成长，一起探讨新媒体发展之路。同时，还邀请中国足坛"金哨"孙葆洁担当鸟巢杯青梅足球赛的裁判，指导"青梅 CEO"享受快乐足球。

在 8 月 14 日的迎新预备会上，中国青年报副总编辑董时作为"青梅大学"校长，欢迎"小青梅"的到来，她对大家说："青梅是中青报孕育的小生命，这款基于校园的手机 APP，一直和大家共同成长，希望你们在欢乐的氛围中，收获信心，收获成长。"

据了解，截至今年 7 月 24 日，青梅实际用户数达到 263575 人，覆盖全国 227 所高校。

8 月 16 日，在青梅创意方案融资会议上，江西师范大学"青信青梅"的宋旭与团队成员一起，向参会人员展示了他们的创新服务方案——约吧，获得了全场最高融资金额。"新媒体产品需要创意，青梅需要创意，创意课堂和 Work Shop 的环节让我更加意识到创意的重要性。"宋旭说。

武汉大学"武大青梅"负责人袁昊则认为，本届精英汇让他看到了方向。"精英汇的最后一晚，我们给青梅过了两周岁生日，青梅经过两年的发展，已经渐趋成熟。新的一年，新的挑战。"袁昊说。

青梅将于近期启动新生季项目，通过一系列的鼓励政策，加强青梅在下一阶段的推广力度。

虽然行文比较活泼，很能吸引读者注意，但由于同类活动较多，事件本身的新闻价值不高，所以看完后仍然如云里雾里，不知所云。"姜翔"、"青梅大学"、"青梅精英汇"、"青梅 CEO"以及活动介绍都成了自说自话、自娱自乐的文字。

美国经验丰富的沟通策略专家、艾美奖获得者戴维·亨德森在他的《管理者一定要懂媒体》中曾说过："那么多公司送出的新闻稿其实都不是新闻。""有效的新闻稿必须是新闻。不是空话，不是推销，当然也不是关于你们公司的内容。""只有当公司和组织者们停止谈论自己，开始按照媒体的喜好讲述新闻时，他们才有可能获得媒体的充分关注。"这就是说，只知自我推销、自说自话、自我吹捧的新闻稿，是难以引起媒体广泛兴趣的。

四、新闻事实失真

早在 20 世纪初，被称为"现代公共关系之父"的美国著名记者、公共关系职业的创始人之一艾维·李就提出了要讲真话，要尊重公众的公共关系思想。《中国公共关系职业道德准则》第六条也明确规定："公共关系工作者应当注意传播信息的真实性和准确性，防止和避免使人误解的信息。"但在实际操作中，一些企业为吸引媒体和读者注意，达到成功宣传自己的目的，想方设法虚构事实，杜撰新闻。

如 2012 年 2 月，《中国经济周刊》报道了一篇题为《林春平：买下美国银行的温州商人》的新闻。报道中这样写道："去年 11 月，温州商人林春平花了 6000 万美元买下了一家美国银行，这家后来更名为'新汇丰'的银行已于 2011 年 11 月 11 日试营业——这是温州民间资本在金融业左冲右突十年却未有结果的一次'破冰之旅'，也是温州民资在国内试水银行业遭遇'政策玻璃门'之后的苦涩选择。"而在 2012 年 1 月 12 日，温州双频实业有限公司董事长林春平在《温州商报》刊登广告，自称"收购了美国大西洋银行"，需要招聘员工数人。后来，"中国网事"记者为核实此事，在美国展开了层层调查，结果发现的真相是林春平通过某律师事务所花了 313 美元注册了一家美国新汇丰联邦财团公司。整个过程都是林春平虚构出来的，为的是炒作他现任董事长的温州双频实业有限公司，并为公司招揽优秀人才。①

显然，这样的做法既违背新闻传播的基本原则，也不符合公共关系的伦理道德，其结果只能使自己名誉受损，深陷被动。

《经济日报》记者魏永刚在他的《走出通稿之困》一文中曾说到这样一件事：一次他应邀采访某地工业经济的发展情况，到了之后却发现行程安排中涉及工业的地方并不甚多，面对他的困惑，对方拿出现成的通稿，通稿详尽地介绍了一个企业的某项技术创新，说这项创新为企业带来了多大效益，改变了企业发展的方向。但他到这个企业之后，企业负责人和工人都说，这项创新是有的，但其作用却并不如此。而给企业带来变化的是企业体制的改革和管理的强化。

魏永刚文章中所说的这篇通稿就存在着新闻失实、以偏概全的问题。如果不加选择地进行刊登，既误导受众，也有损记者形象。

五、缺乏必要的写作技巧，新闻稿平淡乏味

信息爆炸时代，受众无时无刻不在信息的包围之中。要使公关新闻吸引受众眼球，掌握新闻稿的写作技巧，提高新闻稿的可读性至关重要。但目前，由于写作者急功近利，写作技巧不足，致使新闻稿从标题到正文带给受众的心理冲击力不强，文字平淡乏味，无法吸引受众注意和阅读。这会影响新闻稿在媒体的发稿率，即使刊用也会遭到大幅度的改写或缩减，从而影响新闻稿的传播效果，影响公关主体的形象。

如中信信用卡发卡突破 100 万张时，提供给不同媒体的是 848 字的新闻通稿：

值"神六"飞天之日，中信信用卡发卡一举突破 100 万张

本报讯 在普天同庆"神舟六号"发射成功的大喜之日，中信信用卡累计发量成功突破 100 万张大关。"我们用实际行动向祖国的航天事业贺喜"，中信实业银行行长陈小宪说。

今年以来，中信实业银行的信用卡发卡数量从年初的 30 多万张一举突破百万张。据悉，这种快速发展主要得益于中信实业银行战略的调整、机制的转

---

① 宋子慧. 企业媒体公关营销操作中的道德问题探究［J］. 科技广场，2012（6）：173.

变和产品的创新。

今年年初，中信实业银行开始大力出击零售银行业务。2004年末，中信实业银行推出中信贵宾理财业务，随后全国首张专门为特定地区人士量身定做的银行卡——中信"温州人卡"首发，银行的金融服务首次冠上了"温州人"品牌。这一细分市场的创新产品令人耳目一新，受到市场的极大关注。与此同时，中信实业银行在今年初以来推出6项外汇及人民币理财产品，不但包括以前被投资者广泛接受和认可的稳定收益型产品，而且还创新性地开发出浮动收益类型产品，成为中信实业银行大力开展个人银行业务的一个更有力的佐证。

今年9月，该行在充分进行市场调查和市场细分的基础上，又推出一款专门针对女性市场的信用卡"中信魔力信用卡"，在卡版设计、制作技术、增值服务等方面实现了多项创新，并将发卡对象直接面向年龄在25岁至35岁的女性，再次显示中信实业银行的创新活力。短短一个月内该卡已发卡两万多张，受到年轻白领女市民的热烈欢迎。

陈小宪行长说，"去年我行的个人存款只占10%，中国二十多年来经济的飞速发展造就了大量的白领阶层，而个人财富在下一阶段仍会迅速膨胀，面对这种社会结构，零售业务是中小商业银行必然的选择"。他表示，该行将力争在三年内使个人储蓄存款达到1000亿元的目标，在全行业务中的占比达到20%。

"神舟六号"的胜利升空，令中信实业银行的全体员工感到欢欣鼓舞。对于蓬勃的国内信用卡市场，陈小宪认为，按照中国加入WTO时的承诺，中国银行业到2006年年底要全面开放，届时，中国银行卡市场将面对外资银行的激烈竞争，这将给目前国内银行带来巨大的压力。陈小宪说，"中国的金融业也应发挥创新、进取的精神，才能在激烈的国际竞争中立于不败之地"。①

虽然事件本身有一定的新闻价值，但由于在介绍产品和企业时写法较平直，自说自话的自我宣传太明显，与新闻版面内容相去太远，最后在多家媒体刊用时都被大幅删减。

如《东方早报》的报道（357个字）：记者昨日从中信实业银行获悉，中信信用卡发卡数量已经从年初的30多万张，一举突破100万张。中信实业银行行长陈小宪表示，该行将力争在三年内，使零售业务在全行业务中的占比达

① 郭桂萍.在新闻与广告之上舞蹈——公共关系新闻写作研究［D］.长春：长春理工大学，2011.

到 20%。

据了解，中信信用卡的快速发展主要得益于中信实业银行战略的调整、机制的转变和产品的创新。今年 9 月，该行推出一款专门针对女性市场的信用卡——"中信魔力信用卡"，在卡版设计、制作技术、增值服务等方面进行多项创新，并将发卡对象瞄准年龄段在 25 岁到 35 岁的女性，短短一个月内该卡发卡量达到 2 万多张。

陈小宪表示："去年我行的个人存款只占 10%，中国 20 多年来经济的飞速发展造就了大量的白领阶层，而个人财富在下一阶段仍会迅速膨胀，面对这种社会结构的变化，零售业务是中小商业银行必然的选择。"他表示，该行将力争在三年内使个人储蓄存款达到 1000 亿元的目标，在全行业务中的占比达到 20%。

金羊网的报道（197 个字）：本报讯　中信银行通过战略调整和产品创新，经营跃上新的台阶——目前该行信用卡累计发卡量成功突破 100 万张大关。

今年年初，中信实业银行开始大力出击零售银行业务。不仅推出了全国首张专门为特定地区人士度身定做的银行卡——中信"温州人卡"，还推出 6 项外汇及人民币理财产品，不但包括以前被投资者广泛接受和认可的固定收益型产品，而且还创新性地开发出浮动收益类型产品，成为中信实业银行大力拓展个人银行业务一个更有力的"助推器"。

中信银行行长陈小宪表示，该行将力争在三年内使个人储蓄存款达到 1000 亿元的目标，使其在全行业务中的占比从目前的 10% 提高到 20%。

第四节　新闻稿的发布

公关新闻对组织形象的塑造和传播有重要意义。那么，怎样将组织的新闻发布出去呢？一是公关人员撰写新闻稿，然后向媒体投递。二是举办新闻发布会，接受媒体记者采访，提供新闻信息。三是邀请记者采访，包括采访组织举办的活动、采访组织推出的典型等，提供新闻信息。

进行新闻发布除办好新闻发布会，使记者觉得不虚此行以外，还应注意一些问题。

一、选择合适的媒介

不同媒体有不同的舆论宣传功能和计划安排，网络、电视、广播、报纸的媒介特点各不相同，即使是同一种介质，其版面和栏目也各有特色。因此，其对新闻稿的选择和使用也不尽一致。这就要求公关人员在向媒体提供新闻稿时，一定要考虑媒介的个性特点，选择合适的媒介。

特定的新闻稿应发给特定的媒体，特定行业的新闻稿应该发给服务特定行业的媒体，专项新闻稿应该发给一般媒体负责该专题的采编人员等。如财经新闻稿应发送给财经媒体，或媒体的财经新闻采编人员；文体新闻稿应发给媒体体育部、文娱部的采编人员等。以树立权威形象或提升技术形象为主要目的的新闻稿可以发给印刷媒体，以树立市场形象为主要目的的新闻稿则应发给网络媒体。对组织进行深度报道的公关新闻适合在平面媒体发表，为组织营造热烈气氛、使组织活动在第一时间得到快速传播的公关新闻适合选择网络媒体。

如在 2012 年 10 月，格力电器共发表 50 篇公共关系新闻稿件，其中 1 篇刊登在《科技日报》，3 篇刊登在《人民日报》，其余 46 篇选择网络进行投放，并被各大网站转发。因为《科技日报》与格力电器"自主研发龙头老大"的品牌地位完全吻合。①《人民日报》有利于树立和强化格力电器的技术"权威"形象，网络媒体能使其形象信息、活动信息得到及时传播。

二、选择合适的新闻稿发布时间

一篇新闻稿的发布时间要预先做出计划。一般要避让重大事件发生的日子（如重要会议、盛大庆典、举足轻重的体育赛事等），因为媒体对这些事件的报道会冲淡新闻稿的传播效果。当然，如果能够搭上热点议题的"顺风车"，将会是一种不错的选择。

如 2011 年 8 月 8 日，方太集团利用达芬奇家具"造假门"的热点议题，在人民网上发布了题为《"达芬奇现象"让中国高端品牌情何以堪》的新闻稿。标题上看，该文似乎是在谈"达芬奇现象"给高端品牌带来的影响，正文的主要内容其实是宣传方太集团的创新追求，技术设计上的突破以及品牌培育思路等。由于文章与热点议题结合巧妙，宣传自然，所提观点引人深思，所以，经人民网发布之后，又被新华网、中新网、网易、搜狐等各大媒体转载。

---

① 周茹 . 网络时代我国企业公共关系新闻优化传播 [D]. 湖南：湘潭大学，2013.

新闻稿全文如下：

近日，高端家具品牌"达芬奇"家具深陷"造假门"，让人震惊的是造假的不只是产品，还有血统。达芬奇让梦想成为高端品牌的企业汗颜的是，其一款家具高达千万元，最便宜的也是几十万元起，层出不穷的质量问题也挡不住其成为高收入人群青睐的高端品牌。令人匪夷所思的是，无论是央视的权威报道，还是达芬奇发布会自我澄清，依然让人对达芬奇的身世摸不到头绪：国产品牌出口转内销？还是意大利原装奢侈品？

业内人士分析，"达芬奇现象"不仅折射出中国巨大的高端消费市场，也折射出消费者崇洋媚外的消费心态让其饱受着高价消费洋品牌后有苦没法说的尴尬，但深层次的核心问题在于中国缺乏真正的高端品牌。

"品牌小国"尴尬了谁？

"达芬奇现象"令中国企业尴尬的是同样的产品，为何中西品牌差异下，能导致数以千倍计的价格落差？由商务部提供的一份数据显示，目前，我国各类进出口企业中拥有自主商标的不到20%，全国自主品牌出口占出口总量的比重只有可怜的10%，200种产量居于世界第一位的产品，大多数是替外国品牌做"贴牌"。

与发达国家相比，中国企业的品牌建设仍处于起步阶段，尽管近年来中国企业已经逐渐加快了品牌建设的步伐，但是，国产品牌与洋品牌相比还是存在着非常大的差距。业内专家认为形成这种差距的原因有以下几点：

首先，在品牌建设的起步阶段，中国缺乏成熟的品牌理念，与发达国家早已成熟的品牌培育体系存在较大差距。

其次，具有带头和示范作用的知名企业数量偏少，世界上的知名品牌大多集中在消费品领域，而在中国，则基本上集中在资源类以及国有垄断企业中。

另外，中国消费者的自主品牌意识仍普遍比较薄弱，尽管中国消费者呈现品牌化、高端化消费的趋势已经越来越明显，但尚未形成具有民族文化特色的消费标准和消费认知，民族品牌意识淡漠，崇拜洋品牌、轻视国产品牌的现象仍不同程度地存在。

顶着"世界第一制造大国"光环的中国制造业，却不得不面对"品牌小国"的尴尬，中国制造业何时能够将"低端"、"低价"等这些没有身价的标签甩掉？

高端品牌"小荷才露尖尖角"。

虽然中国的品牌建设在巨大的差距下看起来举步维艰，但是，仍然有小部分企业承担起先行者的角色。相比而言，厨电行业凭借对中国烹饪习惯和中国家庭厨房环境的了解，在高端厨电领域开辟了属于自己的一块高地。

根据中怡康的一份监测数据显示，在厨电行业的市场占有率排行中，位列前茅的是中国本土品牌，而国际巨头西门子却在中国厨电市场上折戟沉沙，"洋品牌"的光环日益黯淡。

当然，饮食文化差异形成的"主场优势"并不是中国厨电品牌战胜洋品牌的全部因素，以方太为代表的厨电行业在技术、设计、品牌管理等方面的全面发力，才是中国厨电品牌能够笑到最后的关键所在。

在外界看来，厨房电器似乎是没什么技术含量的产品，竞争多靠品牌和价格。然而在与西门子、老板等诸多厨电品牌的激烈竞争中，方太却走出了一条不可复制的"技术路线"，用不亚于造飞机的技术含量造高标准的油烟机。

也正是这样的坚持和高标准，才成就了方太在高端厨电领域的专家和领导者地位，成为高端厨电这场"中西之战"的"先头兵"。方太通过15年的探索，走出了一条高端品牌之路，成为国内少有的品牌价值远远高于有形收入的厨电企业。

核心技术、工业设计、管理模式三位一体的创新是关键。

核心技术话语权丧失直接导致了中国品牌在全球品牌价值链中的低端地位，一直制约着中国制造业尤其是家电行业的快速发展。而方太在核心技术方面所表现出的前瞻性和果敢，充分体现出了其成为国际一流品牌的潜质。从中国第一台自主研发的深型吸油烟机到目前业内最全面的厨电解决方案——高效静吸科技，中国厨电历史进程中的每一次重大科技创新都能看到方太的身影，核心技术的持续创新构成了方太深厚的无形资产。

中国品牌"低附加值"的另一罪魁祸首就是缺乏工业设计，方太深谙此中奥妙，通过与国际顶级设计公司IDEO的合作，实现了产品设计上的突破与创新。2010年方太与IDEO首度合作推出的"光影六系"取得了极高的品牌和市场回报，2011年C1行政总厨六系极简奢华的设计风格和方太厨电核心技术的集中应用，再次完美呈现了国际顶级设计与中国厨电顶级研发科技的珠联璧合，成为中国高端厨电的历史标杆作品。据了解方太是业内获得IF、红点等国际顶级工业设计大奖次数最多的企业，已成功跻身具有国际顶级工业设计水准企业的行列。

除了在核心技术和设计领域持续发力之外，在品牌管理上，方太实现了完美的中西合璧。在企业管理方太采用儒家管理思想打造了"以人为本"的企业文化，实现了人本管理。来自世界500强企业的超豪华职业经理团队，为方太带来了世界最先进的管理理念和管理工具，实现了科学化管理。正是基于这样的创新才使其多次蝉联"中国消费者第一理想品牌"荣誉，并获得"全国顾客最佳满意十大品牌"、"影响中国杰出品牌贡献奖"等一系列荣誉称号。这是对方太在品牌管理上所做努力最好的肯定。

业内专家称，与其临渊羡鱼，不如退而结网。要化解我国"品牌小国"的尴尬唯有加快品牌建设，尤其是高端品牌培育，像方太这样的小众领域的大品牌给中国高端品牌建设提供的创新思路值得借鉴。

另外，还要注意：一般主题的新闻稿，选择媒体新闻稿源比较短缺的时间来发布，有助于提高发稿率。如假日、周末时间，因为媒体缺少新闻来源，新闻稿获得报道的可能性就会比较大。当然，在发送新闻稿时还要考虑发送媒体的截稿时间。

三、向国际发送新闻稿要考虑"当地新闻需要"和新闻稿的形式

在向国际发送信息时，遇到的首要问题是从哪里开始。假定有很多选择，最好是把发布工作集中到最容易吸引新闻报道的地方。因为新闻工作者趋向于寻求当地新闻，所以应从拥有办事处、工厂、分销协议、消费特许经营权或贸易合作伙伴的国家开始。[1]

除此，还应考虑新闻稿发送地的社会背景、语言文化差异。为克服跨文化传播沟通中的障碍，提高信息传播效果，国际知名新闻发布机构——美通社建议采用图片、视频等多媒体形式来传播企业信息，因为图片和视频受语言文化差异的影响相对于文字要小得多，而且比单纯的文本新闻也更能吸引媒体和公众的关注。[2]

思考题：

1. 谈谈写新闻稿应注意的问题。
2. 选择一篇新闻稿（刊登稿）进行评析。

---

① 新华美通公司. 如何让你的新闻稿发向全球 [J]. 国际公关, 2005（4）：83.
② 孔琳. 美通社：挺进多媒体传播 [J]. 国际公关, 2009（9）：59.

第六章 公关广告

第一节 公关广告的作用

美国前总统富兰克林·罗斯福说："如果我能再生，我将首先投身于广告事业。"美国历史学家大卫·波特指出："现在广告的社会影响力可以与具有悠久传统的教会及学校相匹敌。"广告的确是一项充满魅力而又大有可为的事业，广告的作用不可低估。它既能为组织获得社会效益和经济效益创造条件，还能引导消费者的购买意向和购买行为。对于广告主来说，"商品不做广告，就像姑娘在暗处向小伙子递送秋波，脉脉之情只有她自己知道"（美国经济学家布里特语）；对于消费者来说，广告是引导消费的指南。正因如此，中国广告业伴随着市场经济的建立和发展也得到了长足的发展。

一、公关广告和商业广告的异同

作为信息传播的重要形式，现代广告可以分为商业广告、公共关系广告（以下简称公关广告）。商业广告是为盈利而做的广告；公关广告也叫社会组织性广告或声誉广告，是指确定的广告主通过购买专业传播媒介的使用权，向社会公众宣传社会组织信誉，梳理社会组织形象，提高社会组织在公众心目中的认知度的一种广告形式。公关广告和商业广告既有联系又有不同。

（一）公关广告和商业广告的共同之处

1. 扩大宣传范围，提高知名度

广告，顾名思义就是广而告之。通过广告的方式和手段能扩大信息的传播范围，让更多的公众知晓广告信息以及与信息相关的广告主。

2. 加深受传者对广告信息的印象，增强受传者的记忆

在广告播出的过程中，通过对信息的反复呈现，能起到加深印象、强化记忆的作用和效果。

3. 促进组织发展

广告在提高广告主知名度的同时，也有利于公众记忆、辨识其产品和服务，从而促进销售，促进组织的发展。

4. 语言独特，攻心性强

"广告语言是广告生命的支点。广告语言在广告中处于统帅和灵魂的地位。"① 所以，广告创作者在创作时都会反复推敲、提炼、打磨广告语言，最后保留其中最具灵活性、适应性和吸引力的部分。英国诗人、小说家赫胥黎说："写一首过得去的十四行诗比写一则过得去的广告要容易得多。"好的广告语言是广告创作者智慧的结晶，必然有良好的广告传播效果。

5. 注重创意

现代社会，铺天盖地的广告使人们目不暇接。如果广告创意平庸、千篇一律、毫无特色，是难以引起受众的注意的。只有制作与众不同、富有特色的广告信息才能引人注目，才能对受众产生心理冲击力。所以，无论是公关广告还是商业广告，都十分注重创意，力求以新颖别致吸引受众。

（二）公关广告和商业广告的区别

1. 目的不同

公关广告的目的在于宣传组织的形象，以唤起公众对组织的注意、兴趣，赢得公众的认同和信赖。商业广告的目的在于推销组织的商品或服务，以刺激销售，促进购买。当然，公共关系广告因为能很好地宣传组织形象，组织的产品和服务就容易得到公众的认知和赞誉。所以，有学者说：商业广告是让大家买我，公关广告是要大家爱我。当然，公关广告也能够间接地甚至更为有效地推销产品或服务。

2. 内容不同

公关广告的内容以介绍组织的整体情况或特色为主，如组织的归属、经营理念、实力水平、企业文化、发展历史、获得的荣誉、为社会做出的贡献等。

---

① 张道俊. 广告语言技法 ［M］. 北京：社会科学文献出版社，1996.

商业广告主要介绍商品的主要特点，如商品的功能、款式、规格、品牌、使用等，或服务项目、服务特色等。

3. 目标不同

公关广告侧重于追求长远目标，追求社会效益。希望通过对组织的全面宣传，获得公众的好感与支持，建立和公众之间长期的、和谐的合作关系。商业广告侧重于追求近期目标，追求经济效益，希望在最短的时间内以最快的速度向受众宣传商品或服务的信息。

4. 表述不同

一般地，公关广告语言表述比较含蓄，注重组织和公众的感情联络，注重吸引公众关注组织，引导公众进一步了解组织，强调和谐，商业色彩淡。商业广告语言表述比较直接，往往直接向公众宣传、介绍商品的功能、特点、价值等，诱导公众发生兴趣，促使公众采取购买行为，商业色彩浓厚。

5. 效果不同

公关广告提高了组织的知名度、美誉度，扩大了组织的影响，为组织的发展创造了良好的人气氛围。商业广告宣传了商品和服务，引导了消费者的购买行为，提高了组织的销售额。

二、公关广告的具体作用

随着公共关系实践的发展，企业越来越重视公关广告的策划与传播。公关广告的具体作用主要体现为：

（一）树立形象、博取好感

市场经济的基本特征是竞争，竞争的最高层次是组织形象的竞争。所以，凡有竞争意识的经济主体都会通过各种手段来塑造形象，争取公众。公关广告便是组织树立形象的一种重要手段，它以事实说明企业对社会的作用和长期不懈的努力，强调组织的存在及为社会和公众服务的信心和决心，能够在促进社会发展、谋求公众福利中求得赞誉、树立形象，提高社会威望。

（二）歌颂进步、激发兴趣

参与市场竞争，就像逆水行舟，不进则退。因此，进步既是竞争制胜的必由之路，也是公关广告传播的主要内容之一。而组织锐意求新、不断进取，产品升级换代、精益求精的公关广告内容预示着产品的美好未来、组织的辉煌前景，因此能激发受众对组织和产品的兴趣。

（三）弘扬崇高、唤起共鸣

每个组织都有自己发展的指导性观念，这既是组织的灵魂也是组织形象的核心。组织公关广告的主要诉求内容之一便是宣传组织的发展指导性观念。而组织的发展指导性观念往往是崇高的、美好的。与此同时，有眼光、有远见的组织往往也是有社会责任感和担当意识的组织，它们以弘扬正气、倡导文明为己任。所以，其公关广告中所传达的崇高、美好的理念和追求能激起公众的共鸣，使公众产生认知和赞赏。

（四）指导消费、实现沟通

按现代市场营销理论，企业要实现以消费者为中心的经营思想，不仅要重视消费者的愿望、需求，提供让消费者满意、放心的产品和服务，还要通过消费培训、公关广告等引导消费者的消费意识，指导其消费行为。物质产品的生产企业如此，文化产品的生产者也不例外。企业的消费培训是直接面对消费者公众进行的，所以在和消费者的接触、互动中能够促进交流、实现沟通。公关广告所传达的企业定位、发展目标、新的消费概念等既是对企业形象的宣传，也同样是和公众的信息交流和沟通。

（五）消除偏见和误会、促成谅解

当公众因为对有关情况不了解而对组织产生误解、不信任时，组织通过公关广告向公众说明原因，揭示真相，能够消除偏见，澄清误会，促成谅解，恢复组织的形象和声誉。

第二节　公关广告的类型分析

一、公关广告的类型

结合目前社会组织公关广告的实际运用情况，可以把它分为以下几类：

（一）组织广告

社会组织向公众展示其自然状况和公众最感兴趣的信息，如组织的历史沿革、人员素质、生产流程、管理水平、经营方针以及所履行的社会责任等，使公众对它产生深刻的印象。

中央电视台广告语"传承文明，开拓进取"，充分彰显了作为国家电视台承担的历史责任和精神追求；《南风窗》广告语"敏锐的眼，温热的心，做中国最优秀的政经新闻杂志"，既和《南风窗》一贯强调的"以透视时事经济热点、传播进步观念为己任，以公正、深入、理性、前瞻的姿态对时政、财经、社会热点进行深度分析，体现社会正义，反映百姓呼声，把握趋势潮流"相契合，更是一种做"有责任感的政经杂志"的诺言。无疑地，这样的广告能够强化公众对它的认知，加深公众的印象。

2004 年，《南方周末》创办 20 周年，它以"一纸风行 20 年"为标题，在不同期次从不同方面、不同视角以不同的方式讲述《南方周末》的发展历程，既以事实服人，又以情感感人，令公众印象深刻，并由衷地认可组织。其中，第 1059 期的广告画面是沙地上坚实的脚印，文字是"20 年，我们从未停步；20 年，我们情怀依旧"，以此表达《南方周末》从未停步的进取精神。

（二）观念广告

组织向社会公众宣传其管理哲学、价值观念、经营宗旨、方针政策、传统风格、社会组织精神等，或推出与其品牌有关的新概念，以获得公众的理解、赢得公众的广泛认同，从而塑造组织的人格化魅力。

如 IBM 的广告语"IBM 意味着最佳服务"，表达了 IBM 公司真正的经营理念就是要提供世界上最好的服务；海尔公司的广告语"真诚到永远"，体现了海尔真诚地将用户需求作为一切行动指南的价值观念；TCL 的广告语"为顾客创造价值"强调了 TCL 将致力于满足顾客需求作为其经营宗旨。

（三）实力广告

组织向社会公众宣传其规模、实力，如员工人数、人才结构与数量、企业发展优势、产品销售效果、技术、资金等，以使公众通过对组织的人才、经济、技术实力的了解，从而对组织产生清晰的、深刻的印象，增强对媒体的信任。

如美国一家公司在"我们公司的骄傲"的标题下，用一个报纸的整版篇幅刊登公关广告，详尽地将该公司所拥有的高级科研和技术人员的姓名、专业、职称及有关的重大科研成果项目刊载出来，使公众产生了这是一个人才济济、实力雄厚的公司的印象。

中国全聚德（集团）股份有限公司是这样介绍自己的："全聚德集团成立以来，秉承周恩来总理对全聚德'全而无缺，聚而不散，仁德至上'的精辟诠释，发扬'想事干事干成事，创业创新创一流'的企业精神，扎扎实实地开展体制、机制、管理、营销、科技、连锁经营、企业文化、精神文明建设八大创新活动，确立了充分发挥'全聚德'的品牌优势，走规模化、现代化和连锁化经营道路的发展战略，现已成为汇聚全聚德、仿膳、丰泽园、四川饭店等众多京城老字号品牌，涵盖烧、烤、涮、川、鲁、宫廷、京味等多种口味，拥有 100 余家成员企业，年销售烤鸭 600 余万只，接待宾客 750 万人次，品牌价值 118.72 亿元的餐饮集团。"既彰显了全聚德的企业精神、企业文化，又展示了其总体实力，给公众留下了深刻的印象。

（四）信誉广告

即宣传介绍组织所获得的良好评价、荣誉、奖项，如公众对它的产品质量、服务质量的赞成与肯定，其产品在国内外获得的荣誉和奖励等。一般地，来自受众的客观评价有较高的可信度；来自专业机构的赞誉和肯定有较高的权威性。所以，信誉广告有助于培养受众对媒体组织的好感和忠诚度。

如全聚德的"中华著名老字号——'全聚德'，创建于 1864 年（清朝同治三年），历经几代全聚德人的创业拼搏获得了长足发展。'不到万里长城非好汉，不吃全聚德烤鸭真遗憾！'在百余年里，全聚德菜品经过不断创新发展，形成了以独具特色的全聚德烤鸭为龙头，集'全鸭席'和 400 多道特色菜品于一体的全聚德菜系，备受各国元首、政府官员、社会各界人士及国内外游客喜爱，被誉为'中华第一吃'。敬爱的周恩来总理曾多次把全聚德'全鸭席'选为国宴。'全聚德挂炉烤鸭技艺'和'仿膳（清廷御膳）制作技艺'分别被列入国家级非物质文化遗产项目；前门全聚德烤鸭店门面被公布为'北京市文物保护单位'"，就向公众传达了全聚德获得的荣誉称号以及品牌影响，引导公众坚定自己对品牌的认知和判断，坚定自己的选择。

（五）倡议广告

以组织的名义率先发起一项对社会有重要意义和影响的活动，或倡导一种新观念，显示其社会责任感、伦理道德观、改革创新精神等，显示其良好社会风范、率先开拓、领导潮流、敢为天下先的胆识，这样的广告因为传达了美好的思想、情感和追求，易于引起公众的瞩目、获得公众的称道。如汶川大地震后，依波表电视倡导广告，"真金真情真永远，捐钱捐款捐爱心"，表现了奉献真情、传递爱心的精神观念。

再如央视网、《中国周刊》、新浪、搜狐、网易、人民网、《三联生活周刊》等73家媒体联合发起"农家书屋大型捐建活动爱心倡议"，倡议广告登载于《三联生活周刊》2011年第2期。广告内容除介绍"农家书屋工程"背景和现状外，突出强调了"农家书屋工程"的深远意义——"建文化粮仓，铸民族未来"，这有效传达了参与倡议活动的媒体组织关心民族未来，倡导、推介良好社会风尚和道德观念的形象。

（六）祝贺广告

在节假日组织向社会公众表示祝贺，或在有关组织开办之时、周年庆典之时表示祝贺，以此来增进组织和社会公众之间的情感交流，使组织的社会关系融洽、和谐。如选择新春佳节在电视、报纸上向公众拜年，恭贺新春愉快，阖家欢乐，就能增强公众对企业的亲切感。

这方面的实例有许多，如"中国邮政储蓄银行连云港市分行祝全市人民新年快乐"、"《南方周末》祝广大读者新年快乐"等都使公众感到亲切、温暖。

（七）声势广告

组织在节日、纪念日、庆典、主题活动或例行活动中，以规模、声势以及传播的强度、密度、覆盖度等，创造气势，营造气氛，以吸引公众，扩大影响。如2010年12月10日，宁波江北万达广场开业，这是大连万达继鄞州万达广场之后在宁波开业的第二个万达广场，也是大连万达在2010年开业的第10个万达广场。开业前，就在报纸、网络媒体上登出广告，描绘广场的盛况：江北万达广场是大连万达斥资20亿元人民币打造的总建筑面积近30万平方米的第三代城市综合体，包括大型购物中心、商业街区、商务公寓等，集购物、休闲、娱乐、餐饮于一体。目前万千百货、万达国际电影城、大歌星量贩式KTV、大玩家、国美电器、乐购超市六大主力店及其他国际一线知名品牌已经全面进驻，全方位集时尚、购物、休闲、娱乐、美食于一体，各业态间相互融合、相互补充，一站式满足甬城百姓的消费需求。接着指出："江北万达广场的开业将大幅提升江北区商业的国际化水平，形成江北新的城市商业中心。对于推动区域城市化发展，促进区域产业升级，提升江北的服务业发展水平具有十分积极的意义。同时，江北万达广场实现了企业效益与社会效益的高度统一，为宁波提供了上万个稳定的就业岗位，每年创造上亿元的税收。"开业当天，电视和网络更是同时播出开业盛况。宁波市人民政府副市长苏利冕、宁波市江北区区委书记俞雷、江北区人民政府区长张南芬、宁波各大主流媒体及万达广场业主，共同见证了这一盛大的开业典礼。同时，大连万达还向宁波市慈善总会捐款30万元人民币。这一系列强势的宣传，既显现了万达集团的实力，又表现出企业的社会责任。①

（八）致歉广告

组织在运转过程中发生失误，自动地向公众陈述事实真相，明确表示组织敢于承担社会责任，并提出改正措施，以求得公众的支持和谅解。这样，公众就会因为组织的坦诚和勇于面对、及时采取措施等而原谅组织、继续支持组织。

如浙江瑞安星豪酒店在《瑞安日报》登广告向市政府致歉，致歉信中写道："因6月4日晚市府办与相关部门莅临星豪酒店指导工作，本酒店没有积极配合一事，深感抱歉，希望你们能够谅解。再一次向你们表示本酒店最诚挚的歉意。"这对于在一定程度上减轻负面影响、挽回形象有一定的意义和作用。

（九）致谢广告

在组织周年纪念、获得较高的荣誉、取得一定的成绩、渡过难关时，通过广告向社会公众表示感谢。致谢广告一方面可以巧妙传达组织自身的业绩，另一方面又谦虚地将自身的业绩视作公众支持的结果，同时还能表达对公众的真

---

① 成松柳. 现代公关礼仪写作 [M]. 武汉：武汉大学出版社, 2011. 转引自百度百科. 声势广告[EB/OL]. http://baike.baidu.com/link?url=5D3X5NuCmFnhtcydM1JaEWR6KtNYzzxWBiAwBw9kXVoaHC5SFEHLtuWOpw1uB_YZL7VD0wesZRedQN6xXlJ5i_.

诚谢意。这样，易于稳定和公众的良好关系。

如因超强台风"海燕"重创菲律宾 3 个月，国际社会纷纷向菲律宾灾民伸出援助之手，支持灾区重建。为表达谢意，菲律宾政府于 2014 年 2 月 8 日在全球多个著名地标广告牌上播放致谢广告，向协助救灾和重建的国际社会致谢。据报道，菲律宾观光部网站 2014 年 2 月 8 日播放 1 分钟的广告短片向全球致谢。观光部网站写道："'海燕'风灾造成前所未有的生命和财产损失。不过，自此以来，全球齐心协助菲律宾重建家园。2014 年 2 月 8 日这天正值'海燕'来袭 3 个月，我们也希望在这一天表达感激。"①

（十）公益广告

公益广告是对社会良好风气、公众良好言行进行赞美、表扬，对社会陈规陋习、公众错误言行进行批评、规劝的广告。

如为生动鲜活地宣传贯彻中共十八大精神，树立社会主义核心价值观，中央主要媒体隆重推出"讲文明　树新风"公益广告。围绕"民族复兴、中国梦"这一鲜明主题，《人民日报》、《光明日报》、《经济日报》、《工人日报》、《中国青年报》、《中国妇女报》、《环球时报》、《新华每日电讯》、《参考消息》等主要报纸，以彩色整版或半版篇幅刊出公益广告，气势恢宏，主题鲜明；中央人民广播电台各频道在黄金时段推出的公益广告，以平民视角、百姓口吻展望"中国梦"，亲切感人；中央电视台在各频道全方位、高频次地连续播出同名公益广告。各媒体和主要网站都持续拿出重要版面、重点时段、醒目位置刊播"讲文明　树新风"公益广告。

二、公关广告策划要坚持一定的原则

公关广告是宣传组织形象的广告，既要讲究艺术，又要坚持一定的原则。

（一）合乎法律

任何广告的制作都不能违反国家的法律、法令、法规，以塑造形象为主要目标的公关广告更要自觉维护国家的法律，遵守行政法规，同时也要遵守广告法的规定。如不得发布虚假广告，不得有损国家民族的尊严，不得有反动、淫

---

① 中国新闻网.台风袭菲各方援助，菲在全球著名地标打致谢广告 ［EB/OL］. http：//www. news365. com. cn/xwzx/gd/gdgj/201402/t20140208_ 1782319. html.

秽、丑恶、迷信、残暴的内容等。否则，组织一方面进行公共关系广告宣传，另一方面在行为上与公共关系精神和理念相背离，组织公共关系广告的结果就会适得其反。

（二）真实坦率

真诚是公共关系的最佳政策，公关广告更要突出真实诚恳。也就是说，公关广告必须要实事求是，以诚实的态度宣传组织的情况，既不能夸大其词，更不能弄虚作假。在宣传组织的技术设备、人才队伍、获得的荣誉、对社会的贡献时要客观、真实；在宣传组织的追求及核心价值理念时要把握准确、留有余地，不要好高骛远、言过其实；在为组织的失误和问题进行道歉、解释时也要坦诚。"瑕不掩瑜"更能取得公众的谅解和好感。总之，组织的公关广告不管告知什么，都要讲真诚、讲信誉、守信用，这样才能真正赢得公众的理解，达到广告的目的。

（三）友好诚恳

公共关系的主要目的是广交朋友、融洽关系、争取合作。此中友好真诚是不可缺少的。公共关系广告中，也必须体现出与组织内外部公众的友善性。有了成绩就沾沾自喜、自以为是，轻视别人，刁难、排挤、打击报复某些单位或群体等内容，都不能出现在公共关系广告中，否则，势必会引起公众的反感和抵触。

（四）着眼于未来

公共关系广告在展示组织的业绩时，可以通过组织自身的纵向对比即当下比过去进步了多少来说明，也可以通过横向对比即组织在同行中所处的地位等来说明。同时，更要向公众展示组织未来的发展宏图。这样，既给公众留下组织业绩不凡的印象，也使公众觉得该组织是一个高瞻远瞩、目标远大，值得信赖与合作的组织。

（五）遵守社会公德

公关广告必须遵守社会公认的道德标准，要符合国情、民情，尊重风土人情，不得妨碍社会公共秩序和违背社会良好风尚，不得含有民族、种族、宗教、性别歧视的内容。这一点，在国外也是极为重视和严格的。如日本对广告制作的规定中就提出，"广告要基于社会道德，注重大众福利"，"广告人应该坚守广告的道德观念"等，由此可见遵守社会公德的重要性。

（六）从系统工程的观点出发

公共关系广告是一项长期复杂的系统工程，对公共关系广告的操作就必须从系统工程的观点出发，从系统的整体与部分之间的相互依赖、相互制约的关系中找到最优化的策略，以实现最佳的公共关系广告效果。如充分考虑公关广告与产品广告、公共关系活动、组织重大举措、外部环境的相互依赖、相互制约的关系，在此基础上，策划发布公关广告，才能取得理想的效果。如果就公关广告而公关广告，只追求时效，而不考虑公关广告和其他系统要素的关系，不注意持续性的传播，其效果就会大打折扣。

（七）公众认同

认同即通过广告信息的传播，在真实、可亲、可信的前提下，所传播的信息能起到广告的接受者认同的作用。这样，才能真正达到公关广告传播的目的，实现公关和广告的最佳结合。

如美国孟山都化学公司的公关广告，标题是：没有化学的生命是不可能的。广告画面是：一个儿童伏在草地上逗一只小狗。广告文案是："有人认为任何化学品都是坏的，而自然界的东西都是好的。但是自然本身就是化学。植物的生命通过光合作用这种化学过程产生氧气，当你呼吸时吸进氧气，然后在你血液中引起化学反应。生命就是化学，孟山都化学公司是为提高生命的质量而服务的。化学能帮助生命延长，软骨病是儿童常见疾病，治疗方法就是服用一种化学品，即维生素 D，再加上牛奶和其他食品。化学品能帮助你吃得更好。化学除草剂可使农作物增产。但是没有一种化学品在自然界和实验室里何时何地都是绝对安全的，真正的挑战是合理利用化学品，使生命更加充满活力。"这则广告因为针对西方流行的崇尚天然食品、抵制化学品的顾虑进行了具体形象的解释，容易让公众产生认同感。①

（八）求新求异

广告一词，源自于拉丁文"advertere"，意为"注意"或"诱导"。英文中最早使用的"advertise"即以此为词根，并保留了它的基本含义，其意为"引

---

① 美国孟山都化学公司广告黄金创意［EB/OL］. http：//www.ic98.com/service/baike/4581.html.

起别人注意"、"一个人注意到这件事"、"通知别人某件事"。可见，广告的原始含义就是引人注意。当然，现代广告依然强调能够引起注意。日本广告心理学家川胜久认为："要抓住大众的眼睛和耳朵，是广告的第一步的作用。"在广告如林、竞争激烈的情况下，要更好地吸引公众的注意，使广告更有说服力，就必须要标新立异，别具一格，独树一帜。要做到这一点，广告创意很重要。广告大师大卫·奥格威说：广告"要吸引消费者的注意力，同时让他们来买你的产品，非要有好的点子不可"，意思是消费者的注意是从好的广告创意开始的。没有好的创意，广告很难引起公众注意，更谈不上被公众识记了。创意是广告的灵魂，好的创意不仅既要体现广告与商品个性、目标消费者、企业的关联性，还要注意突破常规，出人意料；深入受众的心灵深处，对他们产生强烈的冲击。

　　公关广告和所有的广告一样，追求创意至上。有了好的创意，再通过新颖的广告语和表现手法来进行传播，这样的广告才能出奇制胜，对公众产生特别的吸引力和震撼力，使公众在众多媒体接触过程中快速识别、认知，并最终接受。如安利公司为提升公司营销人员美誉度，在对直销人员形象进行常规性塑造的同时，还直接进行营销人员的形象宣传。其宣传手段有：2010年11月始在广州交通电台播出以营销人员为主角的电台广告，"我们都知道梦想的距离，我们都知道收获的方向。在通往梦想的路上，安利人与你同行"；同一时间，在全国一些知名城市的电视、公交站亭路牌广告上登播安利营销人员温馨、知性的形象广告；让安利营销人员在媒体上分享其参加海外研讨会的见闻；请公益类媒体版面报道营销人员参与公益活动的事迹，如利用一些节庆日，设置有特色的话题让营销人员参与，例如母亲节前夕，会让营销人员参与讨论亲子文化等；与南方电视台《美人娱》栏目合作，安排安利营销人员作为访谈嘉宾参与节目的制作，参加节目的时候不会讲安利的产品，但会巧妙地植入安利的元素，让公众在欣赏节目的时候产生对安利营销人员的好感；与央视电影频道合作拍摄了一组《志愿传递价值》的宣传片，展现安利志愿者的公益形象。如志愿者带领外来工子弟观看世博会、为聋哑儿童看电影作手语翻译。当众多直销企业加大树立企业的社会公众形象时，安利却在大张旗鼓地提升营销人员的社会公众形象。其做法在中国的直销行业还是第一次。由此，安利公司的公关广告收到了意想不到的效果。据AC尼尔森的市场调查数据显示，安利经过两年努力，营销人员美誉度已经由2008年的66%提升到了2010

年的 76%。①

三、公关广告的制作技巧举要

公关广告的制作有很多方面的技巧，其中能够取得较好传播效果的技巧有：

（一）借助社会名流的声誉和信誉

名人，一般已为社会广为知晓，且具有较高的声誉和信誉，因此恰到好处地借助名人的触媒信息，能起到事半功倍的效果。利用名人制作广告是商业广告中常见、常用的技巧。这种技巧同样适用于公关广告的制作中。

《中外成功广告评析》一书介绍了这样一条名人广告：在海湾战争之后，美国的旅游业很不景气。总统布什为了挽救美国旅游业，促使经济发展，便自己充当了美国旅游协会的广告模特。布什身穿蓝色运动装，悠闲地漫步在南加利福尼亚的一个绿草如茵的高尔夫球场上。布什嘴里念念有词："美国是个多姿多彩的国家，有着绵延不断的绿色土地与白沙如银的海滨浴场，也有以黑人乐曲旋律谱写的火爆炽烈、节奏明快的爵士音乐。你们来美国，可以一睹大湖区和大峡谷的风光。"布什对着观众诙谐地说："总统发出邀请，你们还在等待什么呢？"这条广告在英国电视台播出后，效果非常好，到美国观光的英国人在 6 周内增加了 22 多万人次，到美国设在伦敦的旅游办事处咨询的英国人比上一年增加了 72%，美国旅游业增加了 4.8 亿美元收入，带来了近万个就业机会。② 由此看来，布什总统亲自做的这个广告，一方面以其特有的影响力，吸引了更多的外国游客；另一方面又向世界各国广泛宣传了美丽富饶、多姿多彩的美国国土，可谓一举两得。

（二）充分发挥创造、想象能力

广告业是智慧的行业，是迫切需要创造、想象能力的行业。创造、想象能力是新发现、新创建的关键，优秀的广告是智慧的结晶，是才华的横溢。充分发挥创造力和想象力制作出来的广告精品不仅能让人过目不忘，而且它蕴含的

---

① 安利将大力提升营销人员美誉度［EB/OL］. http：//money. 163. com/11/0310/14/6UPQELAF 00253G87_ 2. html.

② 转引自豆丁网. 电视广告写作技巧［EB/OL］. http：//www. docin. com/p-534621753. html.

艺术魅力能启人心智，给人以美的享受。当然，广告制作中的创造想象活动与文学艺术创作不同，它是"受命性"的。也就是说广告的创造想象活动和最终的表现都必须适应产品特性或公共关系目标，符合目标受众的文化心理、欣赏水平等。

1996年《新周刊》创刊之初，在它的一个广告页上所做的留白广告"最好的品牌选择最好的杂志"，既宣传了杂志的品牌价值，也不动声色地赞美了广告主，暗示广告主选择《新周刊》做广告，将是最好的选择。其独特的创意，简洁而又让人充满想象的表现给人留下深刻的印象。2000年，为纪念办刊4周年，《新周刊》制作了更富有创意的公关广告：用各期杂志封面排列成一个"杂志人"，这个"人"站在刻有1996.8.18毫米、1997.8.18毫米、1998.8.18毫米、1999.8.18毫米、2000.8.18毫米刻度的体重称上，举起右手食指，自豪地宣布"我又长高了"，既形象地表现了《新周刊》的刊龄、发展，又似乎在不经意间提醒了读者对刊物的检索回顾，甚至能唤起读者购买过刊的欲望，其效果不同寻常。

（三）灵活运用广告信息刺激的强度等技巧

据统计，在被收看的广告中，只有1/3的广告能给观众留下印象，而这1/3的广告中只有1/2的内容能被观众正确理解，仅有5%的广告能在24小时内被观众记住。显然，广告的信息如果不够刺激，就会被淹没在"信息的海洋"之中。要使广告的信息给人留下印象，使人产生记忆，就要灵活运用广告信息刺激的强度、对比度等技巧。如当电视、报刊、广播和户外广告已经司空见惯，楼宇、公交、地铁广告也屡见不鲜，连电梯间、洗手间、公交扶手、座椅和餐桌牌广告也不是新生事物了，直接印在沙滩上的广告就会让公众产生新鲜感。美国的"沙滩与广告"，就是一家专为客户量身定制"沙滩广告"的广告公司，他们所制作、发布的广告（包括公关广告、商业广告）不仅操作方式环保，而且能给人留下异常深刻的印象。公司的创办者多利在给客户百仕福食品公司发的邮件中曾说：我发明了一种机器，它可以把广告直接印在沙滩的沙子上。这样造成的轰动效应至少会为贵公司带来"一吨"的注意力。

（四）巧妙运用公关广告语言技巧

要增强公关广告的传播效果，还要注意运用一定的语言技巧。

1. 简明精练

要增强记忆效果，就要减少记忆材料的数量。简明精练的公关广告语言便于记忆，也便于传诵。《公共关系》杂志广告："社会是关系的海洋，《公共关系》为您导航；人生是关系的交响，《公共关系》是和谐的乐章；事业、理想、追求、希望，《公共关系》给您力量；广交朋友，优化形象，《公共关系》伴您日久天长。"不仅简明精练，而且字句工整押韵，读起来朗朗上口，易记易诵。《生活报》的"好人好报好生活"，文字简洁、有韵律，能让人过目不忘。

2. 使用必要的修辞手法

广告要达到的首要效果就是让受众记住企业的名称或商品的名称，树立企业或商品的形象。但如果没有语言上的艺术性，是很难达到这一效果的。要吸引受众，打动受众，就要艺术地运用一些修辞手法，如排比、比喻、对比、双关、对偶、比拟、顶针等。

排比就是用并列的词组或句子在语形上组织成有某种相似性（结构相似、话题的关键词语相同）的整齐结构。运用排比的修辞手法能够增加语言的节奏感、旋律美，表达强烈的思想感情，集中说明事物的特点，突出主题，强化语言的启示性、说服力。如倡导尊老爱幼的公益广告："当皱纹爬满你的额头，手无法抚平，让关爱顺着皱纹，流进眼眶；当童稚写满你的眼，手无法抹去，让关爱在前方，亮成明灯一盏。尊老爱幼，人间美德！"通过结构相同、语气一致、意义密切相关的两组句子突出强调了尊老爱幼的传统美德。

比喻就是"以彼物比此物"，即用某一事物或情境来比况不同类的事物或情境，简单地说，就是打比方。比喻是扩大话语的意义空间的最基本的手段之一。运用比喻，能够化抽象为具体，化复杂为简明，浅近通俗，感性趣味，易于理解。同时，能够通过意在言外的效果，发人深思，富于启迪。如反腐倡廉公益广告"贪欲就像气球，极度膨胀结局只有一个——自取灭亡"，就生动形象地告诫从政者一定要清正廉洁，否则就会走向自我毁灭。

对比就是把两种或两种以上的不同事物或事物的不同方面放在一起进行比较。运用对比，能够突出所要强调的事物或事物的某一方面，广告中的对比可以突出其主要的信息或广告主题。中央电视台的"站得更高，所以看得更远"，两个"更"字，无形中形成了中央电视台自身以及中央电视台与其他电视台的对比关系，对比中凸显了中央电视台的博大胸怀、恢宏气势，使中央电视台放眼天下，决心把电视做大做强的理念和追求给人留下深刻印象。《北京晚报》的"晚报，不晚报"，前一个"晚报"说明了报纸的类别、报纸和读者见面的时间。后一个"晚报"说明了北京晚报服务读者、新闻时效不打折扣的承诺，在前后的对比中凸显了《北京晚报》重视读者，满足读者求新求快的新闻追求。和日报相比，晚报在出版时间上显得先天不足，通过对"晚报"的重新阐释，晚报并不是"晚报"，让其新闻时效性一点不弱的形象得以强化。

双关是让一个词句同时关涉到两个方面。它主要是利用词句的多义、语音的相近或语境的相似构成的。双关话语的语言比较含蓄，语义比较丰富，既能表现特定的对象，又巧妙蕴含哲理。如平安保险公司的"买平安保险，平安之路就在你眼前"，"平安"既是指平安公司的"平安"，也是指买了平安公司保险之后人生的平安无险。

对偶是把一对结构相同或相似、字数相等的词组或句子连接在一起来表达相关或相对的意思。南京新街口百货商场的公关广告"笑意写在脸上，满意装在心里"，把热情为顾客服务，保证让顾客满意的理念用整齐的句式加以表达，凝练上口、容易传诵。

比拟是把物拟作人、把人拟作物或者把甲物拟作乙物来表现。比拟具有思想的跳跃性，能使人们展开想象的翅膀，捕捉它的意境，体味它的深意。恰当的比拟，不仅能使人们对事物产生鲜明的印象，还能引起人们强烈的感情共鸣。

如公益广告"开展低碳行动，让地球不再发烧"。众所周知，一个人若是发烧，体温上升，会浑身不舒服。在这个保护环境的公益广告中，赋予地球以人格，用"发烧"来指称温室气体的大量排放、森林和湿地面积减少导致的全球气温上升，增加了广告语言的具体形象性和生动活泼性，给人留下深刻的印象。

顶针是在句子与句子之间或段落与段落之间，用前一单位末尾的词语或分句作为后一单位的开头来巧妙连接。因为顶针可以有效地构建事物的空间关系、时间关系或因果关系，在语句上使句子头尾互相蝉联，上递下接，环环相扣，文气贯通，使话语组织内部更加紧密和顺畅，所以上口、易记、易诵。《教师报》的广告"良师有知音，知音最知心"，就非常自然、顺畅地把《教师报》是教师的知音，它懂教师，和教师心连着心的形象特点突出地呈现了出来，押韵、上口，容易识记。

3. 幽默的创意语言

据国外心理学家研究，人处在愉快的气氛中，情绪较好时，容易从正面、积极的方面去理解或接受宣传内容；而在情绪不好时则容易从反面、消极的方面去理解或抵触宣传内容。幽默的广告语言具有独特的审美价值和美学特征，能使受众在轻松愉快的气氛中领会广告表达的真实概念和态度，接受广告的信息。《北京青年报》为强调自己是一份重量级的报刊，以"新闻也是有份量的"为主题做了大量的类比广告，如《公共巴士篇》（画面上一位乘客在公共巴士的后座上读《北京青年报》，因为报纸太重，结果使巴士车变成了跷跷板，车头被压得翘了起来），这使受众在充满情趣的气氛中不知不觉地接受了《北京青年报》的分量感。

思考题：

评析一则公关广告。

第七章　企业危机管理

当今社会是一个不断发展变化的社会，处在这个社会中的任何组织都难免会遇到意想不到的、突发的危机事件。这样的事件一旦发生，如果处理不当，就会使组织陷入困境，甚至面临灭顶之灾。如果组织在科学的危机价值观指导下，经过精心策划，采取有效管理措施，不仅能够清除危机影响，还能进一步开发危机处理资源，变被动为主动，化危机为契机。

第一节　企业危机的定义、特点和分类

一、关于危机

什么是危机，学界、业界有不同的说法。危机对策研究的先驱赫尔曼做出这样的解释：危机是指一种情景状态，在这种形势下，其决策主体的根本目标受到威胁且做出决策的反应时间很有限，其发生也出乎决策主体的意料之外。美国学者奥兰·杨的看法是：危机是由一组迅速展开的事件组成，它使破坏稳定的力量在总的系统或其中任何子系统中的影响作用大大超过平常水平，并增加在系统中爆发暴力的危险。美国著名危机管理专家劳伦斯·巴顿博士对危机的界定是：一个会引起潜在负面影响的具有不确定性的大事件，这种事件及其后果可能对员工、产品、服务、资产和声誉造成巨大的损伤。英国危机管理专家迈克尔·里杰斯把危机定义为：一种能够使企业成为普遍的和潜在不适宜关注的承受者的事件，这种关注是来自于国际和国内的媒体以及其他群体，如消费者、股东、雇员及其家庭、政治家、工会会员以及由于一种或多种原因而对环境保护组织的活动有着天然兴趣的环境保护主义者。美国公共关系协会的定

义是：危机是指对公司正常运营产生重大影响的破坏性事件，这些事件不仅能够引起媒体的注意，而且能从政治、法律、金融及管理等多个方面对公司业务产生极为不利的影响。危机如果处理不当，不但企业可能由昌盛转向衰落，甚至可能走向灭亡的道路。我国学者薛澜把危机界定为：对一个社会系统的基本价值和行为准则产生严重威胁，并且在时间压力和不确定性极高的情况下，必须对其做出关键决策的事件……危机事件的决策环境相对于政府的常规性决策环境往往是一种非常态的社会情境，是各种不利情况、严重威胁、不确定性的高度集聚。

这些解释和界定或着眼于危机的破坏力、动态性，或强调危机的被关注性和利益的相关性。综合以上种种，本书将危机定义为：突然发生的，对组织的正常运作产生潜在破坏或严重危害，对组织形象带来潜在影响或重大影响，并引发外界相关利益群体感知的突发性事件。

企业危机是指对企业产品、声誉、基本目标的实现产生威胁，需要企业紧急做出反应，主要通过沟通管理、利益重建等手段加以解决的突发性事件。

二、危机的特点

（一）客观性

危机存在于组织生产经营过程中的每一个方面、每一个阶段，对组织而言，危机是一种客观存在，它何时发生、怎样发生都不是以人的意志为转移的。所以，组织不能回避危机、无视危机、放任危机，必须要正视危机，承认危机，以正确的态度积极地面对危机。

（二）普遍性

危机是由不确定因素发生变化引起的，如市场环境变化、自然灾害发生、生产事故出现、人为操纵等。由于这些不确定因素随时可见、随处可见，所以社会上几乎没有哪个部门能够不受危机的影响，从政府部门到企业界、教育界，甚至公关领域都会不可避免地受到危机困扰。从政府角度来看，世界头号大国美国政府其实一直在经历危机的考验：从2001年的"9·11"事件，到2007年的次贷危机，2011年的"占领华尔街"，2013年的"斯诺登"事件和预算危机导致的"政府关门"事件等。从企业角度看，危机发生的情况更为普遍。据调查，89%的企业领导人认为"企业发生危机如同死亡和税收一样，是不可避免的"。如在国内外有相当知名度和影响力的民营通信科技公司华为公司就经历了众多的危机事件。2007 年深圳华为 7000 多名员工"辞职门"事件，使华为遭受了前所未遇的中国文化和企业文化的冲击，社会声誉受损，处境尴尬。2007 年、2008 年多名员工自杀事件，再次把华为推向风口浪尖。关于华为员工集体患上抑郁症的话题、华为的"床垫文化"和"加班制度"话题等再度成为人们评论的热点。近年来，华为公司在美国投资遇阻，使华为在海外并购活动中不断经历"成长的烦恼"。也许正是这些不断出现的危机使华为在危机管理方面真正成长起来，成为中国目前公认的危机管理高手。

　　危机的普遍性特征要求组织必须对危机做好计划，即使在顺境时，组织也应该有危机意识，做好危机预防工作。这样在危机到来时才能从容应对，有备无患。

　　（三）突发性

　　突发性是指危机的发生具有突然性，它往往不可预见或不可完全预见，究竟是何时何地何人会发生，都是不可预知、无法预料的。因为危机的发生突然，令人猝不及防，组织容易准备不足，匆忙应对，于慌乱之中做出无效的、不当的甚至是错误的决策，从而引发严重的后果。如 2010 年 7 月 14 日中国香港《壹周刊》刊登了《霸王致癌》一文，文中指出，国际影星成龙代言的"霸王"品牌旗下的中草药洗发露、首乌黑亮洗发露以及追风中草药洗发水经中国香港公证所化验后，均含有被美国列为致癌物质的二恶烷。是日，霸王股价暴跌 16%。由此，霸王陷入一场危机困境中。

　　危机的突发性特征要求组织要认真研究危机发生的条件及其变化规律，加强危机管理。这样才能在危机发生时胸有成竹，掌握主动。

　　（四）严重性

　　严重性是指危机对组织的形象、信誉、公众关系的影响是很大的，有时甚至是灾难性的。据美国学者的调查表明，每有一名通过口头或书面直接向公司提出投诉的顾客，就有约 26 名保持沉默的感到不满意的顾客。这 26 名顾客每个人都有可能会对另外 10 名亲朋好友造成消极影响，而这亲朋好友中，约有 33% 的人会有可能再把这个坏消息传给另外 20 个人。换言之，只要有 1 名顾客不满意，就会在 1+（26×10×33%×20）= 1717 人中产生不良影响的可能。一个小小的媒体投诉，就会产生如此的影响，危机隐含的严重性可见一斑。①

---

　　①　居延安．公共关系学［M］．上海：复旦大学出版社，2011.

对上市公司来说，危机事件的影响就更为具象。如霸王集团受二恶烷事件影响，事发两天内，公司市值蒸发 35 亿港元，2010 年下半年，霸王洗发水销售业绩同比下降 63.2%。2010 年 7 月末，有关"七匹狼服装有毒"的网络报道被多家媒体转载后，七匹狼的股票市值随即下跌了 2%。2011 年 7 月 23 日味千拉面爆出"骨汤门"后，其股价一路下挫，暴跌 40%，且一度曾单日下跌达 10% 以上。

（五）紧急性

紧急性是指危机的发生不仅出人意料，而且时间紧急、情况紧急，如不能及时控制，其破坏性的能量就会被迅速释放，并呈快速蔓延之势。此外，危机事件还可能成为其他事件的导火索，引发连锁反应，导致状态失控。加拿大的企业危机管理专家唐纳德·斯蒂芬森说："危机发生的第一个 24 小时至关重要，如果你未能行动起来并准备好把事态告知公众，你就可能被认为有罪，直到你能证明自己是清白的为止。"所以，当危机发生时，管理层必须迅速找到问题、了解问题、解决问题。如有延误，就可能导致挫折、误导、失去支持。如 2010 年 5 月 23 日，央视《每周质量报告》报道，美的紫砂煲所谓"全部选用纯正紫砂烧制"的内胆并不是紫砂的。这些内胆使用的原料泥，实际上是用田土、红土、黑泥、白泥等多种普通陶土配制，并添加"铁红粉"、二氧化锰等化工原料染色，并非宣传的"纯正紫砂"。随之，"美的紫砂煲所谓的'纯正紫砂'根本不是真正的紫砂，实为普通陶土添加化工原料加工而成"的报道铺天盖地，美的、九阳等厂家的紫砂煲纷纷下架。

2010 年 5 月 23 日下午，美的向消费者和媒体道歉，承诺立即纠正不实宣传，对美的电炖锅公司立即停产整顿，停止销售，设点接受消费者退货。各大卖场全面撤架。但第二天，美的紫砂煲被曝出退货要收折旧费，也没有具体退换货细则。第三天，美的生活电器总裁通过央视新闻频道承诺，无条件退换货，且无发票也能退货。

2010 年 5 月 28 日，美的紫砂锅事件风向突变，原来消费者无发票可以退货，但"美的紫砂锅 6 项检测均合格"的质检报告出来后，南宁美的售后服务商家接到美的公司通知，没有发票的消费者不能退货，过了一年保修期也不能退货。当天，南宁市一些没有发票的消费者拿着紫砂锅去退货时遭到拒绝。对此，消费者表示，"无发票不能退货"是对消费者权益的侵犯。一周后，退货有了新版本：先鉴定，后退货。

在"紫砂门"事件发生后，美的集团的反应可谓迅速，但其解决问题的办法却不够高明，因而又引发"改口门"。这不仅造成了美的本身企业的损失，更为严重的是整个家电电饭锅行业的损失。因为"紫砂门"事件，不仅使消费者对类似紫砂煲产品信任度大减，而且对"大品牌＝产品好"这样的定式产生质疑，这对任何一个企业来说，都是一次致命打击。①

（六）影响的双重性

影响的双重性是指危机既意味着危险，也意味着机会。说危机意味着危险，意思是危机发生时，如果处理不好相关问题，危机就会影响到组织目标的实现，有的甚至会影响组织的生存和发展；说危机意味着机会，意思是危机事件也有可能给组织带来新的发展机遇。

这主要有三种情况，一是在危机来临之时，由于组织能积极应对，顺利平息，媒体对危机事件的公正报道揭开了事实真相，为组织洗去不白之冤，而组织在危机事件中的表现又展示了其责任感和勇于担当的精神，这样的危机也许会成为组织提高知名度的绝佳机会。

二是组织在危机事件中认识到自身的问题，对症下药，对组织进行有效管理；在危机事件中探索危机的规律，积累处理危机事件的经验，推动和促进组织的良性发展。如2011年8月，火锅连锁企业海底捞被某媒体报道称其骨头汤及饮料均系冲兑。海底捞迅速通过门店和微博等渠道向社会做出声明，除了感谢媒体监督，也说明了汤锅、柠檬水勾兑是正规企业提供的原材料，同时按照国家食药局规定进行了公示。并提供总部3个联系人的电话及手机，欢迎大家参观物流基地和门店后厨，以释公众疑惑。海底捞董事长张勇在微博上表示"对饮料和白味汤底的合法性给予充分保证"，并称这一事件的责任在管理，不在门店。所以不会追查责任，并派心理辅导师到出事门店以防该店员工压力太大。海底捞这种遇事不隐瞒、不让员工担责、派心理辅导师宽慰员工的真诚、负责、落实到位的做法得到了消费者的理解。网友在微博上纷纷力挺海底捞和张勇，甚至还为如何处理好员工偷吃问题献计献策。②

三是在其他组织或领域的危机中发现机会。如美国"9·11"事件后，大型

---

① 新华网．美的紫砂煲黑幕［EB/OL］．http：//www.gd.xinhuanet.com/newscenter/ztbd/2011-01/06/content_ 21803842. htm.

② 殷黎杰，张秋影．中国服饰品牌　危机公关如何转危为机［EB/OL］．http：//news.hexun.com/2011-09-06/133148675.html.

跨国公司突然意识到突发性危机会引起日益精密的商业流程的"跳闸"现象。IBM、甲骨文等公司最早敏感地从中看到了商机，即为客户提供数据备份服务，向金融企业提供商业运作的"无间断保障服务"。金融机构吸取"9·11"的教训，率先审视组织中不可再生的生产要素，如交易信息与客户数据，并将这些不可再生要素异地备案，以保持商业运转的持续性。顺应而生的"无间断保障服务"成为新的市场和利润的来源。①

（七）公众性

公众性是指危机特别是那些危及人民人身财产安全的危机事件发生后往往受到政府部门、新闻媒体、内部员工、股东以及其他利益相关人和普通大众的特别关注。进入信息时代后，信息传播渠道的多样化、范围的全球化、时效的快捷化，使危机信息更为迅速地公开化，从而成为公众关注的焦点和各种媒体热炒的素材。因此，危机只被少数人所知的时代一去不复返了，"公众性"日渐成为危机的又一重要特征。如 2011 年 3 月 11 日下午 2：45 在日本发生海啸，一小时之内韩国民众都可以通过电视了解灾难实况。而对这一灾难进行报道的各国媒体大概占到 80%。

三、企业危机分类

一个组织所面临的可能性危机是多方面的，有时甚至是无法想象的。了解和分析危机的类型，其目的在于对不同类型的危机进行有区别的、科学的管理，并有针对性地探索不同类型危机的共同特征和规律，提高危机管理的效率。目前，关于危机的分类非常庞杂，不同学者从不同角度按不同标准做出了完全不同的分类。如按造成危机的直接原因，把危机分为自然灾害造成的危机（如地震、泥石流等）和人的行为造成的危机（如战争、动乱等）两种；按危机造成后果的严重程度，把危机分为特大危机、重大危机、一般危机等；按危机影响的范围，把危机分为全球危机、国家危机、区域危机等；按危机波及的领域，把危机分为政治危机、经济危机、文化危机、社会危机等；按危机管理的主体，把危机分为政府危机、企业危机等。就企业而言，其危机类型也是多种多样，一般将其分为以下几种：

---

① 熊卫平．危机管理：理论·实务·案例［M］．杭州．浙江大学出版社，2012.

（一）信誉危机

美国纽约大学斯特恩商学院的名誉教授查尔斯·丰布兰说：企业信誉是一个企业过去一切行为及结果的合成表现，这些行为及结果描述了企业向各类利益相关者提供有价值的产出的能力。也就是说，企业信誉是企业在其生产经营活动中所获得的社会上公认的信用和名声。企业信誉好则表示企业的行为得到社会的公认好评，如恪守诺言、实事求是、产品货真价实、按时付款等；而企业信誉差则表示企业的行为在公众中印象较差，如欺骗、假冒伪劣、偷工减料、以次充好、故意拖欠货款、拖欠银行贷款等。[①] 企业信誉危机是指企业不能履行合约或对消费者的承诺，企业的产品、服务质量出了问题等，从而使企业信誉下降，失去了公众的信任和支持，处于可能发生危险和损失的状态中。信誉危机属于企业自身的"恶疾"，如果处理不当可能会给企业带来毁灭性打击。所以，企业一旦发生信誉危机，一定要围绕"维护企业信誉"这一管理核心来进行诊断和"治疗"。

如 2014 年 2 月 6 日，美国媒体 CNN 曝光美国快餐巨头赛百味（Subway）在北美地区所售食物中含有制造鞋底的化学成分偶氮二甲酰胺。当天，赛百味在其官方声明中承认将偶氮二甲酰胺用作面包改良剂，并称该化学物质是经美国农业部和美国食品及药品管理局认证的一种原料，现决定停止使用，并尽快完全移除这一成分。其实早在 2012 年美食博主哈莉就在网上披露这一发现，同时她开始组织抗议，以向赛百味施压，要求停止在三明治面包中使用偶氮二甲酰胺。她发起的请愿书至今已有超过 67000 人签名。哈莉甚至拍摄了一个自己吃瑜伽垫的视频。然而直至被 CNN 曝光，赛百味才做出如此回应。当中国经济网记者 2014 年 2 月 10 日上午多次致电赛百味中国总部询问"赛百味在华所售食物是否也含该化学成分"时，一开始电话总是占线，接通后总线却变成了加盟电话。后来，记者发现，赛百味中国在其网站主页发表了声明称，"中国区的面包中不存在偶氮二甲酰胺这一成分"。[②] 这就是典型的信誉危机，若处理不当，会给组织信誉带来严重的负面影响。

① 百度百科．企业信誉［EB/OL］．http：//baike.baidu.com/link？url=rGIZJSXwL6QH7JVgYNVxwJCR1HNCdP8S3EtwvqTbv-juSUqQ8reqlYQK8fKZ06zuylsKY_4MU5I7_b2oSvnh5q.
② 新华网山东频道．赛百味面包含鞋底成分？赛百味称中国面包没问题［EB/OL］．http：//www.sd.xinhuanet.com/news/2014-02/10/c_119270913.htm.

（二）管理危机

管理危机主要是指企业领导决策失误或管理不善造成的危机。如企业投资失误，人才流失，"三废"处理不彻底，有害物质泄漏、发生爆炸，高层领导贪污腐败，运输业的恶性交通事故，银行业的不正当经营的丑闻，服务业的顾客财务丢失等。如不正视危机，加强管理，同样会导致企业经济效益不佳，生存和发展受到制约，甚至无法经营。如巨人集团为追求资产的盈补性，以超过其资金实力十几倍的规模投资于一个自己生疏而资金周转周期长的房地产行业，使公司有限的财务资源被冻结，公司的资金周转产生困难，最终陷入财务困境。

（三）市场危机

市场危机主要是指由于市场环境发生变化，如竞争对手营销手段变化，消费者需求发生变化或公众对组织产生误解等引发的企业危机。对于因竞争对手采取新的经营策略或消费者需求变化引发的企业危机，企业应及时调整自己，尽快适应市场变化。对于因公众对组织产生误解引发的企业危机，企业应通过多种渠道向公众进行信息的传播和沟通，引导公众了解企业。如了解企业文化，企业的新工艺、新产品、新的发展策略等。

（四）灾变危机

灾变危机是指由于自然灾害和人力不可抗拒的社会灾乱而造成的危机。如受到地震、洪水、雷击、台风、泥石流等自然的侵袭，或因战争、经济危机、恐怖袭击等因素使企业的正常经营难以开展，财产遭受损失而引发的危机。如近些年来的SARS危机，埃及、叙利亚的战争危机，禽流感危机等都给众多企业带来意想不到的打击。如2013年的H7N9禽流感使国内经济各大领域大为恐慌，畜牧业、饲料业、旅游业、餐饮业，包括股市，状况再度低迷。2013年4月18日，商务部新闻发言人沈丹阳在例行发布会上表示，禽流感对鸡类产品销售的影响涉及很多部门，涉及业界的利益……据安邦集团研究总部综合判断，这次爆发的禽流感对中国农业特别是畜牧业、家禽业以及饲料业打击巨大。家禽产品的进出口同样将受到前所未有的冲击，进出口总额下滑幅度可能超过 20%。与此同时，餐饮、旅游、股市等行业都将受到一定程度的波及。①
因为这些灾难的发生和企业的管理责任不直接相关，多数情况下事态发展也是
企业无法预料和控制的。所以，这类危机对企业形象不会产生直接的损害。但
如果善后处理不当，它不仅会折射出企业的公关能力和水平，还会影响企业的
可持续发展。

（五）媒体危机

媒体危机是指由于媒体的不实报道给企业带来的危机。尽管真实是新闻的
核心生命力，但由于客观事物和环境的复杂性和多变性，再加上报道者观察问
题的立场角度不同，致使媒体对企业的不实报道时有出现。这些报道不仅会给
企业的形象带来负面影响，还会使企业利益严重受损。2007 年，有媒体在新
闻报道中指出：南方某地的香蕉中发现了"致癌病毒"，其他媒体没有调查核
实就相继转载，结果使得当地香蕉滞销，这给当地蕉农造成了巨大的经济
损失。

2005 年，一些国际组织和国内外媒体对我国皮毛动物养殖加工业的报道
以偏概全，诋毁了河北肃宁及中国毛皮行业的声誉，严重影响了中国毛皮的出
口和毛皮行业的健康发展。

2008 年 9 月 11 日，《京华时报》刊载题为《招行投资永隆浮亏百亿港元》
的消息，由于该报记者对中国香港永隆银行的股价数据采集有误，得出招商银
行浮亏逾百亿港元的错误结论，造成报道严重失实。这一报道直接影响招商银
行当日股价，并带动银行股板块整体下跌，当日招行 A 股流通市值损失 127.5
亿元，H 股下跌 5.16%。

2011 年，《21 世纪经济报道》、21 世纪网（www.21cbh.com）、《成都晚报》、
网易公司的网站（www.163.com）、新浪公司的网站（www.sina.com.cn）因
不实报道温州铁通电器合金实业有限公司资金链断裂倒闭，严重损害了公司的
名誉。

2012 年 8 月下旬，国内部分财经类媒体根据来自欧洲个别报刊的不实报
道，竞相宣传家乐福（中国）将被华润集团收购，并进一步指出家乐福将退
出中国市场。这些宣传报道虽已经家乐福断然否认，但对企业的正常经营和投
资发展仍造成了一定影响。

---

① 应晶. 禽流感带来经济重感冒 ［EB/OL］. http：//news. gog. com. cn/system/2013/05/03/012252559. shtml.

第二节　企业危机管理的内涵及意义

一、企业危机管理的内涵

企业危机管理就是企业在经营过程中针对可能给企业带来危机的影响因素进行监测、分析、化解，以防范危机的发生给企业带来的不利影响以及在危机中通过采取正确的措施减少损失、降低负面影响、维护企业形象，乃至在危机中发现机遇，给企业带来发展机会的一系列管理措施。[①]

二、加强危机管理具有重要意义

（一）可以起到预防危机的作用

调查表明：企业永远无法避免随时可能发生的产品、价格、人才、信息、财务、信誉等种种危机。据有关资料，在中国，45.2%的企业处于一般危机状态，40.4%的企业处于中度危机状态，14.4%的企业处于高度危机状态。[②] 企业进行危机管理的目的就在于通过有计划的专业处理系统来规避企业危机，应付突发危机事件，把危机可能带来的损失降到最低。所以，良好的企业危机管理能够起到预防危机，即在危机到来之前，保持充分警惕，预先杜绝危机萌生与爆发的可能性的作用。当然，由于企业所处环境的复杂性，在一段时间内比较积极有效的危机预防机制，在另一时间段内可能就会出现漏洞。所以，企业的危机管理不是"一招时时灵"，要保证危机管理的效率，企业还要不断完善危机预防机制。

（二）降低管理成本

进行危机管理，可以让企业建立非常成熟的危机处理机制，有了成熟的危

---

① 陈芝峰．论企业危机管理的基本原则及重要意义［J］．中国商贸，2010（28）：99.
② 中国公共关系网．调查表明四成企业处于中度危机状态［EB/OL］．http：//www.17pr.com/viewnews-12606.html.

机处理机制，在面对危机时，企业就可以通过迅速调动一切可以调动的资源控制事态的发展，减缓危机与灾难的危害性影响，继而消灭危机。拥有超前判断力的企业，其危机管理还能更高一筹——化危机为商机，实现危机制胜，使企业发展达到一个新的高度。

如 2013 年的 H7N9 禽流感疫情，让全国的家禽产业遭受巨额损失，山东庄河大骨鸡原种场有限公司也不例外。禽流感爆发之前，公司每周至少可以销售 1000~1500 只鸡，并呈现上升态势。禽流感爆发后，2013 年 3 月和 4 月，一连几周公司一只鸡都没卖出去。2013 年 6 月，情况有所好转，但每周仍然只有 300 只左右，不及以往的 1/4。庄河大骨鸡原种场有限公司 2012 年进驻山东，凭借优质的庄河大骨鸡地理标志产品，迅速撬开了家禽养殖业发达的山东市场。疫情期间，虽然公司销量不佳，但由于禽流感使消费者认识到：购买冷鲜鸡肉要比到集贸市场里购买活禽现杀安全，这一认识、理念的变化是公司花多少钱做广告也换不来的。于是公司就利用这个机会增加养殖面积，拓展销售渠道，积极与中国台湾地区和东南亚的代理商洽谈，争取在国内市场恢复之前，进一步扩大出口规模。同时，还邀请专家与酒店一起设计新菜品，迎接市场转暖。由于公司产品常年出口中国香港，一直都按照欧盟的标准组织生产，符合产业发展趋势。他们相信像大骨鸡这样的产品价格虽然高于普通的肉食鸡和土鸡，但经过禽流感之后，消费者会做出更明智的选择。①

（三）强化全员危机意识

危机意识是一种对环境时刻保持警觉并随时做出反应的意识。科学家曾做过温水中的青蛙和沸水中的青蛙实验。温水中的青蛙一开始对水温的变化并无明显的感觉，待感觉水的温度超过自身承受限度时，它已经非常虚弱无力地挣扎，最后只能被活活煮死。沸水中的青蛙，一入水便立刻感觉到温度的剧烈变化，迅速挣扎，蹦跃出水，虽受轻伤，但避免了被煮死的命运。这个实验告诉我们：造成两只青蛙不同命运的原因不在其强弱的不同，而在于对变化的环境反应不同。对企业来说，要想在竞争中立于不败之地，就必须要对环境时刻保持警觉并随时做出反应。危机意识是企业发展的原动力，也是科学的企业危机管理机制的重要组成部分，在企业管理过程的每个阶段，危机意识都发挥着不

---

① 大众数字报. 家禽养殖企业如何逆市救赎? 紧抓"后禽流感时代"商机 [EB/OL]. http：//paper. dzwww. com/jjdb/data/20130626/html/12/content_ 3. html.

可或缺的作用。反过来，企业科学的危机管理必将强化全员的危机意识。也就是说，随着企业危机管理的科学化、系统化、专业化，可以有效引导员工，使之认识到上至高层管理者，下至普通员工，任何一个人都可能因为失误或失职而将企业拖入危机。只有居安思危，牢固树立危机意识，才能预防危机，有效解决危机。

第三节　危机管理的原则

危机管理原则的提法比较多，如"3C"原则（Concern、Control、Commitment，即关注、控制、承诺）、"3T"原则（Tell Your Own Tale、Tell It All、Tell It Fast，即以我为主提供情况、提供全部情况、尽快提供情况）、"6F"原则（Forecast、Fast、Fact、Face、Frank、Flexible，即事先预测、迅速反应、尊重事实、承担责任、坦诚沟通、灵活变通）、"6C"原则（Comprehensive、Consistent Values、Correlative、Centralized、Communicating、Creative，即全民化、价值观的一致性、关联化、集权化、互通化、创新化）、"5S"原则（Speed、Shoulder the Matter、Sincerity、System、Standard，即速度第一、承担责任、真诚沟通、系统运行、权威证实）等，但万变不离其宗。综合各种提法，笔者把危机管理的原则总结为以下几点：

一、快速反应原则

这和关键点公关顾问公司董事长游昌乔先生危机公关"5S"原则中的速度（Speed）原则以及滦福田、游昌乔在《政府危机管理的八个基本原则》中概括的"6F"原则之一"迅速反应"（Fast）原则意思相近。所谓快速反应，就是在危机产生后，必须以最快的速度做出反应。包括对危机情境、种类的判断，对解决危机条件的判断，与媒体和公众的沟通以及采取的救助行动或具体措施等。因为危机的产生具有紧急性特点，所以，如果初期反应滞后，将会造成危机的蔓延和扩大，甚至使企业如"千里之堤，毁于蚁穴"。危机发生后，是否能够首先控制住事态，使其不蔓延、不扩大、不升级，是危机处理的关键。

2004年11月21日8时20分，东航 MU5210 客机在包头机场附近坠毁，机上47名乘客和7名机组人员全部遇难。对此，网络媒体迅速进行报道，之后 CCTV-1《晚间新闻》也进行了报道。但东航方面的反应却是：当天，东航上海总部对数以百计的媒体三缄其口。2004 年 11 月 22 日，"包头空难第一次新闻发布会召开"，东航没有派人参加。此时，网上关于事故原因的传言如雪花般飘落，新闻媒体也出现诸多猜测版本。2004 年 11 月 23 日，包头空难第二次新闻发布会召开，东航依然没有派人参加。2004 年 11 月 24 日（事隔 4 天），在包头第三次新闻发布会上，东航总经理李丰华才首次和媒体见面，并向遇难者家属道歉。① 显然，东航在这次危机事件中反应滞后，和媒体以及公众的沟通不够及时。结果是人们对东航航班的安全产生怀疑，在出行时开始考虑选择小飞机。

二、坦诚原则

坦诚原则也叫透明度原则。一般情况下，任何组织危机的发生都会令公众产生种种猜测、怀疑，再加上新闻媒体可能有夸大事实的报道。所以，处于危机中的组织千万不能有侥幸心理，试图避重就轻，隐瞒事实真相，蒙混过关。明智的做法应该是以真诚坦率的态度，主动与新闻媒介联系，及时与公众进行沟通，讲明事实真相。这样才能取得公众的理解和配合，把信息传播的主动权掌握在自己手里，有效促进危机管理工作的顺利开展。

2013 年 8 月 3 日，新西兰政府通报：恒天然乳品公司 2012 年 5 月生产的浓缩乳清蛋白粉被检出含有肉毒杆菌，在中国销售的"娃哈哈"、"可口可乐"、"多美滋"涉嫌使用了相关批次的蛋白粉加工生产休闲饮料和婴儿奶粉，一时间人心惶惶。2013 年 8 月 28 日，新西兰初级产业部发布声明：最终检测确认，恒天然原通报的 3 批次乳清蛋白粉中的细菌实为普通产芽胞梭状芽胞杆菌，而非高致病性的肉毒杆菌！污染事件乃虚惊一场。

新西兰恒天然公司自 2013 年 8 月 2 日通报乳粉受污染直到 8 月 28 日最终宣布是虚惊一场，这期间的几乎每一天，公司都通过尽可能多的渠道向公众公布事件的进展和处理情况，反应迅速，信息公开透明，这些举措有效促进了危机管理的顺利进行。

三、承担责任原则

危机发生后，公众最为关心的问题有两个，一是物质方面的问题，二是精

---

① 岑丽莹. 中外危机公关案例启示录［M］. 北京：企业管理出版社，2010.

神方面的问题。组织应本着对社会负责、为公众着想的原则，从长远的利益出发，不计较一时的利益得失，在及时向受害者及所有消费者进行道歉，向受害者表示同情和安慰，（必要时）通过媒体向社会公众发表谢罪公告的同时，采取一定的补偿措施，这样才能赢得公众的谅解和信任，为组织在预防和处理危机上赢得一个宽松的外部环境。

2012年2月16日，一名自称是国内某建材专业杂志的副主编在网络上发帖指出，万科不少全装修房项目中，大量使用安信品牌地板，而这些地板甲醛严重超标且板层厚度不足，使用寿命仅为合格产品的两成。"万科使用毒地板"消息一出，短时间内就引发近四万名网友关注。随后激起社会各界的广泛热议，也引起了万科业主的一阵恐慌。事件发生后，万科董事会主席王石称一旦发现产品问题，万科将承担全部责任。并且在万科召开的新闻发布会上，万科总裁郁亮也强调，如果地板最终检验不合格，万科将承担全部责任。面对媒体的这些关键表态，传达了万科对问题不回避、对问题地板的重视并愿意承担责任的信息。[①] 这种负责任的态度为万科挽回信誉损失，防止负面影响的进一步扩大起到了相当的作用。

四、保护弱者原则

危机管理就是对弱者的管理，从进入危机的第一时间开始，组织就应放下自己的利益诉求，将弱者的利益诉求放在管理的第一位，否则，危机管理就会出现越来越不利于自己的结果。

有个旅游公司的老总为一件事情而气愤。有一家三口人去他公司的景点旅游，当地有严格的防护措施，在景区的周围都有防护栏杆，且在景区边界也设立了标有"游客止步"之类的警告牌。没想到这一家三口却翻过栏杆闯进没有开发的深山，结果在一个树洞前发生了悲剧，父亲和5岁的儿子到树洞里探险时坠落而亡。当时第一时间到现场的是一位景区管理公司的员工，这位员工明显在黄金时间做了一件似乎没有什么错，但是却让公司变得很被动的事情，即他不仅努力保护自己而且还想着要保护公司，当他不断地告知那位刚刚失去两个亲人的母亲，自己公司没有责任时，因为有很多的经过标示而且也有很好的防护措施，那位母亲彻底崩溃了，结果是舆论沸沸扬扬，最后在"花钱买

---

① 唐晓勇，杜来花. 媒体公关在万科品牌危机事件中的应用 [J]. 四川文化产业职业学院（四川省干部函授学院）学报，2012（2）：33-34.

平安"中度过了这一场危机。①

五、统一原则

组织不仅在日常的媒体公关工作和活动中要坚持统一原则，在面对危机的情况下，更要注意信息发布口径的统一、行动的统一、目标的统一和整个组织反应协调活动的统一，以避免因多种不同声音的出现和行动、反应等的不统一造成外界更大的猜疑和混乱。

六、灵活性原则

由于危机的产生具有突变性，即使组织危机方法、措施再到位，也难以确保危机真正到来时做到万无一失。所以，危机管理应坚持灵活性原则，在固有的危机防范与处理计划基础上，应针对具体问题，随时修正和充实、细化危机处理对策。同时，也要避免"一根筋"，学会借力使力。例如，危机发生后单靠自说自话、自我称赞、自我辩解有时是没用的，组织就要学会借助权威第三方的帮助来影响公众。如借助消费者协会、技术监督部门、质量检验部门、政府主管部门以及媒体来帮助解决危机。因为他们在公众心目中具有较高的权威性和公正性，其公开评论或结论往往能起到意想不到的效果。

如蒙牛集团有一年遭遇"投毒"危机，有人在武汉声称将毒药放入蒙牛产品中，对蒙牛进行敲诈打击。面对这种严重的突发事件，仅靠企业自身的能力是无法解决的，而且若不及时处理，后果将不堪设想。在此情况下，蒙牛集团董事长牛根生带着副总一行急忙赶赴北京，频频给总理写信，向中央求援。总理获悉后做出批示，大意是，不仅要保护消费者，也要保护企业，责令公安部派出强大警力（包括顶级的侦破人员）快速在武汉抓捕到了凶手。

2002年4月23日，格兰仕突遇危机：网上传播"微波炉有害健康"一文，该文立即被全国近600家媒体转载，给格兰仕微波炉销售带来致命的伤害。格兰仕一方面调查实情，同时立即赴京，寻求国家权威部门的支持，以"正面引导消费、规范竞争环境"为主题邀请工商管理局、中国质量技术监督局、中国家电协会、中国消协、中国名牌推进委员会、中国预防医学会、中国营养学会等相关机构组织的领导和专家在京举办研讨会，发出辟谣的权威声音，稳定了不利局势。后经查，操纵者是早两年在中国微波炉市场辉煌过后又

① 熊卫平.危机管理：理论·实务·案例［M］.杭州：浙江大学出版社，2012.

落马败走的一家跨国企业。其目的是想推出他们的新产品。①

第四节　不同阶段的危机管理策略

　　虽然危机管理的最高境界是不让危机发生，是看不见危机，但危机如火，水火无情。当危机真的来临时，必须要有计划做好危机管理工作。从危机管理的全过程来看，危机管理从时间序列和内容上可以包括危机前管理、危机中管理和危机后管理三个阶段。下面就从这三个阶段来探讨危机管理策略。

一、危机前的管理策略

　　这一阶段的危机管理工作主要是提高危机意识，及早发现危机。其具体策略是：

（一）做好危机预警工作

　　危机的预警是对危机产生的前兆进行通报警告以引起组织内部相关部门和人员的关注，并采取防御或预控措施，以减少危机发生的概率，或者保证能在准备阶段将危机对组织和人员的伤害降到最小。②

　　要做好危机预警工作，就要注意：

　　其一，通过对企业外部、内部的相关调查，识别企业最脆弱的方面，列举可能引发危机的事件或现象；其二，分析危机发生的可能性，发生以后会产生什么样的影响，危机管理的难度；其三，确定危机的预控策略等。

　　危机意识强的企业对待危机绝不会打无准备的仗。如 2008 年 9 月阿里巴巴股价暴跌 18.23%，股价仅 6.10 港元，而阿里巴巴上市时开盘价为 30 港元。其总裁马云说："我的看法是，整个经济形势不容乐观，接下来的'冬天'会比大家想象的更长！更寒冷！更复杂！我们准备'过冬'吧。"面对互联网的冬天，马云提出了"过冬"的办法：一是要有"过冬"的信心和准备。2007 年对上市融资机会的把握，让阿里巴巴具备了 20 多亿美元的用来"过冬"的现金储备；集团 2008 年初"深挖洞，广积粮，做好做强不做大"的策略已经

---

　　①②　熊卫平. 危机管理：理论·实务·案例［M］. 杭州：浙江大学出版社，2012.

开始在各子公司得到坚决的实施，这让阿里巴巴有生存下去的信心。二是把危机化作机遇，全力以赴去实现阿里巴巴未来 10 年的发展目标。正因为这样，阿里巴巴顺利度过一次次的"寒冬"。

（二）做好应对危机的准备

在确定危机信号确有一定的代表性，组织对危机评估比较准确的情况下，应根据危机影响程度，迅速设立由决策层负责人、公关部经理、人事部经理、保卫部经理等人员组成的危机管理小组。然后由危机小组深入挖掘危机发生的可能原因，如媒体的报道失误、竞争对手散布谣言、消费者投诉、政府质量检查出了问题等；随时准备在第一时间深入现场了解事实，如事情发生于什么时间、是如何发生的、造成了怎样的影响、损失如何、会有怎样的发展趋势、如何解决相关问题，制定或审核危机处理方案，开展员工危机管理教育和培训（包括心理训练、危机处理知识培训和危机处理基本功演练），储备大量的资金、物资、人力资源等。

如可口可乐公司每年都会对危机处理小组进行培训，培训内容包括模拟事件处理过程、模拟记者采访过程。工作人员进行角色互换，如公关人员扮演总经理、总经理扮演品控人员等。这样，既能增强员工危机管理的意识和技能，还可以检测企业对危机预报的反应是否敏捷，制定的危机管理计划是否充实、可行等。

二、危机中的管理策略[①]

危机中的管理是危机发生后到危机处理结束时的全部管理过程。

这一阶段危机管理工作的重点是积极采取措施隔离危机，使危机造成的损失降到最低程度。

具体策略包括：

（一）隔离策略

即防止危机发生连锁效应的策略。因为一种危机的爆发常常会引发另一种危机，所以，当组织危机发生时，应通过采取隔离的办法把危机的负面影响控制在最小范围内。如同火灾发生后通过切割火场以防火灾蔓延，企业的某一产

① 熊卫平. 危机管理：理论·实务·案例［M］. 杭州：浙江大学出版社，2012.

品出现信誉危机，应迅速采取措施，切断危机同企业其他经营领域的联系；企业的生产经营出现危机，应由危机处理小组专门负责处理，其他人员继续从事正常的工作，以避免生产经营危机殃及其他非相关生产经营部门。

（二）中止策略

即根据危机的不同原因、发展的不同程度、不同范围以及趋势，审时度势，顺势而为，主动中止引发或产生危机的相关事项。如企业发生产品质量危机时，一般都会实施中止策略，如停止销售、回收产品、关闭有关工厂或分支机构等，主动承担相应的损失，防止危机的进一步扩散。

（三）消除策略

立即采取措施消除危机所造成的各种负面影响，如物质上的生产场地遭到破坏、产品大量积压等；精神上的股东信心不足、士气低落、企业形象受损等。

其方法可以是投资新工厂，购置新的设备来改变生产经营方向，提高生产效益；通过公司文化、行为规范来提高士气，激发员工的创造性；通过媒体传达组织对危机后果的关切、采取的措施等，并做好接受媒体访问和记者提问的准备。

（四）利用策略

就是化危机为生机的策略。在危机发生后，组织如果能以长远的目光面对危机，以诚实、坦率、负责的态度处理问题，就可能将危机化为生机，得到坏事变好事的结果。如在市场疲软的情况下，有些企业不是忙着推销、降价，而是利用危机造成的危机感，发动职工提合理化建议，搞技术革新，降低生产成本，开发新产品，从而激发企业的活力，增强企业的核心竞争力。

（五）分担策略

将危机主体由单一承受变为由多个主体共同承受。如合资经营、合作经营、发行股票等，由合作者、股东来共同分担企业危机。

（六）避强就弱策略

由于危机损害强弱有别，在危机不能一下子根除的前提下，要有两害相权取其轻的思路，即比较理智地选择危机损害小的策略。

2013 年 5 月 31 日，延安城管临时工跳踩商户头部，这一事件被媒体曝光后，引发社会强烈反响，舆情一致谴责延安城管如此残暴的行径。端午节前夕，一篇名为《致广大关心延安 5·31 事件网友的一封信》的网帖，再度引发激烈争议。作者以被踩头者刘国峰的口吻，称"我也有一定责任"，希望不要因为这样一个特殊事件否认延安"革命圣地"的形象。对此，刘国峰在接受媒体采访时说：信不是我写的，不代表我的意思，并称身旁有延安城管局安排的专人陪护，不方便多说。延安城管局的做法显然不符合危机处理的隔离策略、利用策略等，不仅不能有效化解危机，反倒使政府的公信力更加令人怀疑。

三、危机后的管理策略

危机事件不仅会给组织带来一定的经济损失，还会给组织形象、组织的公众关系造成一定程度的破坏。所以，危机管理还要注重善后。善后的策略包括：

（一）继续关注受害人并积极履行承诺

在危机处理结束以后，组织应继续关注、安慰受害人及其亲属，并积极履行之前的承诺，如提供人道主义帮助、赔偿损失等。这既表现了组织处理危机的决心和信息，也能获得包括媒体在内的广大公众的认可和赞赏。

（二）危机总结与评价

可以通过数据统计或实效调查的方式对前面的危机管理工作做出客观的评价，找出存在的问题，总结成功的经验。在此基础上，完善组织的危机管理机构，改进危机预防和控制措施，改进资源储备和后勤保障工作，改进沟通与媒体管理工作。

（三）重塑组织形象

组织要吸取危机事件的教训，采取有效措施，重塑组织形象。对内，要加强组织管理，完善组织文化建设、道德建设，加强组织和员工之间的双向沟通，增强组织管理的透明度和员工对组织的信任感，鼓励员工积极参与组织决策和制定新的发展规划，进一步规范组织的行为，奠定组织良好的社会形象基础。对外，与同本组织息息相关的公众保持联络与交往，及时传播组织的最新发展信息；针对本组织形象受损的内容和程度，适当开展有利于弥补组织形象的公关活动；以良好的服务态度、服务质量，赢得顾客公众、政府公众、合作者公众、新闻媒体公众等的信任和支持，从根本上改变公众对本组织的不好印象。

第五节　企业危机中的媒体公关策略

美国政治学家科恩曾说："报纸或许不能直接告诉读者怎样去想，却可以告诉读者想些什么。"可以说，公众关于外部世界的图像，大部分都是受媒介传播的控制。企业的危机管理者如果能够了解这一事实并适时进行媒体公关的话，不仅能减轻危机事件带来的负面影响，还可能会使企业"失之东隅，收之桑榆"。那么，企业的危机管理者怎样才能做好在危机中的媒体公关呢？

一、了解危机事件中企业和媒体的关系类型

企业和媒体之间存在着密切互动、相互影响的关系。但在企业的危机事件发生后，二者之间的关系会有戏剧性的变化，其结果是形成良性或恶性关系。

良性关系是在危机事件发生后，企业能够积极、主动并真诚地和媒体进行沟通，通过媒体，让社会了解事件的真相、组织的态度，树立组织危机中的良好形象。企业和媒体间的良性关系，既满足了媒体对突发事件特别是知名组织的突发事件的报道兴趣，又有利于企业引导公众，为企业处理危机创造良好的舆论环境，为企业走出困境产生积极影响。许多知名企业能够顺利化解产品质量危机，一个很大的原因就是他们与媒体建立了良性关系。

恶性关系是指在危机事件发生后，企业关起门来，拒绝与媒体合作、拒绝与公众沟通。企业界流行一句话——"防火防盗防记者"，既反映了企业与媒体的"隔阂"，也说明企业往往不愿意和媒体取得联系。而在企业出现问题或媒体的报道会有负面影响时，企业这一方面的态度就更加明显。其做法要么是对记者打来的电话没有回应，要么是对记者和编辑不真诚、不礼貌。这样就会给媒体留下逃避问题、不敢正视问题或躲避责任的印象。其结果只会招致批评，使问题更加恶化和扩大化。如出现企业状告媒体、向媒体索赔等情况。

2006 年《第一财经日报》报道富士康在广东的工厂存在工作条件恶劣、工人工作超时、工资低等现象。对此，富士康不但不反省自己，而且还以侵犯

名誉权为由，将《第一财经日报》的两名记者告上法庭，并索赔 3000 万元，结果使自己陷入被动，品牌美誉度大大降低。

恶性的企业媒体关系，是企业采取过激的、不科学的方式应对舆论监督的表现，它会使企业危机加重，使已经跌落的企业形象雪上加霜。

二、分析危机的危害程度及媒体可能的关注程度

危机事件发生后，危机管理人员应认真分析危机可能产生的影响、带来的危害等，并据此判断此类事件可能引起媒体的兴趣程度，哪些媒体可能会一般关注，哪些媒体可能会重点关注。然后根据媒体可能关注程度的高低列出目标媒体，通过恰当的媒体联络、沟通方式与媒体进行沟通。

三、掌握必要的传播沟通策略和技巧

（一）保持传播信息的一致性

危机事件发生后，为保证信息的集中、统一，避免信息的混乱可能带来的信息解读的混淆，企业要成立专门的机构（新闻中心、新闻办），配备专门人员具体分管和媒体的交往。在和媒体交往时，首先是明确企业的哪些信息可以传播给媒体、什么时候传播、怎样传播。一般地，在明确相关问题以后，企业对外的信息发布会，是以一个人（新闻发言人）的发言为主，其他人负责电话询问、邮件回复、网站或微博的新闻发布等。其他人与新闻发言人的口径要保持一致。一般人不宜随意接受采访，当然也不能简单拒绝，而应礼貌地把企业对外新闻热线或对外进行传播的人介绍给记者。这样，会有助于将权威信息的解释权和发布权集中到企业手里，以控制事态的发展。

（二）尊重媒体、态度真诚

媒体是舆论的传播者，要想影响受众，必先争取传播者的理解。而要争取传播者的理解，就要尊重媒体，真诚面对媒体。这包括尊重记者的工作，不要对其抢先报道新闻的劲头和敬业精神有任何的不满；对媒体一视同仁，不能厚此薄彼，不管是中央媒体，还是地方媒体、专业媒体；面对媒体，真诚、坦率，开诚布公地讲述危机发生的整个过程，以免记者转而通过其他消息来源来弥补信息的空缺；即使知道记者是带着批评性的目的来进行采写的，也不要回避和冷淡他们，而应主动配合他们了解情况，介绍事件的缘由，以便他们正确

地判断和报道。只有尊重媒体，并以真诚的姿态面对媒体，和媒体的沟通才更加有效。

（三）面对偏差报道不要和媒体发生冲突

在企业面对危机、内外交困时，媒体可能会竞相对其进行报道。因媒体的报道是站在第三方的角度进行的；媒体为了抢新闻，缺乏足够的调查时间；媒体的报道因为不准确的语言描述而背离了企业所想表达的内容；或者由于人为的恶意炒作等，结果出现了对企业不利的偏差报道，不实报道。在此情况下，企业应该通过与媒体的积极沟通来澄清事实，而不应该一味指责媒体甚至威胁媒体。指责、威胁媒体，和媒体发生冲突的结果往往会使所有媒体团结一致，捍卫其整体"利益"，最终导致企业和媒体的不良互动。当然，更不要轻易去和媒体打官司。因为打官司只会使危机事件进一步扩大或产生不良的影响，最终导致企业形象的损害。即使企业一方的官司会赢，在公众的心目中也会留下不负责任、不关心公众的不良印象。

对此，《危机管理：理论·实务·案例》一书的作者熊卫平提出了更具润滑作用的原则"永远感谢"。书中写道：无论是正面报道或负面报道，甚至是扭曲的报道，都应该记住，不要怪别人的不理解，应怪自己没有提供足够多的信息保证别人全面、客观、公正地评价自己。正是媒体的关注，使自己有了和公众沟通、告知全面信息的机会，所以应对媒体报以感谢。

当肯德基被认为其豆浆并非现磨时，肯德基的态度很简单：我们从来没有说过我们的豆浆是现磨的，让大家误以为是现磨的，责任在于我们的告知不够到位。因此，现在准确地告知，我们的豆浆真的不是现磨的。

（四）在接受非平面媒体采访时，除了要注意采访现场的布置，还要注意态度的真诚、表情的恰到好处、服装的得体以及言行的合度等

2011年7月24日夜，"7·23"动车事故首场新闻发布会在温州水心宾馆举行。铁道部新闻发言人王勇平身穿T恤走进电视画面，开场白是："你们让我站着说呢？还是坐着说呢？"当记者提出："我们得知今天下午又从现场发现一名生还的小女孩，为什么在你们宣布救援行动结束后，在拆解车体的时候仍然还能发现生还的女孩子？"王勇平说："这是一个奇迹。我们确实在后面的工作当中发现了一个活着的女孩，事情就是这个样子。"当被问到"为什么要在现场掩埋车体"时，王勇平回答："关于掩埋，后来他们（接机的同志）

做这样的解释。因为当时在现场抢险的情况，环境非常复杂，下面是一个泥潭，施展开来很不方便，所以把那个车头埋在下面盖上土，主要是便于抢险。目前他的解释理由是这样，至于你信不信，我反正信了。"而且在回答记者提问时王勇平似乎还面带职业化的微笑。可以看出，王勇平从着装、表情、发言内容都颇不得体。因为事故之后，观众希望看到的是因为灾难而焦虑、痛心但又充满责任感和能够妥善解决问题的可靠感的代表者形象。

（五）要具备网络媒体危机公关的意识和策略

对于危机信息传播，网络媒体具有传播速度快、复制成本低，负面消息受欢迎程度高、发表频率高（传统媒体报道一家企业的负面新闻一般报道一至两次，对网络媒体来说，只要有传统媒体报道，它就可以转载）、具有放大效应（一个小地方的传统媒体报道经网络传播后就会成为全国乃至全球性的新闻）和二次传播效应（网上报道后还会引发传统媒体跟进），可以补救（网上新闻可以删除或调整位置）等特点，所以，企业必须要有相应的网络媒体公关的意识和策略。如进行有效监测和预防，尽量在第一时间阻止企业负面新闻上网；一旦上网，尽量封堵；无法封堵，先进行冷处理，切忌弄巧成拙、推波助澜；开展公关活动，转移公众注意力；与媒体善意沟通，沟通能解决的问题，就尽量不要诉诸法律。

（六）新闻发言人发言要注意的几个基本原则①

新闻发言人在发言时要注意几个基本原则：积极地解决问题，做到不卑不亢、诚恳、稳重；要言辞审慎，表情严肃，态度坚定而认真；尊重和听取外部专家的意见，包括公关顾问、法律顾问和保险顾问等专业人士；尽可能向媒体和公众提供媒体所需要的背景材料，不放弃任何话语权；坏消息要一次性地合盘托出；绝对不能说"无可奉告"；不攻击和诋毁对手；不强求审查媒体的新闻稿件，但务必请关键性媒体记者发布客观、公正的事件细节。

思考题：

1. 分析酒鬼酒的做法，指出不足，提出建议。

2012 年 11 月 19 日，媒体出现标题为《酒鬼酒塑化剂超标高达 260%、毒

---

① 岑丽莹. 中外危机公关案例启示录 [M]. 北京：企业管理出版社，2010.

性为三聚氰胺 20 倍》的文章，对此企业回应道：经质量监督检验部门对公司的严格检查和对 50 度酒鬼酒的检测，未发现人为添加"塑化剂"的情况，有可能是在转运、包装过程中发生的迁移。

随后，国家质检总局网站在 2012 年 11 月 21 日下午公布了酒鬼酒样品的初检结果：塑化剂含量超标 247%。2012 年 11 月 21 日晚间，酒鬼酒股份有限公司发布声明称："对近日发生的所谓酒鬼酒'塑化剂'超标事件给大家造成的困惑与误解表示诚挚的歉意。"但是同时声称：国际食品法典委员会、我国及其他国家均未制定酒类中邻苯二甲酸二丁酯（DBP，俗称塑化剂）的限量标准，故不存在所谓"塑化剂"超标的问题。按照我国人均预期寿命，每天饮用 1 斤，其中的 DBP 不会对健康造成损害。

继 2012 年 11 月 21 日首次发布的致歉声明，被媒体斥责为"道歉却不认错"后，2012 年 11 月 23 日晚间酒鬼酒再度发布声明道歉，称将"积极整改，让消费者喝上放心酒"。声明中还承诺，公司将在 2012 年 11 月 30 日前完成整改工作，并将在 2012 年 11 月 25 日公布具体的整改措施以及时间表。随后又通过央视《每周质量报告》对外宣称，已初步确定塑化剂的三大来源：一个是自动包装线上的小塑料管，一个是塑料瓶塞，还有一个就是 2011 年包装车间整修时，临时使用过的一段长达 10 米的塑料输酒管。

2. 阅读以下材料，思考怎样加强危机管理。

2013 年 7 月 12 日，法国布雷蒂尼镇火车站发生火车脱轨事故，造成 10 余人死伤。这是 1988 年以来法国发生的最严重火车事故。在危机处理的过程中，事故第一责任方、法国铁路公司和政府的一些做法值得借鉴。

铁路公司的应急处理措施：

列车出轨后 10 分钟，法国铁路公司高层收到消息，立即以短信等形式通知内部人员和合作伙伴。20 分钟后，总裁佩皮赶到现场，向媒体公布消息并表达哀悼。

几乎与此同时，公司内部的四个危机处理团队投入运转。第一团队为公司决策者提供参考意见，第二团队负责死伤者及其亲属的善后和沟通事宜，第三团队全力对事故原因展开调查，第四团队由公关部门主导，在公司官方网站的显著位置开辟"布雷蒂尼重大事故"专栏，栏目设置简洁、肃穆。除了简单描述事故发生情况，下面还有三个链接，分别为受影响列车的最新出行表、死伤者及亲属咨询以及媒体专区。此外，公司的推特账户也同步发布信息，接受各方问询。

在接下来的几天，佩皮作为公司总裁，不断与媒体沟通。据法国《费加罗报》统计：在事发后约 48 小时里，法国铁路公司共进行 7 次情况说明，4 次在事故现场，3 次在公司。在现场向媒体发布消息时，佩皮在黑色西服外套上救援人员的橙色背心，刻意降低语速，向媒体介绍出事火车情况以及救援进展。在新闻发布会上，他公布事故调查的初步结果，并展示了清晰的图片，还责成维修部门的专家和负责人对可能引发事故的轨道接头夹板构造进行讲解。另外，铁路公司对公众和媒体的质疑一一给予回应。

政府发挥了协调作用：

在此次危机处理中，法国政府扮演了协调者的角色。事发后 10 分钟，布雷蒂尼镇火车站所在的埃松省宣布启动"红色应急计划"。政府派遣了 300 名救援人员和 20 支医疗队展开搜救，并知会附近所有医院做好准备。此外，法国铁路公司派出的心理辅导人员对幸存者进行疏导，据现场目击者描述：虽然很多乘客不同程度受伤，但现场秩序井然，没有惊慌。

法国总统奥朗德在事发后 3 小时赶到现场慰问伤者，他表示，政府将对事故彻查到底，并明确了各部门的具体分工及各自职责，总理艾罗也从罗马尼亚提前回国，但他们的表态多以安抚和同情为主，尽量不对事故原因发表评论。

此外，法国还有一套成熟的危机应对机制，使得政府、司法、企业各司其职，使救援、善后、追责等工作得以有条不紊地进行。作为政府主管部门，法国交通部负责事故的技术和安全调查。该部门下属的陆上交通事故调查办公室在完全独立的情况下进行技术调查，他们将法国铁路公司提交的材料详加核实，以确定该公司是否完全履行安全及维护程序。①

3. 下面是雀巢公司新闻发言人在采访现场的大概情况，请分析其得失。

背景：2005 年 5 月 25 日，浙江省工商局公布了近期该省市场儿童食品质量抽检报告，其中黑龙江双城雀巢有限公司生产的"雀巢"牌金牌成长 3+ 奶粉赫然被列入碘超标食品目录。同时，浙江省工商局已通报各地，要求对销售不合格儿童食品的经营单位予以立案调查，依法暂扣不合格商品；不合格儿童食品生产厂家生产的同类不同批次商品必须先下柜，抽样送检，待检测合格后才可重新销售。

对于奶粉，国家标准是每百克碘含量应在 30 微克到 150 微克之间，而雀

---

① 中国记者网. 法国列车事故后的危机公关得失 [EB/OL]. http：//www. zgjznet. com/gjsy. htm/20141222/145. html.

巢的这种产品被发现碘含量达到 191 微克到 198 微克，超过国家标准的上限 40 微克。据食品安全专家介绍，碘如果摄入过量会发生甲状腺病变，而且儿童比成人更容易因碘过量导致甲状腺肿大。

2005 年 5 月 29 日，雀巢紧急接受中央电视台经济半小时的记者采访试图灭火。

新闻发言人在采访现场的大概情况：

采访过程中，雀巢中国有限公司商务经理孙女士先后三次摘下话筒要求结束采访，先后三次用沉默来回答记者的提问。当记者称采访还没有结束时，孙女士说"我该说的已经说了"，"我认为已经结束了"。

孙女士接受记者采访说："按国家标准，这批产品是不合格。"但又说："我们的产品没有问题，是非常安全的。"因为她认为自己的奶粉符合《国际幼儿奶粉食品标准》。但当她翻开了声明中提到的这个国际标准时，在碘含量的上限这一栏数字是空着的。这也就意味着，无论雀巢奶粉的碘含量有多高都是符合这个国际标准的。

当记者问"你们有没有查过造成碘含量超标的原因"时，孙女士说："我们查过，是原料奶的碘含量不太平衡，原料奶是从千家万户收过来的，碘含量的幅度比较难控制，这是事实。"但随后又说"可以控制"。但对记者"既然可以控制为什么还出现了超标的情况"的问题，孙女士以沉默作答。

当记者在哈尔滨双城区的生产工厂进行采访时，雀巢的工作人员带领记者参观生产流程，但是拒绝回答任何关于碘超标的问题，而当记者走出车间时工作人员告诉记者，采访到此结束。

当记者问"消费者很想知道出问题的这些奶粉究竟销往什么地方了，你们查清楚了吗"时，孙女士称"我们都有掌握"，但又称"这个数字由公司掌握，我本身不是搞生产的"。"我作为公关部经理，目前掌握的信息就是我们新闻稿发布的信息，如果有进一步的消息我会再告诉你们"。而当记者问"现在消费者希望知道一些消息，他们的知情权能否得到保障"，孙女士用沉默响应记者。[①]

---

① 岑丽莹. 中外危机公关案例启示录 [M]. 北京：企业管理出版社，2010.

第八章 新媒体公关策略

第一节 新媒体的概念和传播特征

一、新媒体的概念

首次提出"新媒体"（New Media）这一概念的是美国哥伦比亚广播电视网（CBS）技术研究所所长戈尔德马克，他在 1967 年发表的一份关于开发 EVR（电子录像）商品的计划中，第一次提出了"新媒体"一词。1969 年，美国传播政策总统特别委员会主席罗斯托在向尼克松总统递交的报告中，也多处使用"新媒体"一词。此后，"新媒体"这一提法开始在美国流行，并逐步在世界范围内扩展。

到底什么是"新媒体"，这一概念的内涵和外延是什么，学界还没有统一的说法。美国《连线》杂志从新媒体传播主体的广泛性角度对"新媒体"所做的解释是："由所有人面向所有人进行的传播（Communications for All，by All）。"美国硅谷著名 IT 专栏作家、传媒前沿观察者丹·吉尔默从技术更新与发展的角度对新媒体做出的解释是：新媒体就是新闻媒介 Web3.0。也有专家提出："只有媒体构成的基本要素有别于传统媒体，才能称得上是新媒体。否则，最多也就是在原来的基础上的变形或改进提高。"[①] 清华大学的熊澄宇教授认为，"新媒体"是一个不断变化的概念。"在当今网络化的基础上又有延伸，无线移动的问题，还有出现其他新的媒体形态，跟计算机相关的。这都可

---

① 转引自张颖妍. 新媒体语境下企业媒体公关与危机管理［D］. 广州：华南理工大学，2012.

以说是新媒体。"从一些传播学期刊上"新媒体"专栏所刊载文章的研究对象来看，大家对"新媒体"的理解也是不尽相同的，其中有移动电视、手机媒体、数字电视，也有博客、播客等。

从概念角度看，"新媒体"的限定词"新"其实是一个相对的说法，广播出现时，它相对于报纸来说就是新媒体，有了电视以后，广播又成了相对的"旧"媒体，互联网兴起以后，网络媒体因为和报纸、杂志、广播、电视这些传统媒体有明显的区别，因之成为相对的新媒体。

所以，本章所说的新媒体是指现阶段基于信息技术支撑体系下的各种媒体形态，它涵盖以网络媒体为代表的一系列数字媒体，可以分为网络类，移动类，数字广播、电视类。网络类的新媒体是指建立在互联网上的各种新媒体形式，包括网络期刊，网络报纸，博客、播客、微博，搜索引擎，各类网站（门户网站、新闻网站、视频网站、网络社区、网络论坛、社交网站）等；移动类的新媒体是以手机等移动媒体为接受终端的媒体形式，包括 iPad、手机媒体（短信、彩信，手机报纸，手机期刊，手机电视，手机图书，微信）等。数字广播、电视类新媒体是建立在数字广播、电视基础上的新媒体，包括数字广播、数字电视、IPTV、移动电视与户外新媒体等。

二、新媒体的传播特征

（一）传播速度快、传播范围广

传统媒体的出版和传播具有周期性。拿报纸来说，日报按日出版，周报按周出版，其传递速度不可避免地受交通手段和发行环节的影响。网络等新媒体却是即时传播。网络媒体的载体是光纤通信线路，光纤传递数字信号的速度为每秒 30 万公里，瞬间可以到达世界上任何一个地方。传统媒体有截稿时间的限制，新闻信息的更新（就日报而言的）是按天计算的。网络上的新闻传播则可随时进行，新闻稿件可以随到随发，24 小时不间断，新闻信息的更新可以说是按秒来计算的。所以在网络上受众往往不好判断哪条新闻是头版头条，因为新闻内容会随事件的进展不断滚动更新。

传统媒体的传播受发行范围、覆盖范围的限制，影响的受众有限。网络媒体空间上的开放性使信息的流通更为自由，任何人、任何时间、任何地点都可以与其他任何人进行任何形态信息的沟通交流。而且时间、空间上的开放性也使网上的信息能够海量存储，可以横向容纳世界各地的信息。人们不管在世界任何一个角落，只要具备上网条件，就可以得到国际、国内方方面面的信息。网络为世界各个角落的组织和个人获取信息、输出信息提供了前所未有的便利。

与此相关的是，网络信息传播还具有难以控制的特点。组织或个人一旦有负面消息被发布到网上，只要这一消息具有足够的吸引力，就可以引起全世界的关注，甚至会在短时间内形成巨大的舆论狂潮。从近年来国内外一系列网络事件（如"郭美美事件"、"杨达才事件"、"房姐事件"等），都可以看出网络传播的威力不可小觑。

当然，网络传播的作用很复杂，它犹如一把"双刃剑"，应用得好，它能克服传统媒体在传播过程中的种种局限，缩小人与人之间的距离，方便人们之间的交流，利于组织和公众之间的沟通，提高工作效率，促进社会发展；应用不当，它也会产生负面的影响和效果，如形成错误的舆论导向，误导正确的社会价值取向，混淆人们的是非判断。

下面以"杨达才落马事件"为例，具体看看网络在传播速度和传播范围方面的特点。

2012 年 8 月 26 日 16 时 35 分，网友"@JadeCong"在翻看"8·26"陕西延安特大交通事故的现场图片时被一名官员的笑容激怒后，发出了微博，内容是"事故现场官员满面笑容，情绪稳定"，并附上了相关截图。

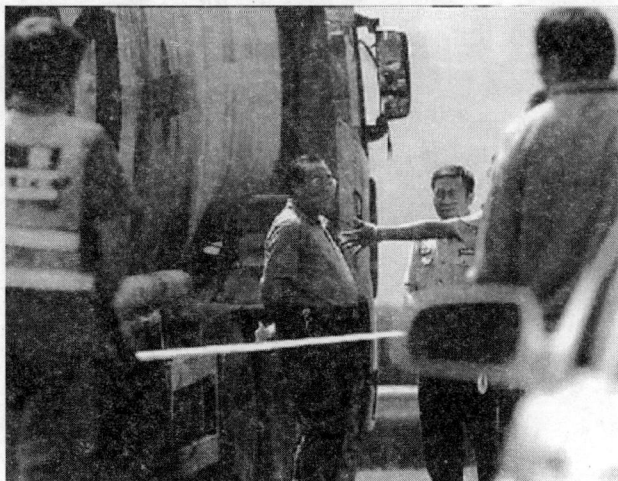

资料来源：新浪新闻中心．媒体还原杨达才落马事件，当地纪委公信力遭质疑 [EB/OL]. http: // news. sina. com. cn/c/2012-09-25/083325247122. shtml.

　　该微博被广泛转发后，36 人死亡的惨剧与冷血官员的微笑形成鲜明对比。
"人肉搜索"的大幕随即开启。当日 19 时 53 分，网友"百姓大于天"在
其微博爆料称，涉事官员为时任陕西省安监局局长杨达才。22 时 29 分，网友
"卫庄"在其微博发布了一张杨达才佩戴手表的照片，并称"网友怀疑是价值
3.8 多万欧元的欧米茄"。23 时 57 分，渤海论坛的新浪官方微博发布了杨达才
在不同场合佩戴 5 块不同款式手表的照片，称这是"陕西省安监局局长杨达
才同志的爱好"。2012 年 8 月 27 日 18 时 12 分，第五大道奢侈品网首席运营
官孙多菲在其微博中称："我已向表行业内专家请教：第一张：6.5 万元左右
的蚝式恒动系列劳力士；第二张：3.4 万元至 3.5 万元之间的欧米茄；第三
张：江诗丹顿 18K 玫瑰金表壳，而且是机械的，市场价估计在 20 万元至 40 万
元；第四张：欧米茄，价格也就 3 万多元到 4 万元；第五张：雷达全陶瓷，市
值估计 3 万元。"这条微博被转发 14531 次，引发评论 5350 条。杨达才也因此
被网民戏称为"表哥"。

资料来源：新浪新闻中心. 媒体还原杨达才落马事件，当地纪委公信力遭质疑［EB/OL］. http：// news. sina. com. cn/c/2012-09-25/083325247122. shtml.

　　此后，这些"鉴表图片"迅速成为网民热议的话题。不少网民认为，一个安监局长以其正常的工资收入，不可能有这么多的名贵手表，进而猜测其本人有贪污腐败的重大嫌疑。如长江网网友"刘全"评论称："一个官员过分追求奢侈的生活，戴名牌手表，这样的官员自身清白让人怀疑。"

　　2012年8月28日晚，杨达才在接受媒体采访时表示，已知道网络对他的关注，并将此事向组织做了报告，最快将在2012年8月29日上午对网友的质疑做出回应。8月29日21时至22时，杨达才主动在新浪微博中回答网友提问。在13次回复中，杨达才6次向网友致歉。杨达才表示，自己并未"微笑"，只是表情有点放松，想让现场同志放松些；5块手表是自己10年来合法收入购买的，最贵的一块是 3.5 万元；作为公务人员，被网友监督是合理的、正常的。

微博访谈还没结束，网友"猪头懦夫司机"就发微博称："我上传了 4 张照片到专辑'杨达才局长的第六块手表'。"2012 年 8 月 30 日凌晨起，民间知名鉴表专家"花总丢了金箍棒"接连发布了杨达才的其他 5 块手表，并对新增的表估价超过 20 万元。越来越多的表的曝光，也让杨达才从"微笑局长"晋升为"表哥"和"表叔"。

2012 年 8 月 31 日 21 时 30 分，"花总丢了金箍棒"出现在央视《新闻1+1》节目《局长的"微笑"局长的"表"》中。他在接受媒体采访时透露，节目播出后，不少网友向他祝贺，并称呼他为"英雄"。他表示："狂风之中，每个人都是一片枯叶，杨达才是，我是，网友也是。"此外，他还重申理性的价值：不能以谎言打击谎言，戴表和腐败也没有必然的联系。他表示："微博反腐只是制度反腐的补充，如果不能推动官员财产公开，信任危机只会扩大，如果没有制度反腐，微博反腐也将变得毫无意义。"

杨达才的"微笑照片"被曝光后，《法制日报》、《南方都市报》、《钱江晚报》、《新民晚报》等传统媒体纷纷对关于此事在微博上的言论进行摘编报道。其中，《钱江晚报》的报道《车祸现场官员傻笑，网友质问你笑啥》被各大媒体转载超过 140 余次，被凤凰网转载后，点击量超过 16 万人次。作为相对可靠的信息源，传统媒体从微博、论坛等网络平台挖掘新闻材料，在经过编辑整合后，以口语化的标题吸引公众关注，已经成为舆情发生初期新闻传播的主要特点。

2012 年 8 月 29 日，《济南日报》刊文《官员"笑场"可以有　腐败不能有》称，不赞同冷嘲热讽杨达才的笑，但是赞同围观并追问杨达才的表。2012 年 8 月 31 日，《京华时报》刊文《自证清白难以走出名表门》称，一个已经广受质疑的官员，以其孱弱的公信力，不管是承认还是否认，说真话还是说假话，都难以说服公众相信自己。进入 2012 年 9 月，随着"保钓"议题的升级，对杨达才手表问题的调查结论和处理结果的话题淡出公众视线。然而，部分媒体并未因此放弃对有关部门后续作为的监督和对杨达才现状的报道。2012 年 9 月 17 日，《钱江晚报》刊文《局长天天在正常上班》，使得一度趋于平静的舆情再次掀起高潮。该消息被凤凰网转载后，点击量高达 33913 人次。网友"终南一翁"表示："纪委查的结果怎么样？应该给民众一个交代。不然就是对网民的不尊重和对局长的不负责任。"

2012 年 8 月 30 日，杨达才的各种"戴表照"在网上曝光后，陕西省纪委即回应称，将本着实事求是的态度，对事件所涉及的问题进行认真深入的调查，如确有违纪或腐败问题，将依照有关规定严肃处理。然而，直至媒体爆出"杨达才仍在正常上班"的消息后，关于将杨达才撤职的消息才火速公开。

2012 年 9 月 2 日 11 时 30 分左右，《新快报》记者刘虎发表微博称："网爆陕西纪委调查的'手表哥'杨达才正兼任着纪委委员，杨达才曾被处以党内警告处分。"由此，陕西省纪委对省纪委委员杨达才的调查能否保持中立、客观、公正，成为网民质疑的焦点。网友"安康农民"称："试问自己查自己，能查出问题吗？"北京市旗鉴律师事务所律师刘晓原在其微博中建议："陕西省纪委应该回避，由中纪委介入。"

随后，有关杨达才"背景很硬"的各种猜测开始在网上蔓延。2012 年 9 月 5 日 15 时，湖北新亚特集团有限公司董事长杜芝富在其微博中爆料称，杨达才从参加工作到任县委常委仅仅用了 2 年零 8 个月，是"政坛神童"，并称其岳父也在当地做过干部。

直至 2012 年 9 月 21 日，陕西省纪委才在其官方网站秦风网发布了杨达才因存在严重违纪问题被撤职的消息。对此，《环球时报》总编辑胡锡进在其微博中称："这是网络监督的又一胜利。"①

（二）传播者的变化——传播者的中心地位淡化

在传统的大众传播过程中，传播者是信息传播的"守门人"，他们充分掌握着信息传播的决定权，传播过程的存在与发展，信息内容的数量与质量、流量与流向，甚至信息对社会的作用和影响等，都是由他们来把控的。其传播流程一般是：采集信息，然后对信息进行加工和处理，最后，有选择性地进行传播。而在新媒体环境下，网络直接面对上网者，在网络与上网者之间，除了技术和上网条件的障碍外，一般不会有其他的障碍。在知道怎样上网和具备上网条件的情况下，任何人都可以通过电脑或手机向别人传播信息。也就是说，网络开启了全民化传媒时代，它给每个人提供了跨越地域、自由交流的平台和渠道，这一点是传统媒体无论如何都无法做到的。网络也改变了传统媒体在信息传播过程中的传播主体地位，大大缩短了传播者和接受者之间的距离，实现了

---

① 新浪新闻中心. 媒体还原杨达才落马事件，当地纪委公信力遭质疑［EB/OL］. http：//news. sina. com. cn/c/2012-09-25/083325247122. shtml.

传播者和接受者在传播中的换位。现在网上的聊天室、个人空间、博客、微博、论坛等已经成为重要的网络资源，吸引了大量网民注册和共享。这些变化使传播者不得不对自己的传播责任、传播行为、传播过程、传播效果等重新进行思考和判断。

（三）接受者的变化——人人都可以成为传播主体

在传统媒体环境下，传播者的接受对象即信息的接受者被称为"受众"，它强调信息的受动性。但"一旦进入网络空间，个人和组织都能够凭借电脑化的大规模信息交流系统建立多向的相互联系；这时候同一个人或组织既可以是新闻和信息的接收者，也可以成为新闻和信息的传送者"。① 在网络空间里，作为网络或手机用户，既享有利用媒介接收信息、知晓信息的权利，也享有利用媒介传播信息的权利。当他们利用网络平台对传播内容进行点评和反馈，对自己的愿望和需要进行表达、发布消息时，他们就是信息的传播者；而当他们根据自己的需求进行信息的接收、查看时，他们又是信息的接受者。也就是说，在互联网上，受传者和传播者两种角色不是固定不变的，而是可以自主、方便地发生转换或交替的。

三、新媒体对消费者行为的影响

作为新的媒体形式，新媒体对消费者行为产生了重要影响。根据中国互联网信息中心（CNNIC）发布的《第 33 次中国互联网络发展状况统计报告》，截至 2013 年 12 月，我国网民规模达 6.18 亿人，全年共计新增网民 5358 万人，互联网普及率为 45.8%。其中，手机网民规模达 5 亿人，较 2012 年底增加 8009 万人，网民中使用手机上网的人群占比由 2012 年底的 74.5% 提升至 81.0%。网民互联网的应用情况是：搜索引擎用户规模 4.9 亿人，使用率为 79.3%；网络新闻用户为 4.9 亿多人，网民使用率达 79.6%；网络购物用户规模达 3.02 亿人，使用率为 48.9%；即时通信网民规模达 5.32 亿人，使用率为 86.2%；博客和个人空间用户数量为 4.37 亿人，使用率为 70.7%；微博用户规模为 2.81 亿人，使用率为 45.5%；社交网站用户规模达 2.78 亿人，使用率为 45.0%；网络游戏用户规模 3.38 亿人，使用率为 54.7%；网络文学用户

---

① 马克·利维. 新闻与传播，走向网络空间的时代 [J]. 新闻与传播研究，1997（1），转引自邓香莲. 新媒体环境的信息传播特征 [J]. 编辑学刊，2011（2）：16.

数为 2.74 亿人，使用率为 44.4%；网络视频用户规模达 4.28 亿人，使用率为 69.3%；手机即时通信网民数为 4.31 亿人，使用率为 86.1%；手机搜索用户数达 3.65 亿人，使用率为 73.0%；手机微博用户数为 1.96 亿人，使用率为 39.3%；手机视频用户规模为 2.47 亿人，使用率为 49.3%；手机网络游戏用户数为 2.15 亿人，使用率为 43.1%；手机在线支付用户规模达到 1.25 亿人，使用率达到 25.1%。

可见，新媒体在消费者的日常生活中发挥着越来越重要的作用，或者说新媒体对消费者的生活方式和行为方式的影响越来越大。针对这样的变化，社会组织在公共关系战略和策略方面就要进行相应的调整，以便争取主动，构建和维持公共关系竞争优势。

第二节　新媒体给组织的媒体公关带来的机遇和挑战

一、新媒体给组织的媒体公关带来的机遇

信息技术革命的兴起，互联网络的迅捷和多元化，为组织和媒体及其他公众的传播沟通带来了新的变革，为组织的公共关系和媒体公共关系构建带来新的机遇。

（一）网络为媒体和组织的信息沟通搭建了重要平台

在组织的媒体公共关系中，媒体是公共关系的工作对象，即组织的公众。按公共关系管理学派观点（黄懿慧博士将公共关系各学派区分为管理学派、修辞学派和整合营销传播学派三个学派），媒体公众也是组织的重要利益关系人（加拿大教授米切尔的界定是：受到组织决策影响的任何人或团体，或是影响组织的任何人或团体）。对媒体来说，互联网技术为他们与组织之间的信息沟通搭建了主要平台。记者可以利用网络这个平台进行数据搜集，发布新闻报道。

当然，互联网也为组织和其他利益关系人（如社区利益关系人、法规利益关系人等）搭建了信息沟通的平台，提供了更为便利的对话条件。现在，很多企业都开始利用社交网站、微博、微信等发布信息，开展公关营销活动。

（二）组织与媒体在充分利用网络的过程中，开创了巨大商机

在英国，有75%的英国互联网用户会使用搜索引擎获取在网络上发布的相关重要信息和数据。另外，国外的研究机构 Nielsen NetRatings Middleberg Survey 和 Pes Interner Project 根据资料得出，在美国范围内，仅在2003年的8月就发生了9670万次的搜索引擎点击率。在美最大搜索引擎 Google 的内部数据更显示，使用 Google 引擎的高达两亿次/天的点击率。并且使用者的搜寻关键词多数涉及与信息、产业商机等相关内容。① 如前文所述，在中国，截至2013年12月，互联网搜索引擎用户规模达4.9亿人，手机搜索用户数是3.65亿人。

但网络在为组织的公共关系、媒体公共关系带来机遇的同时，也带来了新的挑战。

二、新媒体给组织的媒体公关带来的挑战

（一）需要更快速的反应

网络的即时通信、数字格式等特征赋予了公众快速分享内容的力量，公众可以通过社区论坛、微博、社交网站等进行信息的多层级传播，这种传播能使一个热门话题在短短几个小时内就像病毒一样传遍网络。这正是所谓的"病毒式传播"。媒体批评家道格拉斯·洛西可夫在他的《媒介病毒》一书中曾对此做过形象的描述：假设一支广告成功到达了（易感）用户，这个用户就会被"感染"，然后继续去"感染"其他"易感"用户。从理论上看，只要每个被"感染"的用户发送电子邮件告知平均一位以上的朋友，那么这个传播机制就会不断进行下去，直到所有"易感"用户都收到了这条消息。② 网络的"病毒式传播"功能改变了传统传播中从组织到公众的单向传播模式，代之以网友间的"一点对多点"的辐射状信息交流。这既能扩大组织正面形象传播的范围和影响力，也会使对组织不利的信息短时间内呈现在互联网的各个角落，从而引发或加重组织的公关危机。这就需要组织具备快速的反应和应对能力。

（二）需要适应角色转变

在新媒体环境下，每一个受众都是可能的传播者，他们除了在网上接收信

---

① 邬鑫. 基于公共关系理论视角下的新媒体创新思考 [J]. 中国报业，2013（1）：85-86.
② 转引自李慧珍. 新媒体环境下企业公共关系策略研究 [J]. 现代商贸工业，2013（6）：76.

息外，也可以通过文字、视频，发表评论，发布信息。对广大公众而言，在社交网站的讨论区，围绕商品或品牌进行讨论时，公众更愿意相信的是消费者发表的评论，而不是企业推送的信息，这使组织对于话题、事件的控制力急速下降。要做好品牌背书，组织应适当放下控制，实现从"驾驭人"向"参与人"的角色转变。对于新闻事件，消费者的反应永远比企业快。因此，在数字世界中不要试着去驾驭新闻。数字营销、网络公关人员应该做的是如何将手边可利用的媒介合理地转为与大众对话的一部分。试着去影响话题，而不是命令别人该怎么说。①

（三）学会处理和网络意见领袖的关系

意见领袖这一概念源于传播学经典理论——两级传播理论。名列传播学四大先驱之一的社会学家拉扎斯菲尔德是提出这一理论的重要代表人物。具体是指在人际传播网络中经常为他人提供信息、意见、评论，并对他人施加影响的"活跃分子"，是大众传播效果在形成过程的中介或过滤的环节。由他们将信息扩散给受众，形成信息传递的两级传播。②

随着网络传播的兴起，在网络舆论中也产生了一批新兴的意见领袖，他们往往针对社会热点、社会重大问题等发表自己的言论、见解，这些言论在引起越来越多的网民关注和认同后，会进一步引导舆论观点的走向。能成为网络意见领袖的人往往是影视、体育明星；或是受过良好的教育，具有较高的社会地位和社会影响力的人；或是传统媒体的从业者；也可能是网络世界的活跃分子等。对于企业等社会组织来说，网络意见领袖在聊天室、BBS、论坛、博客等空间里发表的言论同样会对其公众产生深刻的影响，特别是那些在某一话题上并没有明显的情感倾向，往往会跟着意见领袖的评论方向走的公众。所以，社会组织的媒体公关还要处理好与意见领袖的关系，加强与意见领袖的沟通和交流，使意见领袖对组织有更好、更深的了解，以通过他们的对企业积极正向的评论或者帮助企业发布信息来提高企业的知名度和美誉度，提高媒体公共关系乃至于组织公共关系总体的工作效率。

（四）学会应对传统媒体和新媒体密切互动的新局面

传统媒体新闻记者的新闻来源非常有限，在新媒体环境下，记者的新闻来

---

① 转引自李慧珍. 新媒体环境下企业公共关系策略研究 [J]. 现代商贸工业，2013（6）：76.

② 百度百科. 意见领袖 [EB/OL]. http：//baike. baidu. com/link？url = 18z0vU7DlZTtxS8timAPdr9JyXvo6v51lFqH6Tzp4lkw9duGaYZilQks1Xuj10gjJR5LBdjxLMSkft4tpU8OXq.

源渠道增多，范围扩大。组织或网民发布的重要信息、讨论的热点话题，组织的逆意公众（反对者公众）传播的关于组织的负面消息等都会成为传统媒体记者的新闻来源。这样就有了传统媒体和网络媒体之间的互动。传统媒体从网络新闻、论坛、微博或其他地方找到新闻线索，然后进行报道；网络媒体再在传统媒体报道的基础上进行跟进报道；传统媒体根据网络最新报道继续跟进，循环往复。在此情况下，组织媒体公关的对象就变得复杂化、多样化，组织公关工作人员在处理相关问题时不仅要关注传统媒体的反应，还要对网络舆情进行收集和研判。

第三节　新媒体公关操作

据统计，"世界上近 80% 的人口对广告开始失去信任甚至产生反感，只有大约不到 20% 的人口还对广告存在着不同程度的信任"。与此同时，公关业却受到更多的青睐，各企业、机构甚至政府都在开展公关工作。传统公关的发展需要一个新的平台，网络新媒体的传播优势使之在公共关系传播中的影响力不断增强。据悉"财富 100 强"之中，13% 的公司有自己的网上新闻发布中心，93% 的公司将非 IT 类记者的新闻稿件投入网站发表。[①]

那么，怎么利用网络等新媒体进行媒体公关呢？

一、建设和维护组织网站

组织网站是互联网时代最广泛的沟通方式。传统媒体由于受版面和时段限制，以及对稿件新闻价值的考量，组织的公关文章往往篇幅较小，而且也不能不受限制地上传图片。网络被称为是海量的信息空间，在组织创建的网站上，组织可以根据公关宣传的需要自由发布组织的公关新闻，而且可以做到图文并茂。组织网站上关于产品、服务、品牌等的信息不仅能够影响终端消费者（很多消费者在购买某商品或服务前，都会登录该企业网站了解该企业及其商品或服务的情况），还会影响媒体记者（记者会通过访问组织的网站进而收集掌握组织的基本情况）。除此，当组织遭遇危机事件时，组织还可以于第一时

---

① 张春玲 . 浅谈信息时代的网络公关 [J]. 秘书之友，2012（2）：15–16.

间在网站上澄清事实，公布真相。所以，组织网站是公众了解组织真实情况的平台，也是组织对外的窗口。一个注重长远发展的社会组织尤其是经营性组织都会注重组织网站的建设和维护。这包括页面设计、信息质量、和公众的互动等具体项目的落实和实施。

如肯德基的官方网站和中国餐饮百强企业之一——中国全聚德集团的官方网站（浏览时间为 2014 年 1 月 31 日），虽然主页面设计差别不明显，全聚德主页中心区是"宴请就到全聚德，全聚德伴您快乐过年"的春节促销活动信息，左侧是全聚德的股票信息和名店展示，下侧是特色菜肴展示，右下侧是交流平台提示。基本栏目有在线预订、品牌文化、新闻中心、投资者关系、营销信息、门店信息、互动交流。

肯德基官网主页中心区是"肯德基探秘之旅"、"谁能代表肯德基，请你来投票"、"普及科学知识，推动餐饮健康——中国肯德基餐饮健康基金第六届学术研讨会"等公关营销活动信息的翻屏展示；右侧是不同餐点的时间，网上订餐及 APP 下载等的显示按钮；下侧是各栏目中的精彩内容预告。其基本栏目包括均衡饮食、网上订餐、优惠券、企业责任、加入我们、新闻中心、天天运动、儿童乐园、特许经营、联系我们等。

资料来源：全聚德官方网站。

资料来源：肯德基官方网站。

两者的主页面设计结构合理，内容比较完整，风格比较统一，各设计要素之间的搭配也较和谐。但从子页面来看，全聚德的信息量没有肯德基的信息量大，如新闻中心页的"企业新闻"为 0，"公司新闻"仅有自 2014 年 1 月 7 日以来的 10 条新闻；"行业新闻"是 2013 年 11 月 22 日发布的 2 条新闻。肯德基的新闻中心则有 36 条新闻，其最早发布时间是 2012 年 6 月。全聚德"互动交流"栏目下的"客户投诉"、"意见建议"、"在线咨询"等子栏目都是仅有投诉者基本信息和留言的留白而已。肯德基的"联系我们"栏目下的"问询/建议"、"顾客投诉"子栏目中不仅有投诉者基本信息和涉及事宜的留白，还汇集了关于食品质量、服务质量、食品安全、人身安全、产品/活动、肯德基宅急送（包括网上订餐）等方面的常见问题。显然，肯德基官网提供的信息更丰富、实用，更能满足公众的需求。

在线上互动方面，肯德基没有提供相应服务，全聚德虽然设置了"在线咨询"栏目，但笔者提的两个问题，直到系统提醒"您已长时间未操作，系统自动断开链接，请重新登录"仍没有收到回复。

资料来源：全聚德官方网站。

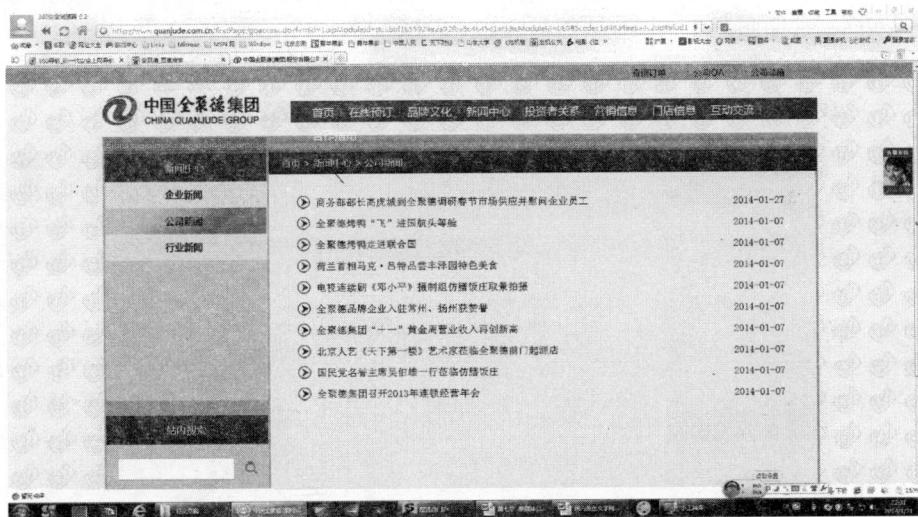

资料来源：全聚德官方网站。

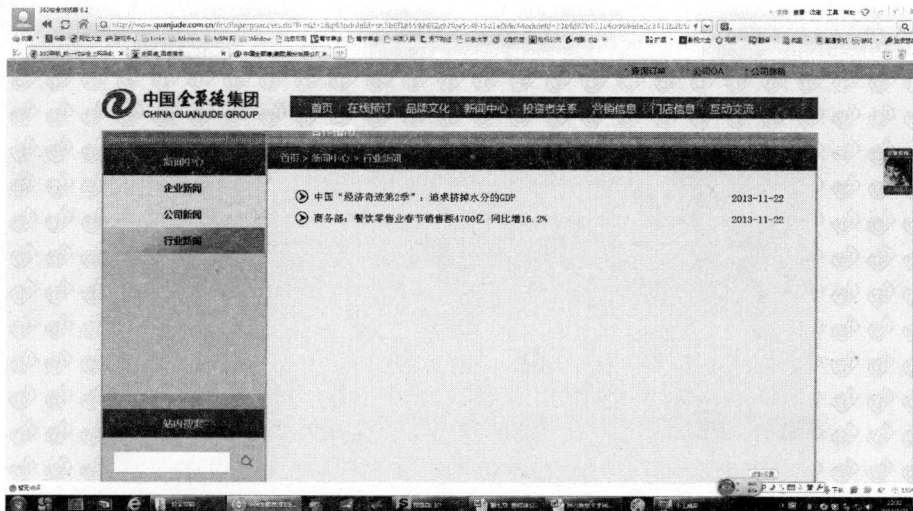

资料来源：全聚德官方网站。

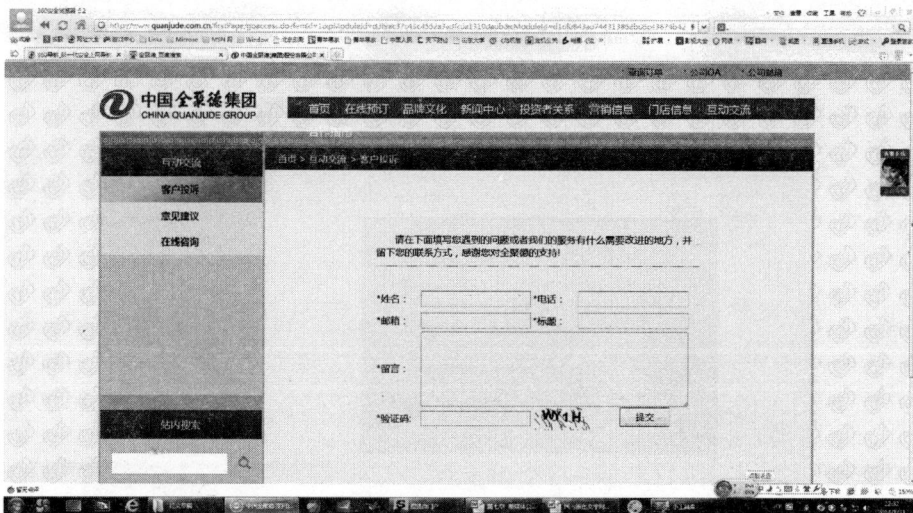

资料来源：全聚德官方网站。

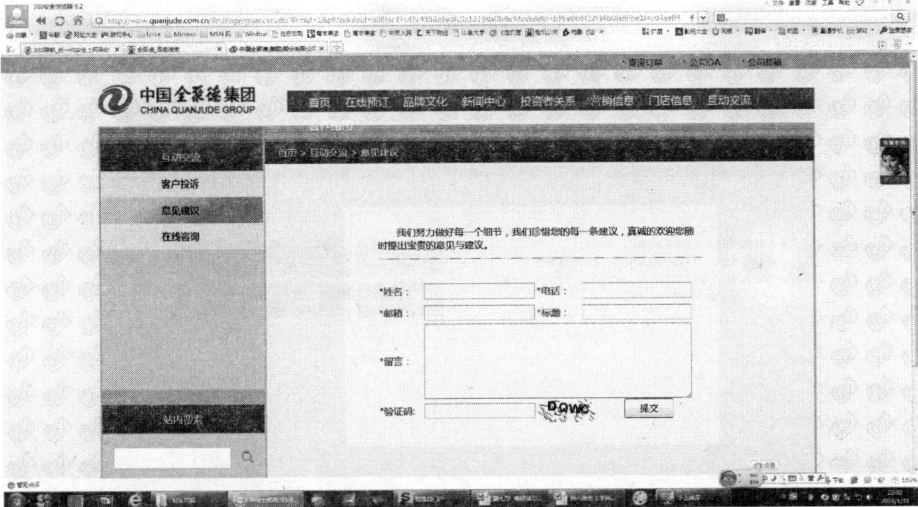

资料来源：全聚德官方网站。

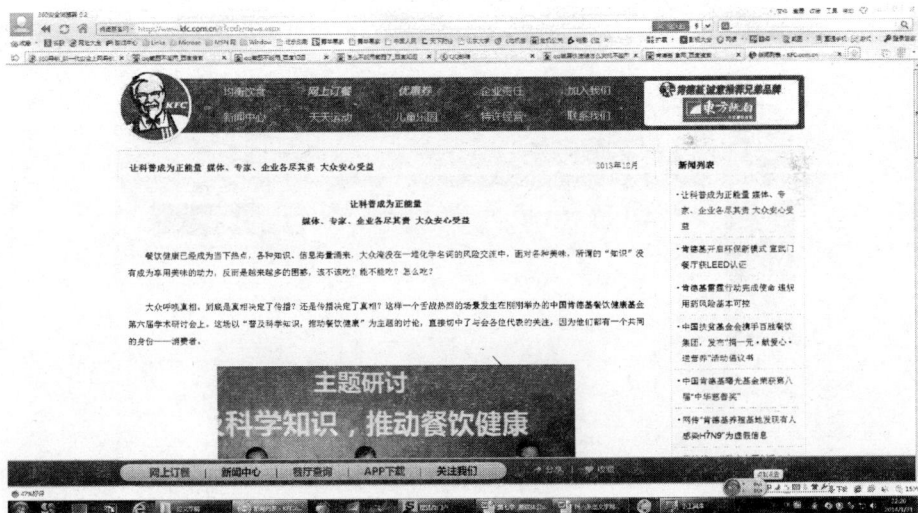

资料来源：肯德基官方网站。

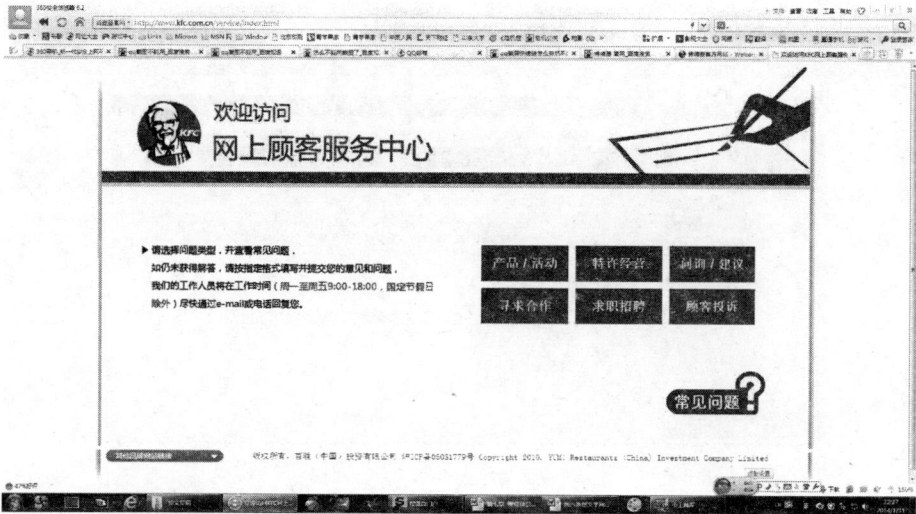

资料来源：肯德基官方网站。

资料来源：肯德基官方网站。

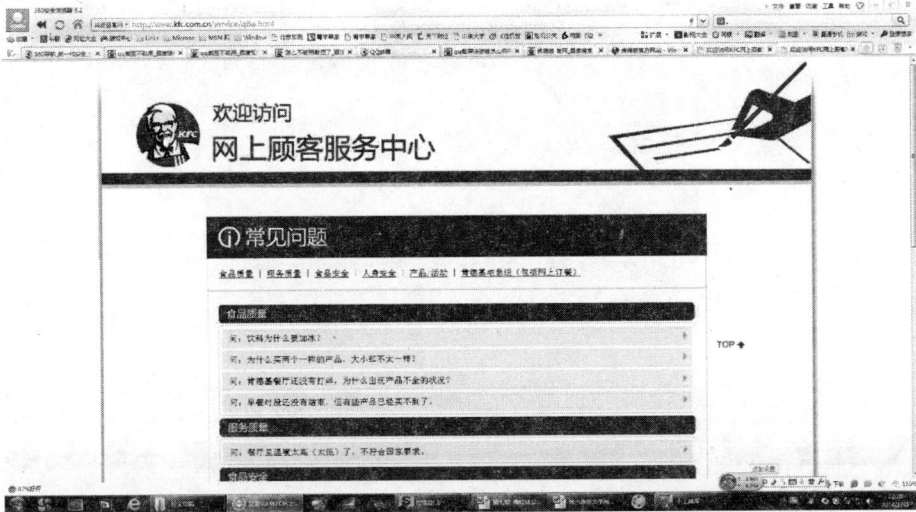

资料来源：肯德基官方网站。

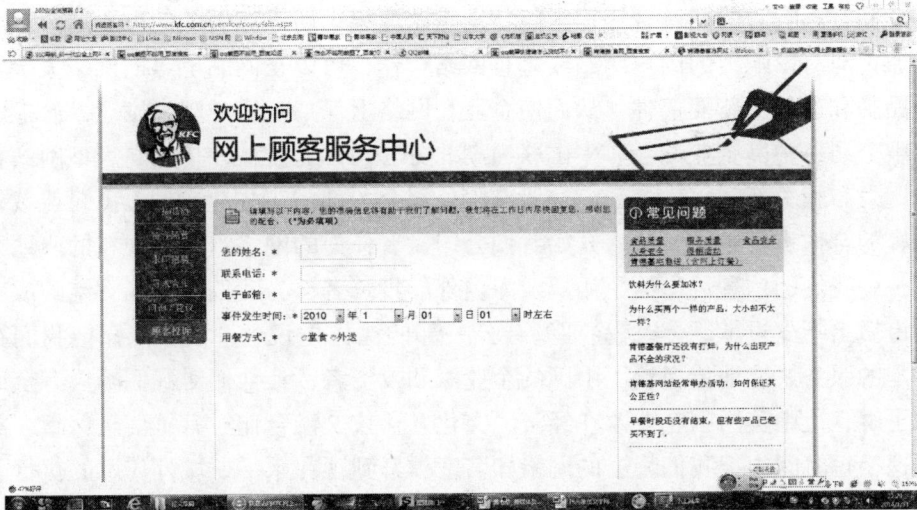

资料来源：肯德基官方网站。

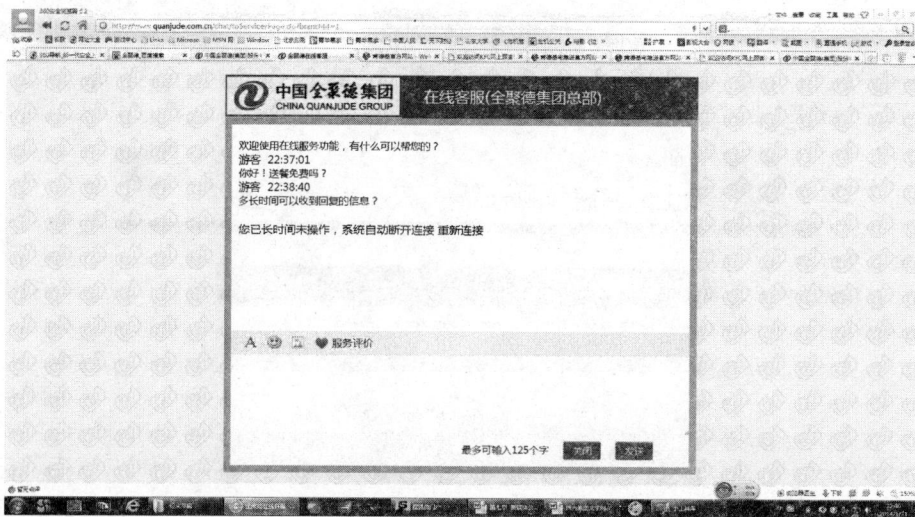

资料来源：全聚德官方网站。

二、与有影响力的网站合作

和有影响力的网站合作是组织特别是企业组织新媒体公关的重要选择。企业通过与有影响力的门户网站或垂直网站合作，可以在网站上定期发布关于企业品牌和产品的新闻稿件，从而使企业在网络上保持一定的曝光度。云游控股有限公司、中美企业峰会、中国联通湖北分公司都通过城外传媒与大型网站合作，发布相关新闻稿件。云游控股有限公司公关部的王先生说："我们与城外传媒的合作有两年了，从一开始我们公司没有任何的网络宣传到现在的遍地开花……我们的信息传递给了用户及海内外的投资者，为我们在中国香港的成功上市做出不少贡献。"中美企业峰会公关部的沈先生说："城外传媒把我们在美国的服务快速地传递给了中国的企业家和投资者，让他们对我们峰会有全面的了解，让中美两国企业家在经济、文化、科技交流合作时有了信息保障。能在这么短时间内把我们峰会的网络知名度提升到现在水平，城外传媒的执行力和创意能力非常强。"

通过网站进行专题化运作。这里的专题包括常规专题和特殊专题，常规专题是由网站自发，企业进行配合的综合专题。综合专题是以企业事件为焦点，通过文字、图片、视频等形式组成的单一专题。专题化运作能突出传达企业或产品的综合品牌形象，形成受众较高的兴趣度和关注度。

参加在线访谈。企业利用某个特殊事件（如企业纪念日、新产品发布、展览会的举办等），安排相关负责人参加在线访谈，讲述相关的事件、品牌，分享企业或自身的成长经历、理念，与网民互动，从而拉近和利益相关者之间的距离，宣传企业品牌及产品。海尔集团董事长张瑞敏、原党委书记王安喜、副总裁杨峻、战略部总经理周兆林等都曾参加过网络在线访谈。

举办网络新闻发布会。所谓网络新闻发布会，是指信息发布者构建一个虚拟的新闻发布现场，通过网络把分散在各地的媒体记者及其他与会者组织起来，完成信息初始发布及交流探讨的传播活动。其特点是：可以不受时间、地点的限制，快速有效地将信息以官方的形式传播出去。加之网络新闻发布会对受众开放的特性，缩短了信源与受众的距离，网民作为新闻发布会的参与者具有了提问的权利，通过分析网民的提问，还可以直接考察新闻发布会的效果。①

国内外知名企业如可口可乐、哇哈哈、农夫山泉、联想等都在搜狐网站成功举办过网络新闻发布。既实现了企业的初衷，也充分满足了消费者的需求。

三、利用网络论坛

论坛又名 BBS，全称为 Bulletin Board System（电子公告板）或者 Bulletin Board Service（公告板服务），是互联网上的一种电子信息服务系统。它提供一块公共电子白板，每个用户都可以在上面发布信息或提出看法。由于 BBS 上参与的人数多，每个参与者都可以就自己感兴趣的话题自由讨论，所以，其影响力不容小觑。企业利用网络论坛进行媒体公关，一是在成熟的网络论坛如猫扑、天涯社区的论坛上通过和网民的互动，了解公众的消费意见，分析、总结公众的消费特点和喜好等，即进行媒体公关调研，以为企业的媒体公关决策提供参考。二是建立企业自己的论坛，吸引公众参与互动交流。如通过置顶、加精、热帖、平帖、首页出现等网络传播方式，吸引公众和企业主体互动；通过和公众进行相关利益问题的探讨倾听公众意见，强化和公众的双向互动；通过在论坛上建立经验奖励机制鼓励公众参与论坛的交流讨论。如设企业开放日，资深网友可以在开放日与企业高管进行面对面的沟通；及时处理公众提出的不满和问题等，完善自身服务，提高公众的满意度。

当企业爆发有损形象和声誉的公关危机时，还应把论坛当成恢复声誉、挽

---

① 栾盛磊. 网络新闻发布会的应用研究［J］. 青年记者，2013（1）：36.

回形象的"重镇",一旦在论坛中发现对企业品牌不利的帖子,一定要及时处理,把对企业可能造成的损失降到最低。

四、利用社交网站

社交网站是人们实名注册的网络交流社区,国内的社交网站主要有开心网和人人网。根据中国电子商务研究中心的研究数据,2013 年,仅人人网的注册用户就已达 2.8 亿人。月活跃用户 PC 端为 1.1 亿人,移动端为 0.26 亿人。① 社交网站的信息传递方式是以每一个传递者为中心,呈放射状向自己熟识的人传递出去,但最终往往会传达到陌生人。从社交网站用户对品牌信息、品牌活动的关注和参与情况看,《2012 年中国网民社交网站应用研究报告》显示:44.8%的社交网站用户会关注品牌货商家的主页;42.8%的用户会看见有意思的广告图片或视频分享到社交网站上;27.4%的用户参加社交网站上组织的团购或优惠活动。因社交网站的实名注册性,在一定程度上会弱化互联网的虚拟性,提升信息的可信度。据调查,43.1%的用户会在社交网站上看到好友推荐的产品,产生购买想法;38.3%的用户参考社交网站上好友的评论,帮助自己进行消费和购物决策;37.2%的用户会在社交网站上和好友分享好的品牌、产品和商家;25.7%的用户遇见不好的消费经历,会在社交网站上评论和投诉。② 由此,社交网站也是企业组织进行口碑传播、媒体公关的重要平台。企业可以在社交网站上建立起自己的公共主页,也可以为品牌制作新的社交网站。同时,还可以和高校学生合作,建立企业的高校俱乐部。目前,在人人网上创建的品牌主页多达 15 万个,如大众汽车、路虎、雅诗兰黛、宝洁生活家、阿迪达斯三叶草、联想、三星手机等。平均每个用户关注其中的三个品牌。③ 印度联合利华为了给 Sunsilk(夏士莲)品牌注入新的活力,则于 2006 年 6 月特别推出一个供年轻女性交流的平台——女人帮。在女人帮的空间里,联合利华很少提及自己的产品,更多的是关注与头发相关的问题。如展示可以供用户选择并进行试验的各种造型设计(包括发型、发色、唇彩、唇线、眼影、眼线、睫毛刷,甚至隐形眼镜),提供与联合利华美发沙龙的造型师对话的机

---

① ③　中国电子商务研究中心. 2013 年人人网用户属性数据分析 [EB/OL]. http://b2b.toocle. com/detail--6098913. html.

②　中国广告网. 2012 年中国网民社交网站应用研究报告显示 [EB/OL]. http://www.cnad.com/ html/Article/2013/0304/20130304140613569. shtmlhttp://www.cnad.com/html/Article/2013/0304/ 20130304140613569. shtml.

会。而宝洁、德勤等企业则在高校建了自己的俱乐部，通过俱乐部的公共主页传播企业信息，运营成本相对较低，也有利于树立企业良好的形象。

五、利用博客进行媒体公关

博客是以网络作为载体，简易、便捷地发布自己的心得，及时、轻松地与他人进行交流，再集个性化展示于一体的综合性平台。[①] 国内最早的博客服务提供商出现于 2002 年。比尔·盖茨曾说，博客是继 E-mail、BBS、实时信息（MSN Messenger）之后第四个改变世界的"网络杀手级"应用工具。由于博客的站点建立费用、推广费用、调查研究费用低，博客作为一种新的舆论媒体具有比传统媒体更多的功能（如具有反馈和互动功能，能为企业累积媒体资产等），所以很多企业都通过博客对外发布企业信息，维护企业形象。如惠普、戴尔、微软、Google、联想、海尔等。

通过博客进行媒体公关一般有两种方式：

一是企业专门开办一个博客，请企业内外的公关人员、企业员工甚至媒体记者来写作和管理，及时、透明地发布公司的信息与评论。媒体记者和企业外部的公关人员深谙新闻传播之道，懂得以怎样的信息去吸引受众；企业内部公关人员和员工，因为对本企业的产品和服务更了解，他们写作的内容更容易博得受众的信任。就博客的属性而言，它是一种个性化基础上的社会化媒体，通过引发交流和讨论，可以影响相互关联的社会群体。而且通过博客文章、搜索引擎、超级链接等方式还能够形成一个跳转联系的传播，这可以最大限度地超越关系网中的"结构洞"，为更大消费群网络的建立架起关系桥。[②] IBM、Google、金山等公司都有员工团队博客。Google 的企业博客上有不同的部门员工在上面为企业产品做宣传、介绍。

二是由企业高管本人或专人写作和管理的总裁博客。这类博客往往将企业发展与个人的成长经历和评论结合起来，以塑造企业领导的公众形象、和谐与各方面的关系为目标。由于博客作者身份的特殊性，这类博客中的观点不仅代表个人，更能反映出企业的精神、文化，所以可以看作是企业官方新闻的补充。据调查，美国《财富》周刊榜上有名的 500 强中，多数企业的高管人员都拥有自己的博客。国内企业中万科集团董事长王石、搜狐中国董事长潘石

---

① 李慧珍. 新媒体环境下企业公共关系策略研究 [J]. 现代商贸工业，2013（6）：76.
② 赵亿，徐可. 博客及在企业公关中的应用 [J]. 理论界，2007（4）：216.

屹、蒙牛集团董事长牛根生等都有个人博客。

六、开设组织官方微博

微博，即微博客的简称，是一个基于用户关系信息分享、传播以及获取的平台。用户发布的博文一般不多于 140 个字符。用户可以通过网页、手机等方式发布文字、图片、视频到微博上。微博的突出特点是即时分享，一键转发。最早也是最著名的微博是美国 Twitter。2009 年 8 月，中国门户网站新浪推出"新浪微博"内测版，成为门户网站中第一家提供微博服务的网站，微博正式进入中文上网主流人群视野。至 2012 年第三季度，腾讯微博注册用户达到 5.07 亿人；2013 年上半年，新浪微博注册用户达到 5.36 亿人，① 庞大的受众数量为组织进行有效的信息传播提供了可能，微博俨然成为新媒体时代重要的网络传播媒介之一。

微博的信息传播渠道是通过加关注成为博主粉丝，然后接收博主发布的信息。由于微博具有"关注"、"转发"、"评论"等功能，成为粉丝的这些受众可以借此表示对组织动态的关注，对组织发布信息的积极回应。而在受众接收信息、回应信息（表达对信息的理解、看法或根据信息参加博主一方组织的活动等）的过程中，就可以对组织有更多、更好的了解。组织则可以通过这些受众的回应和反馈了解其基本的信息，如年龄、职业、地域等；了解其关于信息方面的需求，如需要什么信息、对信息接收的偏好等。这样，通过与受众的双向沟通和交流，组织在进行公关传播策划时的针对性、可行性就会更强，公关传播的有效性就会更加理想。

就企业而言，目前使用微博进行公关的类型大致有四种：宣传型、交际型、服务型和活动型。宣传型微博公关主要是指企业利用微博来发布其产品信息、服务信息等。如厦门航空在微博上以提供航空信息为主，发布出行航班信息、购票信息、打折信息、相关航空资讯和特殊天气情况下的航班状况等。厦门航空宣传人员邱大朋认为，微博是厦门航空除官方网站之外展示企业形象的"第二张脸"。②

交际型微博公关主要是指企业将微博作为和受众交际的渠道，通过微博与

---

① 传播新时代．传统报纸生存困境与发展中国行业研究网［EB/OL］．http：//www.chinairn.com/news/20131212/112105633.html.

② 谢婧．论微博在企业网络公关中的应用［J］．新闻世界，2011（4）：79.

受众进行情感交流，拉近情感距离，达到建立良好关系的目的。企业应用微博和受众进行交际，其特点是使沟通进入情感阶段，具有直接性、灵活性和较多的感情色彩。如美宝莲始终将微博作为与客户交流的重要渠道，它以友好的态度与消费者交流，对于消费者的问题基本上有问必答。其范围涉及美妆护肤，也涉及美宝莲自身产品的性能以及价格等，美宝莲还在微博中积极寻找产品使用者发布的相关内容，主动转发并表示感谢，注重与消费者互动。美宝莲的微博不仅让受众觉得充满亲和感，同时满足了其参与感和被重视感，由此，吸引了更多的受众参与其中，这又提升了美宝莲的被关注度，提高了受众对该品牌的美誉度，更塑造了良好的企业形象。

　　服务型微博公关主要是指以提供实际的服务吸引公众，赢得公众的好感。其特点是人情味足，能给公众带来实惠，因而有利于组织和公众之间建立和谐融洽的关系，有利于提升组织的美誉度。以相宜本草为例，其微博内容多数围绕女性消费群体而展开。提供大量有关女性保养护肤的常识，如冬季补水的小贴士、睡眠面膜小知识、熬夜皮肤保健等女性关注的信息。这些专业的护肤信息吸引了很多受众的注意。根据自身企业产品定位，发布相关领域的专业信息，可以使一个品牌或者企业在专业信息发布方面拥有话语权，从而获得受众的青睐，吸引受众的关注。也有一些品牌，把微博作为其售后服务的重要沟通渠道之一。例如戴尔，其微博的重要功能之一就是提供客户服务以及售后服务。在重要位置提供了戴尔维修点的查询网址链接，同时提醒用户对购买、报修戴尔电脑有任何疑问或建议皆可以用微博与戴尔中国或者发私信给戴尔中国进行交流。

　　活动型微博公关是指企业利用微博平台实施精心策划的网络公关活动。由于微博发布信息快速，信息传播的速度也快，再加上参与面广，公众关注程度高，互动性强，不少企业尝试以为微博作为公关活动信息的发布平台，报名乃至于参与活动的渠道。如 2010 年的南非世界杯期间，联想乐 Phone 联合著名足球解说员黄健翔的微博进行了有奖竞猜的活动。黄健翔的微博除了发布世界杯资讯和评球的信息之外，还以球赛结果竞猜的方式给随机抽取的猜中比赛结果的微博用户赠送礼品，礼品就是联想乐 Phone 一台。这些竞猜引来无数微博用户的关注和参与，联想乐 Phone 收到显著的宣传效果。

七、利用微信

　　微信是腾讯公司于 2011 年推出的新型信息交流工具。它能够通过手机网络发送语音、图片、视频、文字消息。微信支持多人群聊，支持二维码扫描、摇一摇、手机通讯录以及查找 1 千米以内的好友、漂流瓶等功能添加好友，支持腾讯微博和 QQ 邮箱等插件功能。微信丰富多样的功能使其比传统的短信沟通方式更加灵活和智能。所以，微信推出之后受到很大的欢迎，尤其是受到年轻人的青睐。据统计，微信推出不到半年用户已经达到 2 亿人。2013 年底微信用户数约 6 亿人。其主要用途也从刚开始的用户之间的交流发展到兼顾各种商业用途，如微信营销、微信广告、微信公关等。目前，利用微信进行公关的模式主要有：

（一）"漂流瓶"模式

"漂流瓶"是微信中和陌生人的简单互动方式。其主要功能有两个：一是"扔一个"，二是"捡一个"。"扔一个"即扔一个漂流瓶，在扔漂流瓶之前可以在漂流瓶中"装入"语音或文字信息。"捡一个"即在其他用户投入"大海"的无数漂流瓶中"捡一个"，捡到后可以选择回应，和扔者对话，也可以选择把捡到的漂流瓶再扔回"海"里。但每个用户每天只有 20 次捡的机会。

企业可以通过漂流瓶发布企业文化信息，宣传节假日优惠活动信息以及公关公益活动信息，提示售后服务信息等。为增加漂流瓶数量和用户捞到瓶子的频率，扩大企业影响，企业人员可以对漂流瓶的参数进行更改。

如 2012 年底，招商银行推出微信公关活动"爱心漂流瓶"。活动内容是：玩"漂流瓶"时捡到招商银行的漂流瓶，回复任意内容招商银行便会通过"小积分，微慈善"平台为自闭症儿童提供帮助。具体办法：捡到招商银行的漂流瓶后回复任意内容，其会捐出 1 个积分，凑够 500 个积分就可以给自闭症孩子一个课时的专业辅导训练。在招商银行展开活动期间，每捡十次漂流瓶便基本上有一次会捡到招商银行的爱心漂流瓶。为了这次活动，招商银行专门通过微信官方调整了漂流瓶的参数，让用户"捞到"招行漂流瓶的几率大大增加。①

（二）个性签名

由于微信用户的个性签名能够随时修改，所以，企业可以以此作为公关平台、广告平台宣传企业，传播品牌信息。企业微信朋友圈中"附近的人"即

---

① 戚蕾，张莉．企业微信营销［J］．企业研究，2013（11）：50．

企业附近的微信用户则可以通过"查看附近的人"看到企业的签名内容、企业微信的用户名和个性签名内容等。为吸引用户浏览，提高公关传播的覆盖范围，企业公关人员应选择在人流最集中的地方（如学校、商圈、旅游景点等）24 小时运行微信，使使用"查看附近的人"的数量相对较多。

如一家叫"饿的神"的快餐店首先将自己想让客户知道的信息置于签名档，然后在午间向附近的人打招呼，以宣传自己的快餐店、快餐生意，需要订餐的用户只需点击"查看附近的人"，商家的信息便会强行进入客户的眼中，客户通过与商家互动，可立马在微信上完成午餐订购。[①]

（三）设定并发布企业二维码

2011 年底，微信推出 3.5 版本，其中一个最重要的功能是加入了二维码，方便用户通过扫描或在其他平台上发布二维码名片，拓展微信好友。[②]对企业来说，在设定、发布自己的二维码后，可以用优惠和折扣来吸引用户关注。而微信用户可以通过手机摄像头扫描识别二维码来添加朋友、获得信息。在这种公关互动模式中，虽然用户是否会扫描企业的二维码并添加关注并不是由企业所能决定的，但企业在已经添加关注的用户中，可以了解、掌握用户的相关信息，确定更明确的目标公众。

如 2012 年 8 月，星巴克中国入驻微信，当用户扫描星巴克品牌二维码将其添加为好友后，只需用微信发送一个表情符号，星巴克就会根据用户发送的心情，用《自然醒》专辑中的音乐来回应用户，同时向其推送新产品信息。[③]

大悦城在针对地标购物中心而开展的"微生活会员卡"活动中，微信用户只需用微信扫描朝阳大悦城专属二维码，即可免费获得朝阳大悦城微生活会员卡，享受众多优惠特权。[④]

（四）利用微信公众平台及朋友圈分享与用户展开互动，提高企业知名度和影响力

微信公众平台是微信系统的重要组成部分，通过这一平台，个人和企业可以打造一个微信公众号，在公众主动选择了关注认证账号后，企业就可以借这

---

①② 覃凯. 微信在企业营销中的利与弊［J］. 电子商务，2012（11）：28.

③ 高寺东. 微信的传播价值探析——基于社交、营销的视角［J］. 青年记者，2013（9）：49.

④ 戚蕾，张莉. 企业微信营销［J］. 企业研究，2013（11）：50.

一平台向公众发送文字、图片、语音三个类别的内容，与粉丝用户展开互动。在微信账号后台，企业能够看到粉丝用户的性别、所在地区等信息，因此，在进行信息推送之前，可以按地域或性别对粉丝用户进行分类，然后有区别、有针对性地向粉丝用户发送特定信息。这样一方面可以避免粉丝用户遭受无关信息的干扰；另一方面，可以使粉丝用户接收到和个人需求相关度较高的、合适的信息。对于接收到的精彩内容、有价值的信息，很多用户会利用"朋友圈"的分享功能快速分享到朋友圈中，这样，企业利用微信公众平台及朋友圈分享不仅能展开与粉丝的互动，还能借助粉丝的分享提高企业的知名度和影响力。例如，胖东来商贸集团通过微信公众账号 LJCCBL9999 发布的公关新闻稿：

你给你员工吃草，你将迎来一群羊！你给你员工吃肉，你将迎来一群狼！

老板让员工吃亏，员工就让客户吃亏，客户就让老板吃亏。为何工资最高的时候成本最低？老板的第一要义就是复制出像自己一样操心的人！

杰克·韦尔奇说，工资最高的时候成本最低。为什么这么说呢？因为我们只考虑到会计成本，没有考虑到机会成本，没有考虑到人的成本。

企业基层员工最大的问题是什么？流动性大，总是处在找工作状态，很难把心放在企业上。

中高层最大的问题是什么？不太操心，没有把企业的事情当做自己终生的事情。不安心，带团队没有感觉。为什么高、中、基层都有这样的问题？

我给大家举一个例子——河南胖东来，看看他是怎么做的。

胖东来总结了一个工资操作核心如下：

A. 满足基层员工的基本物质需求，免去他们的后顾之忧，让他们能够体面生活，他们就不再把心思放在找工作上了，就会安心，这就是安心机制。

B. 让一部分先富起来，把核心层变成小老板，其他人舍不得走，他们就不再把心思放在找工作上了，放在创业上了，就会安心、操心，这就是操心机制。

胖东来规定所有中高层干部，每周只许工作 40 小时，相当于每天工作 8 小时，商业企业最忙的时间是晚上和周末，还有节假日，他偏偏反其道而行之。他又规定，6 点下班必须离开公司，谁要是不走，抓住一次罚款 5000 元，在此期间必须关闭手机，接通一次，罚款 200 元。而我们的企业规定只要手机24 小时不开，无法接通，一次罚款 50 元。他还规定，每周必须跟父母吃一次饭，每月必须带着家人出去旅游一次，每年强制休假 20 天。老板能做到这样吗？简直比老板还老板。所以说，工资就是这样发的。把员工变成小老板，这就是一个核心点。

工资最高的时候成本最低。

再如，德胜（苏州）洋楼公司通过微信公众账号 shy20008 发布的公关新闻：

所有职工报销不需要领导签字，员工家有急事可以立即向公司借钱，借款额度高达十几万元。该公司只有一个销售员，为了保证质量，不得不推掉许多订单。公司的人员流失率很低，大部分员工都工作了 5 年以上，工作 10 年以上的也不少见。老板说：我们不做市场上的"大鲨鱼"，只做一条快乐的"小鱼"！

对于位于苏州的一家建筑公司的员工来说，一年中的绝大部分日子是忙碌而充满秩序的。每天早晨 6 点半，被称为"波特兰小镇"的公司小区就有行政人员开始打扫卫生。擦灰尘的人除了每天擦门窗之外，还要把园区内所有办公楼和住户的信箱、路牌擦拭一遍。室内清洁甚至达到了五星级标准。卫生间的镜子和水龙头闪闪发亮，一丝水渍和头发丝都没有。

办公楼其实是一个大的咖啡馆，花草葱茏，氤氲着馥郁的咖啡香气。董事长和总经理没有单独的办公室，都在咖啡馆里工作。

而分布在全国各地的建筑工地上，工人宿舍中"找不到一张扑克牌"，所有的工人被要求"每天至少刷牙一次"、"勤洗澡勤换衣"、"最好常备口香糖"。

除了这些令人神清气爽的风貌之外，该公司还有令人心动的福利：

公司给没有住房的员工提供免费宿舍；员工一日三餐在公司食堂就餐只需5 元；自动贩售机里的饮料 1 元一罐；公司理发室提供 5 元/次的理发服务；鼓励员工学车，公司报销一半学车费用；领到驾照之后可以向公司借车使用，费用是 20 元/天；公司给所有员工都购买了商业医疗保险和商业养老保险。

该公司号称拒绝商业贿赂，"决不同流合污"。

……

看上去有点像乌托邦，这是真实的企业吗？

这的确是一家真实存在的中国公司——德胜（苏州）洋楼公司。公司成立于 1992 年，专门从事美式木制别墅建造。年销售额 4 亿~5 亿元，员工不到1000 人。目前，它占据了国内木结构别墅 70% 以上的市场份额，但始终固守本分，决不贪大求全，随便扩展业务。尽管国内房价"涨"声不断，但 10 多年来，德胜对客户的报价一直是 4950 元/平方米，纹丝不动……

利用微信进行媒体公关，能拓展企业媒体公关的渠道，打造企业全新的社会关系网络。但如果使用不合理，也会引起客户的反感，给企业造成损失。如给粉丝客户推送信息太密集、太频繁，就会让他们觉得信息太多甚至太滥，他们对信息的敏感度、兴趣度可能就会因此而减弱。为隔离自己不愿意看到的信息，他们还有可能被迫取消对企业官方微信的关注。给客户推送的信息如果内容枯燥，可读性差，也会让客户失去阅读的兴趣。如果企业微信客服态度不佳，同样会引起客户反感，反应强烈的用户如把与企业微信客服的聊天记录放到网上，还会给企业形象带来极为不良的影响。所以，要充分发挥微信在企业媒体公关中的作用，还要注意推送信息的节奏，也就是说通过微信向客户推送产品和活动信息不可太快，一般以两三天推送一次为宜；推送内容要具有趣味性与可读性，也就是说推送的信息内容要让客户觉得可读、好读、爱读。上文所举的德胜（苏州）洋楼公司的公关新闻，因为抓住了企业的特点，内容耐人寻味，所以具有一定的可读性；企业的微信客服具有良好的可亲性。尽管在微信互动中，可能同时会有多位客户与微信客服互动，但客服应该尊重每一位客户，认真对待客户提出的每一个问题并进行耐心解答。这样才能赢得客户的信任和好感，促进企业公共关系、媒体公共关系的良性发展。

思考题：

1. 选择两家同类性质企业的官网进行对比。
2. 选择某一企业，分析其新媒体公关的现状。

附　录

附录一　中国公共关系职业道德准则

中国公共关系职业道德准则

（一九九一年五月二十三日第四届全国省市公关组织联席会议通过）

总　则

中国公共关系事业的发展是中国改革开放的必然趋势，它以新型的管理科学协调社会各方面的关系，密切党和广大人民群众的联系，调动各种积极因素，维护安定团结，促进社会主义建设。因此公共关系工作者肩负着时代的使命。公共关系工作者必须具有高尚的职业道德作为完善自身形象的行为准则。

条　款

1. 公共关系工作者应当坚持社会主义方向，自觉地遵守我国的宪法、法律和社会道德规范。

2. 公共关系工作者开展公关活动首先要注重社会效益，努力维护公关职业的整体形象。

3. 公共关系工作者在公共关系活动中，应当力求真实、准确、公正和对公众负责。

4. 公共关系工作者应当努力提高自己的政治水平、文化修养和公关的专业技能。

5. 公共关系工作者应当将公关理论联系中国的实际，以严肃认真、诚实的态度来从事公共关系学教育。

6. 公共关系工作者应当注意传播信息的真实性和准确性，防止和避免使人误解的信息。

7. 公共关系工作者不能有意损害其他公关工作者的信誉和公关实务。对不道德、不守法的公关组织及个人予以制止并通过有关组织采取相应的措施。

8. 公共关系工作者应当对公关事业具有高度的责任感。不得利用贿赂或其他不正当手段影响传播媒介人员真实、客观的报道。

9. 公共关系工作者在国内外公共关系实务中应该严守国家和各自组织的有关机密。

附　则

本准则将根据实际情况予以调整和修改。其解释、修改、终止权属全国省市公关组织联席会议。

附录二　中国国际公共关系协会会员行为准则

中国国际公共关系协会会员行为准则

公共关系是组织机构进行信息传播、关系协调和形象管理的一门艺术和科学，它通过一系列有计划、有目的、有步骤的调查、策划、实施、评估以及咨询等手段来实现。公共关系职业在我国是国家正式认可的一个职业，中国公共关系业服务于社会主义市场经济建设和改革开放，促进物质文明和精神文明的建设，推动社会的进步和发展。

鉴于公共关系业是一个严肃的职业，每个公共关系专业公司和从业人员应该追求崇高的职业道德并遵循职业的行为准则。为此，CIPRA 所有会员（单位会员和个人会员）均同意遵守本准则。

第一章　总　则

第一条　教育、引导原则。为组织机构提供有效的、负责任的公共关系服务，教育社会公众并正确引导公众舆论，以服务公众利益。

第二条　公平、公开原则。以公平、公开的态度对待组织机构、社会公众乃至竞争对手，争取良好的商业环境，促进社会进步。

第三条　诚实、信誉原则。以诚实的态度服务组织机构和公众，准确、真实地传播信息；讲求商业信誉，将公众利益放在首位。

第四条　专业、独立原则。运用专业技术和经验服务组织机构和公众，为组织机构提供客观、独立的建议和服务；通过持续的专业开发、研究与教育来推动本职业的发展。

第二章　行为准则

第一条　信息传播是公共关系服务的基础，唯有准确、真实的信息传播才能更好地沟通组织机构与新闻媒体、政府、公众之间的关系，真正服务组织机构和公众利益。CIPRA 会员：

1. 确保信息传播手段和信息内容符合国家法律的有关规定；

2. 应该确保信息传播的完整性、真实性、准确性；

3. 应该兼顾公众利益和组织机构利益；

4. 不应该隐瞒事实真相或欺骗公众，有责任迅速纠正错误的传播信息；

5. 不应该向媒体赠送"红包"或其他形式的报酬，媒体必须的版面费、车马费除外。

第二条　以组织机构利益为导向是本行业赖以生存的基础，应该通过不断完善的专业技术和经验来满足组织机构的需求，帮助组织机构实现既定的目标。CIPRA 会员：

1. 应该诚实地告知组织机构自己的专业能力，说明代理业务的规范流程，提交标准文案，明示收费标准；

2. 代表组织机构与公众沟通时，应该明示组织机构的名称；

3. 服务组织机构时，不应该在媒体上宣传自己和自己的组织；

4. 不应该承诺自己不能直接控制的结果；

5. 不应同时服务两个利益冲突的组织机构，除非在详细陈述事实之后得到组织机构同意。

第三条　专业服务涉及组织机构众多秘密，因此严格保守组织机构秘密和个人信息是获取组织机构信任、保持商誉的根本。CIPRA 会员：

1. 应该保守组织机构过去、现在以及将来的秘密；

2. 应该保护组织机构及其雇员的隐私；

3. 如发现组织机构秘密外泄，有义务向组织机构提示；

4. 严禁利用他人秘密获取商业利益。

第四条　避免现在、潜在的利益冲突可以建立组织机构和公众的广泛信任，是本行业健康发展的基础。CIPRA 会员：

1. 应该做到个人利益服从组织机构利益，组织机构利益服从公众利益；

2. 应该避免因外界因素而引起个人利益与行业利益的冲突；

3. 有责任向组织机构提示可能影响组织机构的利益冲突；

4. 有义务帮助本行业解决可能存在的利益冲突。

第五条　优胜劣汰，惟有保持公平、公开的竞争，才能不断完善健康、繁荣的行业大环境。CIPRA 会员：

1. 应该尊重平等的竞争，避免因竞争而损害竞争对手的行为发生；

2. 应该通过提高专业技术水平和服务品质来增强竞争能力；

3. 严禁采取欺骗组织机构、诋毁竞争对手等手段来取得竞争优势；

4. 有责任保护知识产权，不应将他人的劳动成果据为己有。

第六条　人才资源是行业发展和繁荣的基本条件，只有不断培养和吸收优秀人才进入本行业，才能不断壮大行业队伍，提升本行业在社会的地位。CIPRA 会员：

1. 有义务对其员工进行专业培训，同时将自己的经验和成果与行业分享；

2. 应该允许人才流动，但不得通过猎取人才来争取相关客户；

3. 流动人员应保守原公司的秘密和知识产权（如客户资料等）；

4. 流动人员不得主动争取原公司的客户资源。

第七条　没有行业的繁荣，也就没有个体的利益。每个成员应以不懈努力，创造一个不断发展、繁荣的行业为己任。CIPRA 会员：

1. 应该积极宣传和传播公共关系知识；

2. 应该不断追求专业技术水平的提高；

3. 应该正确诠释成功的公共关系案例或经验；

4. 应该维护和巩固本行业的职业地位；

5. 应该要求下属及相关人士同样遵守本《准则》的有关规定。

第三章 附 则

第一条 如果 CIPRA 有足够证据证明某会员在履行其职业义务过程中有违反本准则的行为，该会员将受到 CIPRA 的劝戒、警告、通报以及开除等处罚。

第二条 本《准则》中所指的"组织机构"，即通常所指的"客户"，包括政府机构、企事业单位以及非营利机构。

第三条 本《准则》最终解释权归中国国际公共关系协会。

附录三 公关服务行业自律公约

公关服务行业自律公约

声 明

公关服务是一种通过专业技术满足客户的公关需求（信息传播、关系协调、形象管理）以获取经营利润的服务形式。它通过调查、策划、实施、评估以及咨询等一系列专业服务手段来实现，是一种外部咨询服务。公关服务机构依托传播管理这一核心技术，提供诸如新闻代理、事件策划、市场推广、企业传播、危机管理以及公共事务管理等策略咨询和执行管理服务。

我们认为，公共关系是一种严肃而崇高的职业和服务，广大从业人员应追求崇高的职业道德并遵循行业规范。为此，我们同意公关公司工作委员会起草的《公关服务行业自律公约》所规定的有关原则性条款并愿意采取一致行动。

第一章 总 则

第一条 信息传播是公共关系服务的基础，惟有准确、真实的信息传播才能更好地沟通客户与新闻媒体、政府、公众之间的关系。

第二条 以客户为中心乃公关服务机构生存的基础，惟有独立、专业的服务才能满足客户需求、实现客户价值，同时要兼顾公众和社会的利益。

第三条　公开公平地参与市场竞争，用专业经验和商业信誉赢得客户，这是公关服务机构经营活动和服务过程中必须坚持的职业道德和经营原则。

第四条　公关服务机构在经营活动和公司管理中应该严格遵守中国法律的有关规定以及社会公约的有关道德标准。

第二章　信息传播原则

第五条　确保信息传播手段和信息内容符合国家法律的有关规定。

第六条　确保信息传播内容的完整性、真实性和准确性。

第七条　不隐瞒事实真相并有责任及时纠正错误的传播信息。

第八条　自觉抵制各种欺骗客户和公众的信息传播活动。

第三章　客户关系原则

第九条　诚实告知客户自己的专业能力和服务规范。

第十条　提供标准化的服务文案和合同文本，明示收费标准，不承诺自己不能控制的结果。

第十一条　不得假借客户服务的机会和资源宣传推广自己。

第十二条　不同时服务两个利益冲突的客户，除非事先征得客户同意。

第四章　媒介关系原则

第十三条　主动帮助客户建立与媒体长期、友好的合作关系。

第十四条　代表客户与媒体沟通时，遵循客户的意志和合约内容，明示自己的代理身份。

第十五条　严格区分新闻代理业务中的"新闻"与"软文"两种服务方式（"软文"是一种向媒体支付版面费用的广告服务形式）。

第十六条　坚决抵制有偿新闻，遵守中国政府主管部门的相关规定。

第五章　商业保密原则

第十七条　应该与客户签订商业保密协议并承担法律责任。

第十八条　严格保护客户的秘密或隐私。如发现客户秘密外泄，有义务向客户予以提示。

第十九条　严禁在服务过程中使用非法途径或不当工具获取信息或竞争优势。

第二十条　严禁利用他人秘密获取商业利益。

第六章　同业竞争原则

第二十一条　鼓励平等竞争，应该通过提高专业技术水平和服务品质来增强竞争能力。

第二十二条　倡导公平竞争，避免各种诋毁竞争对手的行为发生。

第二十三条　严禁采取欺骗客户、恶意杀价等手段来取得竞争优势。

第二十四条　严禁与客户串通搞假竞标，不应将他人劳动成果据为己有。

第七章　人才流动原则

第二十五条　鼓励人员正常流动，流出人员应保守公司的商业秘密和知识产权。

第二十六条　加强人员流动信息交流，积极配合各类人才流动信息质询工作。

第二十七条　遵守人才流动竞业禁止的原则，人员流动必须遵守与原雇主的有关约定。

第二十八条　禁止以猎头来获取业务，离职人员半年内不得主动争取原雇主的客户。

第八章　共同利益原则

第二十九条　积极推动行业交流和市场推广活动，正确诠释公共关系知识和技术。

第三十条　有义务对广大雇员进行专业培训，并将自己的经验和成果与行业分享。

第三十一条　共同维护和巩固行业的社会地位和商业利益。

第三十二条　在涉及行业重大利益等问题上采取一致行动。

第九章　附　则

第三十三条　缔约者均同意上述原则性条款，并愿意遵守和执行相关约定。

第三十四条　公关公司工作委员会常务委员会将监督《自律公约》的执行情况。

第三十五条　违约者如有足够证据证明，将视情受到委员会的劝戒、警告、通报等处罚。情节严重者，委员会有权将其开除并在行业内通报。

第三十六条　本《自律公约》最终解释权归中国国际公共关系协会公关公司工作委员会。

附录四　网络公关服务规范（指导意见）

网络公关服务规范（指导意见）

序　言

随着互联网以及论坛、博客等社会化数字媒体的兴起和普及，传统信息传递方式和沟通方式发生了巨大的变革，营销传播模式和公共关系环境也发生了颠覆性变革。网络公共关系（以下简称"网络公关"）已成为传统公共关系服务不可或缺的重要延展，成为公关服务领域业务增长最快的业务模式。据中国国际公共关系协会的行业调查显示，2008 年度中国公共关系市场年营业额超过 140 亿元人民币，年增长率为 29.6%。其中网络公关业务异军突起，2008 年度该项业务占整个业务市场比重达到 6.3%，约 8.8 亿元人民币。

基于互联网的新闻发布、专题发布、线上活动、口碑营销、论坛传播、圈子营销以及舆情监测和危机处理等成为当前网络公关市场的主要服务手段，快速消费品、汽车、IT、互联网和通信等行业成为主要服务领域。随着企业主对网络公关服务采购需求的常规化和普及化，市场各方对网络公关业务模式标准化、规范化的需求和呼声越来越高，而互联网媒介技术日新月异，无线、3G 等个体沟通方式不断创新，网络公关业务的概念也不断向更加广义的方向延展。

市场发展呼唤行业规范。对于网络公关服务这一新的业务领域来说，尤为重要。我们认为，应该根据《公关咨询业服务规范》（指导意见），有针对性地制定网络公关服务规范和从业行为准则，不断提高专业技术水平并提升从业人员专业素养，以确保本行业的可持续、健康发展。为此，经中国国际公共关

系协会公关公司工作委员会的反复酝酿和认真研究，起草并制订本规范，以期
原则性规范网络公关服务的服务标准。

具体条款如下：

第一章　网络公关服务定义

第一条　网络公关服务是建立在传统公共关系理论和实践基础上，依托互
联网等数字化、交互式传播媒介和社会化媒介平台，完成信息传播、关系协调
和形象管理等公共关系目标的创新服务模式。与传统服务模式相比，网络公关
服务在即时性、互动性、精准性、延展性以及量化评估等方面优势更为显著。

第二条　有别于其他网络营销方式，网络公关并非以直接销售为目标，只
要对客户有影响的人群或个人都是目标受众对象。网络公关是策略性、长期性
针对广泛网络受众进行信息传播，从而服务于客户的品牌和长远商业目标。对
客户来讲，网络公关的价值主要体现在：提升品牌和产品形象；影响目标受众
的品牌、产品接受度和购买行为；维护企业声誉与形象。

第三条　网络公关公司以各种方式提供网络公关产品，满足客户对于网络
公关的需求。目前最主要的十项网络公关业务：顾问咨询、新闻发布、专题策
划、线上活动、品牌推广、互动营销、舆论监测、危机处理、网媒管理和专业
培训等。

第四条　网络公关服务可以从产品概念与产品渠道两个角度进行划分。根
据产品概念可以分为资讯/告知类产品（网络新闻、网络专访、网络专题），
活动/体验类产品（线上活动、口碑营销、社区营销），监测/预警类产品（舆
情监测、危机处理、评论维护）以及维护/优化类产品（网站优化、搜索引擎
优化、流量推广）。根据产品渠道可以分为新闻传播、论坛传播、博客传播、
SNS 传播、IM 传播、视频传播类产品。

第二章　网络公关业务的媒体形态和技术应用

第五条　网络公关业务主要基于互联网媒介及其技术来开展。互联网媒介
具有传统媒体所不具有的个体性、即时性、交互性和开放性等特征，是一对
多、多对多、多对一的复合传播路径。互动媒体比重不断上升，分众媒体成为
主流，网络媒体颠覆了传统媒体的精英模式，舆论话语权逐渐转移到"草根"
阶层。

第六条　根据网络公关业务的主要传播手段，可以将网络公关的合作媒体

分为五大类：综合门户网站、垂直门户网站、论坛、博客、视频网站。应用最为普遍的传播渠道是新闻、论坛、博客、视频。

第七条　网络公关业务的技术支撑系统，根据主要功能可以划分为五大平台：新闻发布平台、舆情监测平台、媒体资源平台、媒体沟通平台和执行监控平台。

第三章　网络公关业务的工作流程

第八条　网络公关业务是一种专业咨询服务，服务成果和服务质量由其规范的工作流程来保证，项目洽谈、项目调研、项目策划、项目确认、项目实施、项目评估等工作流程以及其特有的工作方法、技术工具和服务标准确保了网络公关业务成为一种专业服务。

第九条　网络公关业务的核心是解决客户的网络声誉问题，即对客户网络形象和声誉进行舆论研究，对客户所采用的网络公关策略和手段进行评估，对竞争对手所采用的策略和手段进行比较，找出客户所面临的具体困难、挑战或威胁，以及自身的优势和存在的机会，并得出基本结论和解决方案。

第十条　网络公关业务由于采用技术手段，比传统业务更容易进行效果评估。目前，通行的评估方法有三种：基于项目策划和实施的质量评估（网络流量变化、主流媒体认可度、用户满意度、品牌知名度等）；基于项目执行的数量评估（信息传播量、用户关注度、用户参与度以及媒体推荐度等）；基于资源投入的成本评估（如千人成本等）。

第十一条　网络公关业务的评估报告应该包括项目简述（主要涵盖委托任务描述及咨询过程和总体效果评估）；项目研究（项目开始前的基本状况，问题和挑战）；项目策划（项目建议书和行动方案的核心内容）；项目执行（主要工作及程序描述）；项目评估（执行情况评估、产生效果评估、可能带来的影响和积极意义等）。

第四章　网络公关业务的收费模式

第十二条　网络公关业务是一种个性化的智力服务，以服务费的形式向客户收取费用，即按这些专业人员的专业等级和专业经验确定收费标准。服务费主要是根据专业人员的参与人数和工作时间来进行计算。

第十三条　根据国际惯例及专业服务收费经验，一般采用如下收费方法：

收费名目：项目成本费（诸如设计、媒体、设备、活动等第三方费用）；

咨询服务费（专业人员投入的质量和数量以及投入的工作时数进行计算）；项目管理费（行政办公费用、差旅费用、外聘劳务等）；营业税金等。

收费形式：长期代理费（按月计算，原则上不应低于3万元人民币）；项目服务费（按项目计算，原则上不应低于总预算的10%）；个案咨询费（按实际小时/工作量协商）；项目管理费（按项目计算，原则上不应低于总预算的5%）。

第十四条　目前主要有四种收费模式：按解决方案收费，即按项目策划和执行情况收费，包括项目策划、执行以及后续监测和评估；按工作量收费，即依据项目执行的规模的数量收费；按时间投入收费，即按项目投入的人力资源所占用时间收费；按执行效果收费，即按项目执行的效果（项目影响的广度和深度）收费。

第五章　网络公关业务的运营管理

第十五条　网络公关公司不管采用何种公司形态，都必须遵守国家的公司法和其他法律中的有关规定。这其中包括：经营前要注册登记；制订公司章程和说明业务范围；组织和界定高层管理部门（股东大会、董事会、经营层）的责任；定期编制会计和其他记录；出具公司审计报告并照章纳税；公司个人对其渎职或其他违法行为负民事和刑事责任。

第十六条　设立网络公关公司应该具备如下几个基本条件：一定数量的资本金（不低于10万元人民币）；固定的办公场所；较好的通信及办公条件；两名从业五年以上的网络公关顾问；一定数量的客户或潜在客户；服务供应商网络等。同时，在公司软实力方面还应具备：一定的媒体关系资源；配置完整的项目策划及执行团队。

第十七条　网络公关公司应该根据经营目标建立自己的公司架构，按职能可以划分为：市场部、客户服务部、创意设计部、媒介管理部、活动管理部以及行政部和其辅助部门；也可以按行业划分为：IT客户部、金融客户部、消费品客户部、行政事务部及其辅助部门，客户部也可称为事业部；按地域划分为：国际业务部、地区办事处、下属机构、联营单位等。

第六章　网络公关从业人员的职业开发

第十八条　网络公关服务的职业特点决定了这一职业的从业人员应该具备各种专业技能、专业知识和专业经验。战略思维、创新能力、组织气氛感、人

际技巧以及分析问题、解决问题的能力等一直是这一职业中优秀专业人士的共同特征。

第十九条 网络公关业务实际运营中一般涉及七大职能团队：管理团队、项目管理与客户服务团队、策略顾问与创意策划团队、媒介关系与媒介执行团队、创意设计与美术制作团队、技术研发与技术应用团队以及行政支撑团队。

第二十条 一般来说，网络公关专业人员主要由下列专业等级组成：初级职务（客户助理、客户主任、高级客户主任）；中级职务（客户经理、高级客户经理）；高级职务（助理客户总监、客户总监、高级客户总监、副总裁、高级副总裁）。从初级职位晋升到高级职位大多数专业人员需要8~10年的时间，这其中除了专业技能和职业素养的要求外，还有一个重要的原因就是社会阅历和工作经验的积累。

第二十一条 网络公关公司应该建立各级专业人员的培训计划。培训的主要内容应该包括：网络传播手段、网络互动策略、公共关系概论、调查研究方法、项目建议书写作、提案与竞标、事件策划与管理、网络媒体分析与研究、网络媒介关系计划、营销传播、品牌管理、危机管理、案例研究与分析、项目管理、客户管理、效果评估、战略咨询等。培训时间应该得到必要的保证。建议：初级专业人员应该保证每年100学时的培训；中级专业人员保证每年60学时的培训；高级专业人员保证每年30学时的培训。

第七章　网络公关从业人员的职业道德

第二十二条 网络公关业务应自觉遵循行业自律公约，坚决抵制各种有悖于行业行为准则的行为。具体来说：对客户所发布内容的合法性进行审核和约定，保证信息内容及其传播手段符合国家法律的有关规定；保证信息内容的完整性、真实性和准确性，不提供任何与客户实际情况或客观事实明显不符的内容信息；不涉及政治敏感类话题及国家敏感监控的问题；不隐瞒事实真相或欺骗公众，有责任及时纠正错误的传播信息；不传播任何不符合事实、夸大宣传或有待确认的信息；不从事任何不道德、不诚实或有损他人尊严或信誉的传播活动；抵制各种欺骗客户和公众的信息传播活动；不提供任何形式的攻击/诽谤竞争对手的信息服务；传播素材不使用任何无合法版权的图片/视频或言论；不对传播效果指标/数值进行任何技术/人为非正常干预。

第二十三条 应该循序渐进地建立和完善网络公关服务规范，包括：建立与完善网络公关商业形为；统一与规范网络公关商业服务标准（规范产品体系与服务要素、统一业务资费与报价体系、统一执行效果评估标准、规范服务流程与环节）；形成开放、融合、有序的社交媒体营销生态体系（保证良好的用户体验，建立和谐的互联网生态环境，搭建企业主与用户的高效沟通桥梁，实现信息向目标受众的快捷、精准传递）。

第八章　附　则

第二十四条　本规范中所指的"网络公关业务"，专指针对互联网媒体环境下的线上公共关系服务，不含网络广告、电子商务、无线业务、网络分账等网络营销或数字营销领域常规手段及业务。

第二十五条　中国国际公共关系协会公关公司工作委员会是行业内的协调组织，有义务保护业内各公司及其从业人员的合法利益，对业内公司与公司之间、公司与客户之间、公司与个人之间的矛盾和冲突进行调解和仲裁。

第二十六条　本规范自发布之日起正式生效，最终解释权归中国国际公共关系协会公关公司工作委员会。

附录五　国际公共关系道德准则

国际公共关系道德准则

（一）国际公共关系协会成员必须竭诚做到以下各条：

第一条　为建设应有的道德、文化条件，保证人类得以享受《联合国人权宣言》所规定的诸种不可剥夺的权利做贡献。

第二条　建立各种传播网络和渠道，以促进基本信息的自由流通，使社会的每一位成员都有被告知感，从而产生归属感、责任感、社会合一感。

第三条　牢记由于职业与公众的密切联系，个人的行为即使是私人方面的也会对事业的声誉产生影响。

第四条　在自己的职业活动中尊重《联合国人权宣言》的道德原则与规定。

第五条　尊重并维护人类的尊严，确认各人均有自己做判断的权利。

第六条　促成为真正进行思想交流所必需的道德、心理、智能条件，确认参与的各方都有申述情况与表达意见的权利。

（二）所有成员都应保证：

第七条 在任何时候任何场合，自己的行为都应赢得有关方面的信赖。

第八条 在任何场合，自己均应在行动中表现出对自己所服务的机构和公众双方的正当权益的尊重。

第九条 忠于职守，避免使用含糊或可能引起误解的语言，对目前以及以往的客户或雇主都始终忠诚如一。

（三）所有成员都应力戒：

第十条 因某种需要而违背真理。

第十一条 传播没有确凿依据的信息。

第十二条 参与任何冒险行动或承揽不道德、不忠实、有损于人类尊严与诚实的业务。

第十三条 使用任何操纵性方法与技术来引发对无法以其意志控制因而也无法对之负责的潜意识动机。

附录六　美国公共关系协会《会员职业道德准则》（2000）

美国公共关系协会《会员职业道德准则》（2000）

引 言

美国公共关系协会（PRSA）《会员职业道德准则》（2000）（以下简称《准则》）仅适用于 PRSA 会员。《准则》是 PRSA 在履行其职责时有效的行为指南。本文列举并囊括了一些在职业道德方面可能出现的、具有争议性的问题。在《准则》条例中概括的例子是非规范公关行为的实例。随着《准则》的日臻完善，更多的案例将被纳入其中。

PRSA 致力于职业道德实践。PRSA 会员追求公众信任应该像为公众提供服务一样，这意味着我们已经按职业道德准则行事。

PRSA 会员的荣誉价值取决于他们的职业道德行为。我们力求按照最高的行业标准、专业化及职业道德三者完美结合的目标行事，为他人和其他行业树立榜样。

《准则》强制性的部分已被删除。然而，任何违反《准则》而被政府机构惩罚或被法庭审判的会员，PRSA 董事会仍有权取消其会员资格，驱除出 PRSA。

职业道德实践是每一位 PRSA 会员的最为重要的职责。《准则》应该成为其他行业、其他组织及其他从业者的典范。

PRSA 会员的行业价值声明

这一声明体现了 PRSA 会员的核心价值，广义地说，它体现了公共关系行业的核心价值。它是组成《准则》的基石，同时，也为公共关系实践树立了行业标准。这些价值是指导我们行为及决策过程的基础理念。我们相信，我们的职业价值推动了公关业一体化进程。

引导

- 为客户提供负责任的宣传来服务公众利益。
- 利用媒体宣传，正确引导公众舆论。

诚实

- 在服务客户利益以及与公众沟通中，坚持高度准确、真实的原则。

专业化

- 我们掌握和使用的都是专业知识及实践经验。
- 我们通过持续的专业开发、研究与教育来推动职业发展。
- 我们在广大的组织和公众中建立相互理解、信任和关系独立。
- 我们为客户提供客观的建议。
- 我们为我们的行为负责。

忠诚

- 虽然我们对客户忠诚，然而，我们把公众利益放在首位。

公正

- 我们公正地对待客户、雇主、竞争对手、贵族、商贩、媒体及大众。
- 我们尊重所有的观点并支持言论自由。

PRSA 行为准则——信息自由沟通

核心原则：

服务公众利益的基础是保护并推动准确、真实信息的自由传播。在民主社会中，这有助于成熟决策的制定。

目标：

- 整合媒体、政府官员及公众的关系。
- 促进成熟决策的制定。

准则

会员应该：

- 保证传播过程的完整。
- 所有的传播信息都应诚实而准确。
- 公关从业人员有责任迅速纠正错误的传播信息。
- 当赠送或收受礼物时，要确认此礼物是非贵重的、合法的、偶尔性的，并且要保证公正信息的自由传播。

在本条例中描述的非规范行为实例：

- 为滑雪器械生产商作公关代理的某位会员向一位体育杂志专栏作家赠送了一套贵重的速滑器械，旨在让这位专栏作家宣扬其产品。
- 某位会员非法或无视政府相关规定招待政府官员。

竞争核心原则：

完善繁荣的行业大环境，提倡健康、公平的竞争，维护职业道德。

目标：

- 促进公关业内的公平竞争。
- 向客户提供更多的公关代理商选择范围，以达到为公众服务的目的。

准则

会员应该：

- 本着职业道德中的雇佣原则，尊重自由开放竞争，避免因竞争而损害其他竞争者的行为发生。
- 保护知识产权。

在本条例中描述的非规范行为实例：

- 受雇于一个"客户"的某位会员将一些有用信息与一家顾问公司分享，而这个顾问公司正与其他竞争对手为这个"客户"的业务竞标。
- 某位会员通过散布关于竞争对手的恶意留言来离间竞争对手与其雇员和客户的关系，旨在挖取这些雇员和客户。

信息披露核心原则：

民主社会中，公开传播有助于成熟决策的制定。

目标：

通过揭示所有对决策制定有用的信息来树立公众对公关从业人员的信任。

准则

会员应该：

- 所有的宣传信息都应诚实而准确。
- 公关从业人员有责任迅速纠正错误的宣传信息。
- 调查确认客户发布的信息是否真实准确。
- 公开所有的赞助商。
- 揭示某个客户组织中的财务状况（如股权分配情况）。
- 避免欺骗行为。

在本条例中描述的非规范行为实例：

- 某位会员以不可告人的利益集团的名义举行民众活动或发起给立法官员写信的活动。
- 某位会员为财政出现困难的公司发布财务信息以证明此公司的经营状况仍处优良态势。
- 某位会员发现了网上或媒体发布的不准确的信息，然而不予以纠正。
- 某位会员雇佣他人假扮自愿者在公开场合发表意见并参与民众运动以混淆公众试听。

保守秘密核心原则：

客户对公关从业人员的信任，要求其必须严格保守客户秘密及保护个人信息。

目标：

以保守秘密信息的方式保护客户、组织及个人的隐私权。

准则

会员应该：

- 保护秘密及保护目前、曾经及将来的客户及雇员的隐私权。
- 保护来自客户或组织的优先信息、秘密信息或内幕信息。
- 如果公关从业人员发现客户公司或组织雇员泄露了秘密信息应立即向主管部门提出建议。

在本条例中描述的非规范行为实例：

- 某位会员变更工作，带走秘密信息，并在新任工作中利用这些信息打击前任雇主。

- 某位会员故意泄露信息去损害他人利益。

利益冲突核心原则：

避免现在、潜在或能预见的利益冲突是建立客户信任、雇主信任及公众信任的基础。

目标：

- 赢得客户或雇主的信任与相互尊重。
- 避免或遏制个人利益或行业利益与社会利益发生冲突，建立公众信任。

准则

会员应该：

- 应将客户或雇主利益视为第一位，个人利益屈从其后。
- 避免外界因素干扰好的商业判断或在个人利益与行业利益之间引发冲突。
- 鼓励客户向所有与利益相关的合作方说明存在的利益冲突。

在本条例中描述的非规范行为实例：

- 某位会员没有说明自己在客户的主要竞争对手中占有很多经济利益。
- 某位会员为争取潜在客户，而不告知对方已为"竞争方"或"利益冲突方"代理业务。

繁荣公关职业核心原则：

公关从业人员致力于加强公众对公关职业的信任。

目标：

- 树立公众对公关职业的尊重与信任。
- 提高、运用及扩大公关实践。

准则

会员应该：

- 意识到有责任保护并巩固公关职业的地位。
- 积极追求个人专业技能的提高。
- 拒绝客户或组织提出的违背《准则》的行为。
- 准确诠释成功的公关活动。
- 建议属下按照职业道德标准制定决策。
- 要求属下遵守《准则》中规定的职业道德。
- 向相关部门汇报侵犯公关职业道德的行为，无论这些行为是否与 PRSA 会员有牵连。

参考文献

[1] 岑丽莹. 中外危机公关案例启示录 [M]. 北京：企业管理出版社，2010.

[2] 陈力丹. 广告新闻：广告商与传媒合谋违法 [J]. 东南传播，2009（10）.

[3] 陈先红，何舟. 新媒体与公共关系研究 [M]. 武汉：武汉大学出版社，2009.

[4] 褚智. 浅谈企业危机中的媒体公关 [J]. 湖北经济学院学报（人文社会科学版），2009（1）.

[5] 邓香莲. 新媒体环境的信息传播特征 [J]. 编辑学刊，2011（2）.

[6] 丁光梅. 媒体公共关系研究 [M]. 北京：经济管理出版社，2013.

[7] 丁乐飞. 公共关系原理与实务 [M]. 合肥：中国科技大学出版社，1990.

[8] 丁亚韬，熊国荣. 非组织公关新闻策划初探 [J]. 新闻前哨，2010（7）.

[9] 董天策等. 新闻·公关·广告之互动研究 [M]. 广州：暨南大学出版社，2008.

[10] 冯丙奇. 媒体关系策略与操作 [M]. 北京：清华大学出版社，2012.

[11] 冯兰. 公关训练 [M]. 武汉：武汉大学出版社，2003.

[12] 弗雷泽·P. 西泰尔. 公共关系实务 [M]. 潘艳丽，陈静，译. 北京：清华大学出版社，2008.

[13] 韩颖. 公关新闻报道中的问题与对策研究 [D]. 辽宁：渤海大学，2012.

[14] 何海燕. 危机管理概论 [M]. 北京：首都经贸大学出版社，2006.

[15] 贺建平. 公共关系制造新闻的时机把握 [J]. 新闻窗，1998（6）.

[16] 黄芙蓉．危机管理媒体应对［M］．北京：知识产权出版社，2012．

[17] 黄洪涛．论"公关新闻"策划［J］．南昌大学学报，2002（4）．

[18] 黄厚珍，黄秀珍．略论危机传播中媒体与企业的关系［J］．新闻爱好者，2008（12）．

[19] 贾昌荣．媒体关系的15个操作规则［J］．国际公关，2005（5）．

[20] 江涓涓．21世纪中国企业的媒体公共关系［D］．上海：上海外国语大学，2005．

[21] 居延安．公共关系学［M］．上海：复旦大学出版社，2011．

[22] 乐阳．试论转轨期我国有偿新闻的产生、危害及其治理［J］．福建广播电视大学学报，2008（2）．

[23] 李道平等．公共关系学［M］．北京：经济科学出版社，2000．

[24] 李凤梅．制造新闻的路径［J］．企业改革与管理，2002（6）．

[25] 李文斐，段建军．企业公关与策划［M］．武汉：华中科技大学出版社，2011．

[26] 李永健，展江．新闻与大众传媒通论［M］．北京：中国人民大学出版社，2009．

[27] 林景新．3招做好媒体公关［J］．经理人，2006（5）．

[28] 刘苍劲，丁光梅等．新编公共关系学教程［M］．汕头：汕头大学出版社，2001．

[29] 刘俊．当代中国公共关系与新闻报道的互动研究［D］．广州：暨南大学，2006．

[30] 刘艳子，柴贵银．软文广告新探［J］．广告大观，2003（7）．

[31] 吕维霞．公共关系学［M］．北京：对外经济贸易大学出版社，2009．

[32] 马凤藻，安栋梁．简明写作教程［M］．天津：南开大学出版社，1985．

[33] 蒙南生．媒体策划与营销［M］．北京：中国传媒大学出版社，2007．

[34] 祁林．论公共关系新闻［J］．新闻知识，2002（6）．

[35] 时声．媒体公共关系新战例——蚂蚁如何绊倒大象［J］．市场观察，2003（10）．

[36] 孙勇．新媒体的特征、影响以及传统媒体未来发展战略分析［J］．新闻研究导刊，2013（7）．

[37] 唐晓勇，杜来花．媒体公关在万科品牌危机事件中的应用［J］．四川文化产业职业学院（四川省干部函授学院）学报，2012（2）．

［38］陶应虎，顾晓燕等．公共关系原理与实务［M］．北京：清华大学出版社，2007．

［39］王存政．广告新闻浅议［J］．当代传播，1987（4）．

［40］王宇．大众媒介导论［M］．北京：中国国际广播出版社，2003．

［41］肖叶飞．公共关系新闻研究［D］．南昌：南昌大学，2007．

［42］谢婧．论微博在企业网络公关中的应用［J］．新闻世界，2011（4）．

［43］熊卫平．危机管理：理论·实务·案例［M］．杭州：浙江大学出版社，2012．

［44］熊源伟．公共关系学［M］．合肥：安徽人民出版社，2003．

［45］余明阳．中国公共关系史［M］．上海：上海交通大学出版社，2007．

［46］袁维国等．公共关系学［M］．北京：高等教育出版社，1996．

［47］岳贤伦．丛林法则·危机管理智慧［M］．武汉：武汉大学出版社，2011．

［48］张克非．公共关系学［M］．北京：高等教育出版社，2002．

［49］张克非．公共关系学（修订版）［M］．北京：高等教育出版社，2008．

［50］张满凡．企业危机事件中的媒体关系处理［J］．新经济杂志，2005（6）．

［51］张映红．公共关系学教程［M］．北京：首都经济贸易大学出版社，2000．

［52］赵东辉．试谈有偿新闻的表现形式及对策［J］．采·写·编，2000（3）．

［53］赵泓．企业媒体公关与危机管理［M］．广州：华南理工大学出版社，2012．

［54］赵驹，王小玲．公关策划［M］．北京：北京大学出版社，2006．

［55］周皓，杭丽芳．一本书学会软新闻写作［M］．北京：人民日报出版社，2014．

［56］周姬昌等．写作学高级教程［M］．武汉：武汉大学出版社，2000．

［57］周茹．网络时代我国企业公共关系新闻优化传播研究［D］．湖南：湘潭大学，2013．

［58］周晓曼．中国企业危机公关的反思［J］．商场现代化，2013（25）．

后 记

自 2000 年以来,我先后承担多个专业的"公共关系学"课程教学任务,近两年来又承担了新闻传播学研究生的"媒体公关和危机管理"课程教学任务。下个学期,新闻专业本科生的同名课程也将由我主讲。出于教学需要和对公共关系及其分支学科——媒体公共关系的研究兴趣,我主编了《新编公共关系学教程》(主编之一,2001 年由汕头大学出版社出版);撰写了专著《媒体公共关系研究》(2013 年由经济管理出版社出版)。

需要说明的是,"媒体公共关系"(简称媒体公关)这一概念有两层含义:一是由于媒体是企业等其他社会组织与公众实现广泛、有效沟通的必由之路,所以媒体是企业等其他社会组织公共关系的重要对象,是公共关系的客体,是"被公关"的对象。二是作为运作、经营媒介,传播信息、反映舆论的传媒组织,面对残酷的市场竞争和生存压力,媒体借鉴其他企业的做法尝试运用公共关系手段,塑造媒体自身的形象,打造媒体自身的品牌,即"反客为主",以公共关系的策划者、实施者的身份"为自己做嫁衣"。已出版的《媒体公共关系研究》一书中,"媒体公关"是指第二种含义上的公共关系,本书中的"媒体公关"是指第一种含义上的公共关系。

在写作过程中,张文红、陈勤、魏超、左晶、张聪等领导和同事都给了我很多支持和鼓励,在此谨向他们表示诚挚的谢意。同时,也感谢家人对我的关怀和帮助,感谢经济管理出版社申桂萍主任的付出和辛劳。书中吸收、引用了一些前辈学者的研究成果,在此,谨对他们表示衷心的感谢。

由于个人积累有限,书中难免存在错漏和不足,敬请读者批评指正。